LIBRAIRIE ANCIENNE ET MODERNE.
L. CLOUZOT
Rue des Halles, 50, à Niort (Deux-Sèvres).

SOUS PRESSE

pour paraître du 10 au 15 juin prochain :

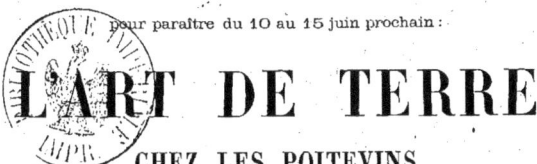L'ART DE TERRE

CHEZ LES POITEVINS

SUIVI D'UNE

ÉTUDE SUR L'ANCIENNETÉ DE LA FABRICATION DU VERRE EN POITOU

PAR BENJAMIN FILLON.

L'histoire de la céramique française n'est étudiée que depuis quelques années. Commencée dans l'ouvrage de M. Brongniart, elle a eu depuis, à son service, la *Description méthodique* du musée de Sèvres, et celui-ci, grâce au classement et à la bienveillante érudition de M. Riocreux, est devenu le centre de toutes les études sur la matière et le fonds commun de tous les travailleurs. D'un autre côté, les anciennes sépultures ont donné leurs trésors aux fouilles passionnées de M. l'abbé Cochet et de ses émules ; des découvertes récentes de documents ont jeté un peu de jour sur l'origine des poteries de l'époque moderne, à commencer par celles de la Renaissance. De ce premier ensemble de faits et du résultat des recherches de quelques hommes intelligents sont nées plusieurs publications intéressantes. La porcelaine en général, les produits des fabriques spéciales de Nevers et de Moustiers, viennent d'avoir leurs historiens, et l'on attend le livre de M. Pottier sur les faïences de Rouen. Le travail de M. Benjamin Fillon, que nous annonçons, est à la fois une monographie du même genre et quelque chose de plus.

C'est d'abord une étude d'histoire provinciale, et l'auteur s'est tenu strictement aux faits et aux monuments qui lui sont fournis par les provinces de l'Ouest, auxquelles il consacre depuis longtemps une moitié de ses travaux. Originairement même, ce ne devait être qu'un des articles de son livre de *Poitou et Vendée*. La nécessité d'appuyer de toutes ses preuves l'attribution inattendue et définitive de la fameuse faïence dite de Henri II, à la fabrique particulière du château d'Oiron, l'a entraîné au delà. L'importance de cette partie de son œuvre lui en a fait donner aux autres. L'esquisse s'est changée en tableau et le chapitre est devenu livre.

1865

Par cette extension naturelle et pour ainsi dire obligée, en face d'un sujet qu'agrandissaient à mesure des découvertes successives, ce livre est plus que de l'histoire provinciale : il entre dans celle de l'art. La faïence d'Oiron et les premiers travaux de Palissy lui donnent un intérêt général. De plus, comme au lieu de s'en tenir à une seule époque, il traite chronologiquement de toutes les poteries qui se sont successivement produites en Poitou, ou qui y ont été importées, tout le monde y peut apprendre, la même suite existant partout avec les mêmes grandes lignes. L'exécution d'un pareil plan a naturellement amené M. Fillon à sortir de ce chaos de banalités morcelées où se tiennent trop complaisamment les simples collectionneurs, et il a transporté dans l'étude de la céramique de la France ce qu'il a si bien appliqué à celle de sa numismatique ; c'est-à-dire la recherche et les formules des lois de filiation, de dégénérescence et de transformation, d'action et de réaction qui, à travers les siècles, ont régi chez nous les ouvrages de terre.

Les faïences d'Oiron et celles de Bernard Palissy ont été surtout étudiées avec un soin scrupuleux. Les pages qui leur sont consacrées sont le complément indispensable des belles publications graphiques faites à Paris par M. Delange. Le reste du texte n'est ni moins important ni moins nouveau. S'il n'y a plus rien à dire désormais sur les faïences d'Oiron, les autres parties ouvrent la voie en des matières encore bien obscures, et, par leur variété et leur unité, sont destinées à servir de guide et de base aux travaux subséquents, soit de détail, soit surtout d'ensemble. On en jugera par l'indication sommaire des chapitres.

Après une courte introduction sur le passé de notre céramique, sur les conditions de sa nouvelle renaissance et sur l'importance des collections de poteries françaises, M. Fillon commence par déterminer les caractères de la poterie primitive et de celle des temps gaulois, qu'on ne distinguait pas autrefois l'une de l'autre. Dans l'étude de la période romaine, il l'a très judicieusement divisée, et cette classification sera désormais suivie, en période gallo-romaine, où la forme de la vaisselle de terre est encore à demi celtique, et en période romano-gauloise, où le type est devenu tout latin. Les lieux de fabrication, indiqués avec soin, et les marques de potiers trouvées en Poitou, apportent ensuite la lumière de leur classement et de leur certitude géographique. L'examen des produits céramiques si peu nombreux du moyen-âge, dont la chronologie présente encore beaucoup d'incertitude, est par cela même forcément plus rapide ; pourtant les indications de l'auteur sur les poteries des IVe et Ve siècles, sur les poteries mérovingiennes et carlovingiennes, sont importantes, parce qu'elles sont aussi judicieuses que nouvelles. A leur suite, les poteries romanes, celles fabriquées de saint Louis à Louis XI, celles qui font le passage du moyen-âge à la Renaissance, et les débuts de celles-ci, nous amènent aux faïences d'Oiron.

La revue des opinions émises sur ces curieuses faïences, et l'histoire de la découverte du lieu de leur fabrication, servent d'entrée en matière au chapitre qui les con-

LIBRAIRIE ANCIENNE ET MODERNE.

L. CLOUZOT
Rue des Halles, 50, à Niort (Deux-Sèvres).

L'ART DE TERRE
CHEZ LES POITEVINS
PAR
BENJAMIN FILLON.

M. (1)

demeurant à (2)

commune d

canton d

déclare souscrire à   exemplaire (3)   de l'ouvrage intitulé *L'Art de terre chez les Poitevins*, par BENJAMIN FILLON, moyennant la somme de (4)   que je m'engage à remettre en échange de l'ouvrage.

A   le   1864.

(5)

(1) Écrire lisiblement ses nom, prénoms et qualités.
(2) Indiquer sa demeure.
(3) Indiquer si c'est un exemplaire ordinaire ou un exemplaire d'amateur.
(4) Vingt-deux francs ou vingt-quatre francs, suivant l'exemplaire.
(5) Signature.

Fontenay, imp. Robuchon.

| TIMBRE. |

Monsieur

L. CLOUZOT, libraire-éditeur,

50, rue des Halles,

à NIORT (Deux-Sèvres).

cerne. Dans les paragraphes suivants, M. Fillon indique avec soin leurs origines et leur caractère composites, ce qui l'amène à en faire un classement tout nouveau et à les partager entre trois périodes bien distinctes : l'une, où le bibliothécaire et le potier d'Hélène de Hangest en créent les chefs-d'œuvre; la seconde, où domine l'imitation de l'architecture; la troisième, où les derniers faïenciers d'Oiron subissent l'influence des rustiques figulines de Palissy. Connaissance des alentours, recherche de la source des imitations, explication des procédés particuliers employés, analyse des matières, classement chronologique, attribution de tous les chiffres et de tous les signes énigmatiques, mise à néant de tous les doutes, rien ne manque à cette monographie, qui est complète et définitive.

Le cadre de l'ouvrage ne comportait pas une étude aussi étendue sur Palissy; mais ce que dit l'auteur des origines artistiques et industrielles de cet homme illustre, de ses premiers essais, de ses emprunts au *Songe de Polyphile*, de la valeur qu'il lui faut attribuer comme artiste, du caractère de ses œuvres, de leur ordre chronologique, de ses collaborateurs (parmi lesquels il se faut étonner que personne n'ait encore reconnu Barthélemy Prieur, cité par Palissy lui-même), de ses rivaux, de ses continuateurs, apporte bien des rectifications aux erreurs qui ont fait jusqu'ici le fond de sa biographie, et mettent la question sur le vrai terrain de la critique et de la vérité.

Les derniers faïenciers d'Oiron ne sont pas les seuls, dans les provinces de l'Ouest, qui se soient mis à la suite du potier de Saintes; les découvertes de M. Fillon sur ce point, sur les fabriques de la Chapelle-des-Pots, de Brinzambourg, de Fontenay-le-Comte, sur celle établie près d'Apremont par Julien Mauclerc, l'architecte, sur la fontaine et la grotte rustiques du Veillon, le prouvent surabondamment et de la façon la plus péremptoire.

A partir du commencement du xviie siècle, le livre s'éparpille davantage, et satisfera d'autant plus les amateurs, curieux surtout de la distinction des fabriques et de la connaissance de leurs marques respectives. Rigné, Thouars, Ardelais, l'Ile-d'Elle, ont donné la vaisselle de terre qui appartient en propre à la province; mais il y ajoute ce que les manufactures de Nantes, de la Rochelle, de Saintes, des Roches, de Bordeaux, de Nevers, de Saint-Vérain et de Rouen; ce que les fabriques des autres pays d'Europe, et même celles de la Chine et du Japon, ont apporté dans la contrée de produits et de modèles, indications d'autant plus précieuses qu'elles font tenir compte de tous les éléments de la question, et que plusieurs des poteries décrites ont été spécialement fabriquées pour des Poitevins.

Les divisions et les enseignements sont les mêmes pour le xviiie siècle. Rigné, Poitiers, Chef-Boutonne, Saint-Porchaire, l'Ile-d'Elle, le couvent des Robinières et les poteries révolutionnaires, fournissent le contingent de la faïence, pendant que Vendrennes et Saint-Denis-la-Chevace s'essaient à la porcelaine. Tout en parlant des poteries françaises étrangères à la contrée, M. Fillon profite de l'occasion pour rendre pleine justice à un homme tout à fait considérable, mort dans ce siècle, et trop oublié par lui. Jacques

Fourmy, qui est originaire de Nevers, et qui, avant de venir à Paris, a travaillé longtemps à Nantes, est, en effet, par son dévouement à la science, par ses découvertes industrielles, dont nous profitons sans lui en savoir gré, le seul nom français digne d'être cité à part, et partant peut être, au point de vue de la chimie et des perfectionnements de la fabrication, le céramiste le plus distingué dont notre pays ait à s'honorer depuis un siècle.

Une étude tout à fait distincte sur l'histoire des verreries du Poitou forme un curieux appendice à l'ouvrage principal. L'auteur y démontre, pièces en main, que la fabrication, commencée au moins au deuxième siècle, sous Trajan ou sous les Antonins, n'y a jamais été depuis interrompue, et, rencontrant sur son chemin la question des gentilshommes verriers, il jette un nouveau jour sur les origines de leur noblesse.

Nous ajouterons, enfin, que le complément naturel d'un travail archéologique ne manque pas plus à ce livre de M. Fillon qu'à ses autres publications. Près de quatre-vingts gravures en bois, représentant des poteries, des verreries, des bas-reliefs, des fontaines rustiques, des marques de fabriques, des fac-simile de signatures, etc., et plusieurs grandes planches sur cuivre, dues à la pointe habile et savante de M. Octave de Rochebrune, complètent les explications du texte.   P. H. D.

CONDITIONS DE LA SOUSCRIPTION :

L'ouvrage, *entièrement terminé*, forme un beau volume in-4°, imprimé par P. Robuchon, à Fontenay, sur le même modèle que POITOU ET VENDÉE. Il a été tiré à petit nombre sur papier vélin mécanique et sur papier à bras d'Annonay. Il sera mis en vente du 10 au 15 juin 1864.

Le prix pour les premiers souscripteurs est fixé à :

22 francs sur papier mécanique; — 24 francs sur papier à bras.

Les souscriptions seront reçues jusqu'au 15 juin. Passé cette époque, le prix sera porté à 25 francs l'exemplaire sur papier mécanique, et 28 francs sur papier à bras.

Pour être souscripteur, remplir le bulletin ci-contre, le plier et le mettre à la poste.

SOUS PRESSE :

LES ŒUVRES DE MAISTRE BERNARD PALISSY

Réimprimées d'après les éditions originales, avec études biographiques et historiques et notes nouvelles,
PAR ANATOLE DE MONTAIGLON.
2 vol. in-8°, papier de Hollande.

Fontenay-le-Comte. — Imprimerie de Pierre Robuchon, Grande-Rue, n° 25.

L'ART DE TERRE

CHEZ LES POITEVINS

IMPRIMERIE DE PIERRE ROBUCHON

A FONTENAY-LE-COMTE.

L'ART DE TERRE

CHEZ LES POITEVINS

SUIVI D'UNE

ÉTUDE SUR L'ANCIENNETÉ DE LA FABRICATION DU VERRE EN POITOU

PAR

BENJAMIN FILLON.

NIORT

L. CLOUZOT, LIBRAIRE-ÉDITEUR

RUE DES HALLES, 50

1864

« *Si je voulois mettre par escrit toutes les utilitez de l'art de terre, je n'aurois jamais fait.* »

BERNARD PALISSY.

A

CLÉMENTINE FILLON

Ce volume est simplement un recueil de notes destiné à ceux qui s'occupent des origines de nos industries nationales. Le désir de leur faire connaître plusieurs documents d'une certaine valeur pour l'histoire de la faïencerie française me le fait publier. C'est l'œuvre d'un numismatiste, étranger à la théorie et à la pratique de l'art de terre, qui, faute de mieux, a tenté d'appliquer les méthodes d'investigation de la numismatique à une matière toute nouvelle pour lui, où il a entrevu autre chose que la satisfaction d'une vaine curiosité. Les vases des tombeaux, qui sont plus spécialement du domaine de l'archéologie, avaient attiré depuis longtemps mon attention. Peu à peu, ils m'ont amené à élever mes regards jusqu'à l'ensemble des produits de la céramique. De là ces nombreuses notes saisies au passage, sans but déterminé, et qui, longtemps oubliées dans un carton, en sont sorties lorsqu'un sujet plus précis d'étude est venu me remettre en mémoire les renseignements que le hasard m'avait apportés. Une circonstance particulière m'a révélé aussi l'importance des poteries, quand il s'agit de noter les stations des courants humains qui ont successivement parcouru la surface de la terre.

Un vase de terre noire mêlée de charbon et modelé à la main, trouvé en 1849 à une grande profondeur, non loin de l'embouchure du Sénégal, me fut montré à Nantes par un capitaine de navire marchand (1). Sa forme et son mode de fabrication me parurent rappeler tellement ceux de certaines poteries très anciennes qu'on rencontre parfois en Bas-Poitou, que je crus devoir soumettre au savant polonais Joachim Lelewel le dessin de ce singulier spécimen de l'industrie primitive des nègres. Je lui communiquai, en même temps, certaines idées suggérées par la comparaison des haches et autres instruments de pierre, colliers de coquillages, etc., recueillis dans les anciennes sépultures de nos contrées, avec les objets analogues dont se servent encore les sauvages. La réponse de l'illustre numismatiste ne se fit pas attendre. Elevant la question à la hauteur de son génie, et lui donnant des proportions que j'étais loin de lui attribuer, il s'en servit pour jeter les bases d'un système complet de nouvelles recherches historiques. Comme Palissy à la vue d'une coupe de terre émaillée, il entra en dispute avec sa propre pensée, et se mit en devoir de la formuler dans son style nerveux et imagé.

« Cher ami,
» Je me réservais, dans mon billet du 17, de revenir plus tard sur votre livre (2), ma plume déliée
» des chaînes que lui imposent la géographie, la cartographie (3) et l'ancienne législation polonaise ;
» mais un passage de votre bonne lettre du 14, qui a reçu en partie réponse par le courrier d'hier,
» et un autre du volume (4), n'ont cessé, depuis, de remuer l'esprit en moi, pour donner corps à la
» pensée. Ces feuillets vous portent le condensé de ce travail intime. L'exposé sera bref ; vous com-

---

(1) Des découvertes récentes ont démontré que l'Afrique recèle d'autres monuments d'un âge moins reculé, identiques à ceux qu'on rencontre dans l'ouest de la France. Ce sont les dolmens et autres constructions funéraires trouvés par M. Féraud, près des sources de Bou-Merzoug. — Recueil des notices et mém. de la Soc. arch. de la province de Constantine (Algérie), 1863.
(2) Considérations historiques et artistiques sur les monnaies de France; Fontenay-Vendée, Robuchon, 1850, in-8°.
(3) Géographie du moyen âge, étudiée par Joachim Lelewel ; Bruxelles, 1850, V° Pilliet, 4 vol. in-8° et atlas.
(4) P. 31 et suivantes des Considérations.

» pléterez ce trop peu, vous qui avez deviné les demi-mots de ma théorie novice, et trouvé le vrai
» et le bon de mes reconstructions hésitantes (1).

» Oui, cher ami! oui, vous avez raison de dire que l'étude des armes, bijoux, ustensiles de la vie
» privée de chaque peuple; les lumières de l'art appliquées à la moindre poterie, à la plus petite
» agrafe, aideraient, comme les langues, à la connaissance de l'origine des peuples, de leurs expéditions
» militaires, victoires ou défaites, de leurs relations de commerce. Considérez les effets naturels de
» votre conquête de l'Algérie; elle n'a pas manqué de vous procurer quelque chose de bédouin. Les
» femmes, enfants toujours pris à la nouveauté, font toilette de couleurs arabes; les burnous vont par
» les rues de Paris, de Bruxelles, et votre lointain ne les écarte pas de votre porte. Vos soldats, enfants
» comme les femmes, attirés aux couleurs et bruits à grand fracas, se font algériens par l'habit, qui
» communique à l'emprunteur quelque côté de l'original. Il y a des faits de guerre nouveaux qui,
» par leur férocité, obligent de le croire.

» Les ustensiles, les armes, les bijoux, seront d'un grand secours pour qui s'engagera, Dieu le
» protège! sur le sentier que vous montrez aux hardis et lucides; mais je leur conseille, avec vous,
» de mener d'un pas parallèle l'étude de la poterie, mise au service de l'homme depuis des ans
» innombrables, sans avoir dédain de la plus grossière, qui, étant usitée du peuple, n'en est que plus
» persistante dans ses types. Beaucoup des formes de cette poterie sont de la descendance directe de
» celles des premiers récipients de terre qu'on a imaginé de façonner. Qu'on les classe, les aligne,
» avec l'œil d'un clairvoyant : de cette confrontation naîtront des découvertes que vous et moi,
» rêveurs à la piste, soupçonnons, sans deviner la force expansive de leurs conséquences incalculables
» pour l'histoire, et qui frapperont de mort les rêveries dont s'exerce la sagacité des compositeurs
» de système. La numismatique aura une sœur, qui ne s'était montrée avant ce temps présent, quoique,
» par l'âge de ses monuments, elle puisse compéter l'aînesse.

» Un excellent départ serait de déterminer, d'une soigneuse et exacte manière, les formes usitées
» des peuples sauvages qui ont le moins subi l'influence orientale et européenne. Leur examen com-
» paré fournirait les principes générateurs, et montrerait la marche de l'esprit praticien dans ses
» essais, ses tâtonnements primitifs, ses coups de génie industrieux; car le génie est en celui qui
» invente quelque chose de bon et de propice à la vie. — Toutes les nations ont commencé par la
» sauvagerie; toutes ont opéré sur elles le travail actif du perfectionnement, hâté, ici et ailleurs, par
» l'immixtion du sang et des idées de races plus aptes à ce perfectionnement, qui ont fait, dans la
» série des siècles, office et métier d'instructeurs. Les sauvages de l'âge présent sont les retardataires
» sur le chemin humain, qui, au lieu d'avancer, d'accrocher la main aux meilleurs marcheurs, se
» sont accroupis, lassés, au commencement du voyage, et ont oublié l'instruction acquise, avant
» d'isoler leur faiblesse et paresse. La paresse du sang, les conditions contrariantes du sol, de climat,
» les obscurcissements de cerveau venus de religions barbares, ont été autant d'embarras à leur
» marche, autant de clous pour les ficher immobiles à la place de leur chute. Leurs idées, par suite,
» ont subi la dégénérescence des types nationaux de vos Carlovingiens, immobilisés par le morcelle-
» ment de la féodalité. Ces peuplades isolées, par cela qu'elles ont eu peu de notions d'industrie, ont
» conservé, comme momifié, ce peu dans leur imagination et mémoire, et je vous affirme, mon ami,
» qu'il y a chez elles des profils de vases qui ont une antiquité qu'on ne peut limiter, et qu'il est
» utile de conférer avec les poteries exhumées des tombelles, où dorment pacifiquement les restes des
» anciens habitants de la terre, si remués de leur vivant, comme il est utile de conférer la hache de
» pierre du sauvage avec celle que nous rend de ses couches barbares le sol civilisé. Le pot du

---

(1) *Numismatique du moyen-âge*, point de départ des études vraiment sérieuses sur les monnaies de cette période.

III

» Senégal, similaire de la fabrique sauvage pictone, ne conduit-il pas, de l'œil à l'imagination, l'idée
» de la communauté originelle, et du nègre squelette de plusieurs mille ans sous la plaine de la Vendée ?
» Ce fait devra prédominer l'observation du squelette et de la poterie des tombeaux. Autant que je
» m'imagine, autant que je puis entrevoir le vrai dans ce qu'il allègue, il produira une belle récolte
» à l'observateur, qui ne bornera pas, à son entour de faits connus, l'âge de la création de l'homme (1).

» Voilà, cher ami, par où est le début du déchiffrement du problème que vous posez à un vieil
» homme, lassé d'une route déjà longue pour la faiblesse de ses jambes, et qui voudrait s'asseoir sur
» la bordure du chemin. Vous vous moquez donc de le convier à cette grande course. Allez, allez
» aux jeunes; passez à leurs mains la lanterne allumée. Qu'ils se partagent le travail, le divisent à
» leurs aptitudes : ils arriveront à alligner sur un seul carton, comme un tableau de généalogue, les
» formes céramiques de toute la terre, qui, triées, se réduiront à un nombre très petit de généra-
» trices, s'il n'est pas fait d'abord attention à ce qui n'est que décoratif et mécanique. Les génératrices,
» il sera facile de le constater, ont dû naître de l'imitation du végétal, comme une quantité d'autres
» créations de l'homme, qui reçoit des modèles de la nature chaque fois qu'il veut créer. — Le
» procédé mécanique fera le second chapitre, et ouvrira la porte qui conduit au décoratif, le plus
» étendu des chapitres. Je m'effraie à sonder la grandeur et variété de ce dernier; mais ma vue trop
» faible et les yeux myopes seront fortifiés par la lunette qu'on saura fabriquer à l'usage de ce pays
» inconnu de nous. — Les procédés et types ornementatifs feront autant de sous-chapitres, de petites
» branches de l'arbre généalogique, où le gravé, le modelé en relief, l'estampé, iront peut-être devant
» le coloré, vernissé et émaillé.

» La terre est la bibliothèque de livres encore inconnus, qui attendent les clairvoyants.

» Imaginez le livre qui naîtra de cette étude et connaissance acquise ! De vous écrire ce sommaire
» je vois ma chambre se dilater, se remplir de toutes espèces de poteries modelées par les hommes,
» depuis le jour où la main a commencé à façonner l'argile, et, dans ces poteries, je vois les rameaux
» de la race humaine, leurs mariages, déplacements, fusions de branches, notés clairs par une forme,
» un profil, un procédé de fabrique, une couleur, un vernis.

» O cher ami ! quel sujet digne d'un bon esprit ! Mais, pour oser y entrer, il faut être jeune, riche
» de santé et d'argent, beaucoup artiste, praticien, et, condition première, ne pas faire de ce travail
» le travail systématique d'une idée préconçue en son cerveau, le travail d'un seul présomptueux et
» égoïste d'honneurs. — L'exilé, qui n'a rien que les peines et angoisses du cœur, n'est pas l'un des
» marcheurs qu'il convient d'appeler à cette longue pérégrination; il est lié à des œuvres plus courtes.
» Le pauvre n'a pas non plus le temps à lui; le fruit arrive vert et aigre à sa bouche; il ne peut
» attendre le mûrissement de sa pensée.

» A qui fera ce livre, je parle des forts et artistes, vos porcelaines de Sèvres, que votre France aime
» d'extravagance, donneront pitié. Fondée sous Louis XV, la fabrique a gardé le petit type de tous
» les produits de ce règne de la débauche; l'art et le goût des ouvriers ont le *virus* de cette prove-
» nance basse et malade. La porcelaine et la faïence n'ont pas été travaillées chez vous par le génie
» décoratif depuis deux siècles. La Révolution pouvait engendrer un nouvel art : le bourgeois, vic-
» torieux par elle, lui a retenu les façons médiocres de son jugement. — De taureau qu'il était en
» 1793, David, chef d'école républicaine, est tombé bœuf sous la main énervante de Napoléon, et l'art
» qu'il dirigeait, a perdu son nerf, qu'un autre David (2), l'honneur de ce temps, a rendu à la statuaire.

---

(1) Plusieurs archéologues partagent maintenant cette opinion de Lelewel, qui tend à faire considérer les premiers habitants de l'Europe comme ayant été de race noire. L'étude bien conduite des ossements recueillis dans les plus anciennes sépultures permettra seule de résoudre cet important problème.

(2) David d'Angers, l'ami de Lelewel.

» Deux choses sont à considérer pour les porcelainiers et faïenciers : la forme et la couleur, éléments
» constitutifs des ouvrages naturels. Leur art a cette mission de marier les deux, de couvrir les belles
» formes de belles couleurs, sobres ou éclatantes. Les vases grecs et chinois, japonais, persans, de toute
» l'Inde, sont les bons modèles de chacune de ces méthodes. Homme moderne, j'ai honte quand je vois
» vos ouvriers, et ceux de l'Europe derrière eux, se donner des indigestions de pensées, à imiter les
» bouquets de la robe de la Pompadour, ou à copier fadaisement, avec des couleurs fausses comme
» les cordes du violon de la rue, des tableaux incopiables avec les procédés du feu et le but décoratif.
» Le Grec et le vieux Chinois étaient, par le goût, des artistes nés au vrai ; vos Sévriens, Parisiens,
» Limousins, et plus les Anglais et Saxons, sont des coloriers que condamnera la postérité des bons
» juges, parce qu'ils ont l'habileté et pas le génie du métier.

» Ma lettre était écrite, mon ami ; les biffures m'ont obligé de la copier, voulant être lu et compris
» de vous. Un de mes amis polonais a poli les infractions de ma langue française. Fatigué, je vous
» quitte et vous dis de penser à votre tout dévoué de cœur.

» LELEWEL.
» Bruxelles, 22 juillet 1850.
» *P. S.* — Le paquet emballé hier, et parti sous votre adresse, vous porte le salut de l'ami qui se
» sent poussé avec impétuosité d'affection vers vous. Voyez, lisez, méditez, pesez ma *Géographie du*
» *moyen âge*, produit des travaux de ma jeunesse et de l'âge avancé, et marquez ce qu'elle vous a
» appris. » (V. les *Lettres écrites de la Vendée à M. A. de Montaiglon* ; 1861, p. 105.)

L'exécution du plan esquissé par Lelewel conduirait, sans nul doute, à des résultats de la plus
haute portée ; mais elle offre présentement des difficultés de plus d'un genre. Non-seulement on n'a
pas encore de notions précises sur les formes successivement données aux vases de terre dans chaque
pays, mais la langue elle-même manque souvent de termes pour exprimer toutes les manières d'être
des produits si simples qu'il s'agit d'étudier. C'est aux fines vues et aux esprits classificateurs à s'exercer sur ce sujet. La connaissance des poteries est la pierre angulaire de l'archéologie ; c'est sans doute
pour cela qu'elle est si peu avancée. Le sort de toutes les sciences est de n'aborder qu'en dernier lieu
le point auquel elles auraient dû s'attaquer avant tout.

En présence d'un pareil état de choses, il ne faut donc pas embrasser d'aussi vastes horizons, et se
contenter, pour le moment, de consigner, dans de simples monographies, les faits révélés par les découvertes opérées sur des coins de terre plus ou moins circonscrits. Tel est le but que je me suis
proposé dans les études suivantes. L'une est consacrée à l'art de terre en Poitou ; l'autre à la fabrication du verre dans la même contrée, depuis l'époque romaine jusqu'à la Révolution de 89. Mais,
avant de nous enfermer dans les limites d'une province, jetons d'abord un coup d'œil sur l'ensemble
de notre céramique nationale.

II

Ce qui frappe surtout, lorsqu'on examine les plus anciens vases trouvés sur la surface entière de la
France, c'est bien moins leur caractère de simplicité native, propre aux œuvres des époques d'enfance
intellectuelle, sous toutes les latitudes et dans tous les pays, que la singulière uniformité de lignes
qu'ils présentent, sans exception, soit qu'ils viennent de la base des Alpes ou des bords du Rhin, soit
du fond du Morbihan, des campagnes du Berry ou de celles de la Vendée. Plus tard, avec des procédés
de fabrication moins grossiers, la variété se produit dans les formes. Chaque fraction du sol, tout en
maintenant l'unité des types généraux, caractérise son individualité par certaines courbes, par certains
détails qui lui deviennent propres. — Ce point une fois établi, un second problème vient se poser devant
nous. Tel vase, trouvé à vingt pieds sous terre, comme nous l'avons vu il y a un instant, sur les rives

V

du Sénégal, a ses analogues en bas Poitou. Tel autre, extrait des sépultures d'Availles-sur-Chizé (Deux-Sèvres) (1), a non-seulement des formes identiques à celles que présentent les poteries des vieilles peuplades de l'Amérique du Nord, mais il porte encore leur décoration extérieure, qui ressemble au tatouage de la face du Kanak des îles Marquises. (V. plus loin, p. 8.)

J'ignore quelles conclusions définitives la science tirera tôt ou tard de ces faits, qui se reproduisent dans presque toutes les régions du globe; mais il me semble qu'il en ressort dès aujourd'hui la preuve que les hommes ont vécu d'abord par bandes nomades, à la façon de certaines espèces d'animaux unies entre elles par l'instinct de la sociabilité, et ont été parqués alors dans d'immenses étendues, circonscrites par des limites naturelles, mers, fleuves ou montagnes. Ce n'est que beaucoup plus tard qu'ils se sont fractionnés par clans, tribus ou peuplades, en s'attachant au sol. Puis sont survenus les révolutions intestines, nées surtout de ce second état social, les cataclysmes qui ont modifié les continents, les migrations, les éclosions, sous certaines conditions de température, de races plus intelligentes, qui ont refoulé leurs devancières vers les régions demeurées jusques-là désertes, où celles-ci se sont immobilisées dans la barbarie, tandis qu'elles mêmes marchaient vers la civilisation. La ressemblance si frappante des décors des vases d'Availles avec le tatouage des insulaires de l'Océan Pacifique n'indique-t-il pas, par exemple, que le peuple auquel on les doit se couvrait la peau de dessins tracés à la pointe? Mais, comme ces monuments appartiennent à un âge antérieur à celui où commencent les annales historiques de la Gaule, cela m'empêche d'en conclure, avec quelques archéologues, que les Celtes avaient conservé, presque jusqu'à la conquête romaine, cette parure barbare. Le peuple qui faisait, à cette époque, des copies si intelligentes des monnaies grecques, qui avait des dogmes religieux aussi épurés que ceux enseignés dans le sanctuaire du chêne, ce peuple ne se parait certainement pas, en même temps, des grossiers attributs de la sauvagerie. On donne, de la sorte, à une race très avancée en civilisation et originaire du centre de l'Asie, les usages d'une autre race plus ancienne, dont le berceau, qu'il faut aller chercher au delà de la tradition biblique, fut tout à fait différent du sien. Peut-être, en s'assimilant les débris de celle-ci, les Celtes avaient-ils momentanément adopté quelques-unes de ses coutumes; mais ils s'étaient, à coup sûr, débarrassés bien vite de ce qui n'était pas dans l'esprit de leur nation. J'ajouterai de plus que l'alluvion humaine, qui nous a légué les poteries en question, a été précédée elle-même sur notre sol, par d'autres hommes encore plus imparfaits, de qui nous viennent les tessons contemporains de ces premiers instruments de pierre dont l'origine se perd dans la nuit des siècles. — L'énigme proposée par le sphinx aposté à l'entrée de Thèbes n'était pas un vain jeu d'esprit; c'était, au contraire, un résumé saisissant et profond des destinées du genre humain sur la terre. Elle le montrait adonné d'abord aux instincts grossiers de la bête, s'élevant ensuite par l'intelligence vers des notions plus hautes, et se faisant enfin un appui de la science pour dompter la matière rebelle et sans cesse en lutte contre lui.

L'introduction de l'élément décoratif accentua de plus en plus la variété dans les poteries. C'est ce qui fait que celles de la période celtique peuvent être soumises à une classification régulière, et qu'on en est déjà arrivé à ne plus confondre un vase sorti du fond des lacs de la Suisse avec un autre exhumé des sépultures de la Normandie. La conquête de César, en romanisant la Gaule, soumit au contraire la céramique à l'uniformité, qu'elle imposa simultanément à tous les arts, à toutes les industries; mais elle ne put toutefois lui enlever un certain cachet originel, très accentué surtout dans la vaisselle populaire. Devenu presque romain par l'habit, par les mœurs, par le langage, le Gaulois se ressouvenait de son origine celtique, en portant chaque jour à ses lèvres la coupe traditionnelle, dont il tenait le galbe de ses pères.

La dissolution de l'empire amena, avec les barbares, des imitations de leurs poteries, que l'invasion

---

(1) Ces sépultures ont été fouillées par M. Charles Arnauld, secrétaire général de la préfecture des Deux-Sèvres.

de la Gaule par les Germains fit bientôt passer à l'état de copies serviles, en même temps qu'elle produisit de nouveau la variété des types. Les différences notables qu'on remarque dans les produits de la céramique de cette époque, aussi bien que dans ceux de sa bijouterie, ne sont pas sans intérêt pour la géographie et l'histoire ; car la comparaison de ces produits avec ceux que nous fournissent les tombeaux de la Germanie, de la Bretagne et de la Scandinavie, aide à constater l'origine des hordes d'aventuriers, qui sont venues s'abattre sur tel ou tel point de notre sol. Les types des vases et des bijoux recueillis en Poitou ont, par exemple, deux provenances. Les uns, répandus sur les côtes, semblent avoir été importés par eau des rivages de la mer du Nord ; les autres, être arrivés des régions comprises entre le Weser, la Lippe et le Rhin. Les spécimens des VIIIe et IXe siècles fournissent des indications non moins précises, témoin le vase funéraire décrit plus loin, à la page 44, qui porte le nom du pirate Oca. C'est alors que disparaissent les derniers restes de la tradition romaine, pour faire place aux premiers essais d'un art nouveau, né au milieu des angoisses d'un enfer terrestre. Il lui fallut des centaines d'années pour prendre corps, comprimé qu'il fut sous la main de fer du régime féodal.

Organisée dans un but d'assurance mutuelle et réciproque contre l'invasion normande, la féodalité dégénéra bientôt en tyrannie infâme. « Le danger passé, la société se trouva vivante, mais garrottée, énervée, abrutie, coupée en morceaux. » Tout sombra à la fois : l'art, la littérature, les mœurs, les lois, l'industrie. Plus de voies directes de communication ; celles léguées par l'administration romaine, et qu'avaient entretenues, tant bien que mal, les rois francs, furent systématiquement abandonnées, livrées à la charrue ou coupées de *barres* et d'embuscades pour rançonner les passants. Une législation féroce, basée sur le caprice du fort, fut adaptée à chaque lambeau du territoire. Non rassasiés d'avoir fait autant d'officines de faux monnayeurs des ateliers d'où étaient jusque-là sorties des espèces métalliques d'une valeur loyale, les barons laïques et ecclésiastiques fabriquèrent des poids et des mesures arbitraires pour voler leurs sujets. Les instincts brutaux des premiers âges du monde furent dépassés : Caïn se contenta d'assommer Abel : il ne le saigna pas aux quatre membres, au son de la lugubre psalmodie du chant grégorien.

La poterie née de ces temps est digne d'eux en tout point (950-1210). C'est en vain qu'on montre à nos yeux l'architecture des cloîtres, des cathédrales, des châteaux forts bâtis pendant leur cours ; l'obole de cuivre blanchi et le grossier tesson qu'on trouve à leurs pieds les feront toujours reléguer parmi les plus horribles périodes qui aient pesé sur le monde. Mais ce qui donne la mesure de l'incroyable éparpillement produit par un pareil ordre social, c'est l'immense quantité de sous-variétés d'un nombre très restreint de types de poteries qui se produisit alors. Chaque petite région eut formes de vase, des guillochures qui lui appartinrent en propre, absolument comme elle eut son monnayage spécial, ses poids, ses mesures, sa coutume. Un seul point de contact unit entre eux ces produits de la misère : c'est leur incomparable laideur à tous, laideur que l'Orient put à grand'peine amoindrir en révélant ses beautés à la France.

Le règne de Louis IX, qui fut comme une éclaircie dans le sombre moyen-âge, semble n'avoir pas été non plus stérile pour la céramique. Il est peu probable, en effet, que la grande urne et le plat gravés aux numéros 18 et 19 de la planche des *Poteries poitevines*, exécutés pendant la seconde moitié du XIIIe siècle, soient les produits d'une fabrication isolée. Les pavés émaillés sont d'ailleurs là pour témoigner en faveur d'un premier et noble effort vers une renaissance de l'art de terre. Ce qu'il y a de certain, dans tous les cas, c'est qu'il y eut amélioration notoire dans les procédés de fabrication ; c'est que nos poteries eurent, à partir de ce moment, plus d'homogénéité dans leur ensemble, tendance que la marche des événements ne fit que développer pendant les XIVe et XVe siècles. Aussi, lorsque, arrivé aux portes du XVIe, on regarde derrière soi, on se trouve en présence de nombreux éléments artistiques tout prêts à être mis en œuvre par une génération d'ouvriers habiles, dont l'imagination s'est éveillée à la vue des faïences italiennes.

VII

La Renaissance donna à la céramique française la secousse électrique, qui la fit revenir complètement à la vie et lui permit de mêler sa voix au concert joyeux que toutes les branches de l'activité humaine entonnaient en chœur, concert sublime, dont les lointains échos rafraîchissent encore nos âmes attristées ! — Voyez s'avancer, l'enthousiasme au cœur et dans les yeux, la phalange de ses adeptes. Voici venir Jean Bernart et François Cherpentier, les faïenciers d'Oiron; les auteurs rouennais anonymes des pavés émaillés d'Ecouen; les potiers de Beauvais, si peu connus et pourtant si dignes de l'être; voici François Briot, présentant à la postérité les épreuves émaillées de ses admirables pièces d'orfèvrerie; voici enfin Bernard Palissy, le *Songe de Polyphile* à la main, suivi du cortége de ses imitateurs et des nombreuses corporations de nos émailleurs et de nos verriers, qui réclament, aussi elles, leur place au soleil. Partout la terre cuite rivalise avec les métaux précieux et les gemmes dans la décoration des dressoirs et des autels; partout elle occupe la place d'honneur sur la table des élus de la richesse. Sur la façade des palais, elle détrône le marbre et la pierre. Déprimé par le régime féodal, l'art n'avait longtemps pu produire que des œuvres rabougries ou lourdement trapues, remplacées plus tard par ces créations pulmoniques, où tout pousse étique et grêle, comme les plantes avides de soleil qui végètent entre quatre hauts murs. Libre maintenant de ses chaînes, il respire à pleine poitrine et s'en donne à cœur joie !

Après les maîtres du XVIᵉ siècle arrivent, avec le XVIIᵉ, les faïenciers de Nevers, ceux de Rouen, d'Avignon, de Moustiers, et d'autres encore, que l'étranger nous envie. Puis surgissent, à leur tour, nos porcelainiers, qui vont prendre bientôt le premier rang dans la fabrication européenne.

Si la poterie des siècles antérieurs au XVIᵉ est l'expression fidèle de l'état social qui l'a produite, il en est encore ainsi de celle qui a vu le jour depuis Louis XII jusqu'à la Révolution. Sous la Renaissance, elle témoigne de la même exubérance de sève, de la même tendance vers le neuf et l'imprévu que les autres œuvres de l'esprit humain. Quelques retardataires provinciaux, à la solde des grands seigneurs, ont encore, il est vrai, des ressouvenirs du gothique. Tandis que Jean Pelerin réagit, l'un des premiers, dans sa *Perspective artificielle*, contre les traditions du moyen-âge ; à petite distance de son bourg natal, les faïenciers d'Oiron s'en font les timides prôneurs. C'est, comme toujours, la voix du passé qui jette à l'avenir sa protestation inécoutée.

Le XVIIᵉ siècle a d'autres allures. L'imagination est moins vive, les couleurs sont plus ternes, les lignes plus compassées. Le relief a disparu pour faire place aux caprices de l'arabesque découpée en appareils gymnastiques par Boulle et par Bérain. Tout cela n'est pas d'un goût parfait et sent fort la mise en scène ; mais il y a néanmoins quelque chose de net, de précis, de fièrement campé dans ces caprices, qui sont loin de déplaire, surtout lorsqu'ils nous apparaissent, au début du siècle suivant, sur l'élégante vaisselle de Moustier. Mes préférences sont néanmoins pour les décors du rouen, conçu dans une donnée plus large et mieux nourrie. Le nevers, sauf dans les pièces inspirées du persan, a des crudités qui déplaisent.

Au XVIIIᵉ siècle, la faïence perd encore de la fermeté de son caractère original. Les ornements qui ne se sont, le plus souvent, tenus entre eux, depuis le milieu du règne de Louis XIV, que par des artifices d'équilibre plus ou moins heureux, finissent par s'en aller en pièces, à l'instar de la société qui les inspire. Le niveau de l'art français baisse avec le niveau moral. De Watteau à Baudouin, en passant par Boucher, la distance est grande. Watteau s'était contenté d'introduire dans le *Jardin d'amour* de Rubens ses gracieuses poupées et d'y faire scintiller leur regard empourpré ; Boucher désosse ses donzelles pour qu'elles soient d'un « ragoût superfin » ; Baudouin, Fragonard et leurs pareils, trouvant ce nud-là trop pudique, vont se plaire au retroussé. La décoration des poteries marche à l'unisson. Encore pourvue d'un reste de vigueur sous la régence, le règne des courtisanes la fait se délayer. Alors surgissent les *bouquets jetés* et toute l'ornementation petiote et pimpante « empruntée à la robe de madame de Pompadour ». Ce n'est pas aux faïenciers, aux porcelainiers qu'il faut en faire le principal reproche. Les malheureux subissent le sort de tous les ouvriers qui travaillent pour le public : ils sont à la merci de ses caprices. — Autre symptôme non moins caractéristique. Jusque-là chacune des manufactures avait conservé son caractère propre. Il était impossible de confondre ses productions avec celles de ses rivales; les contrefaçons même qui en avaient été faites n'avaient pas eu la prétention de donner le change aux acheteurs, tandis que, à dater des vingt dernières années du règne de Louis XV, les poteries du royaume entier commencent à revêtir une livrée commune. L'unité se fait dans les tendances : des types généraux courent tous les ateliers. Un esprit original sort-il des voies battues, vite on se met à copier sa manière. Ainsi fait-on des faïences émaillées de Joseph Hannong, qui sont contrefaites d'un bout du royaume à l'autre. Qu'on juge par là de la difficulté pour le collectionneur d'opérer un triage dans un pareil chaos. Il n'a pas autre chose à faire que de déterminer simplement le caractère propre, le style de chaque chef de file, sauf à porter ensuite son attention sur les satellites qui ont gravité autour de lui.

Au milieu de ces innombrables productions, où la fantaisie joue un si grand rôle, le critique le plus rigide se sent pourtant presque désarmé par l'exquise délicatesse apportée à l'exécution de beaucoup d'entre elles. Eût-il accordé ses sympathies aux honnêtes et saines peintures de Chardin; eût-il, par conséquent, des admirations fort attiédies pour le rococo transporté dans la céramique, lors même qu'il sort de l'officine des bons faiseurs, il ne peut du moins lui contester son fumet épicé. L'art aristocratique, sur le retour, s'est fait grivois; las des robes à paniers, il s'est mis à fripper le jupon de la jeune bouquetière. Il se permet, l'insensé, ces quarts d'heure de vingt ans, si préjudiciables aux vieillards, et qui les rendent idiots pour le reste de leurs jours. — Le rococo énervé subit le sort commun; il ne tarda pas à déchoir dans le style Louis XVI, dont le goût public eut beaucoup de mal à se débarrasser, parce que ses infiltrations avaient pénétré d'autant plus avant qu'il était le résultat d'une décomposition plus grande. Les ébullitions terribles de la Révolution, qui ont rejeté, comme de l'écume, tant de loques et vieilleries, ne firent que le lessiver, et le rendirent tout au plus assez malléable pour permettre aux porcelainiers de l'Empire d'en faire leur profit, en le moulant à l'antique. Mais, avant que ce trait d'union factice se fût établi entre les deux monarchies, éclata une immense crise sociale, qui a creusé son sillon dans la céramique.

Il y aurait tout un livre à faire sur les poteries de la fin du XVIIIe siècle, si fortement marquées au coin de l'époque. M. Champfleury s'est chargé de ce soin. Mieux que personne, il saura tirer parti du sujet et compléter l'œuvre de Jules Renouvier, ce noble cœur qui a mis au service des idées modernes la saine érudition d'un archéologue de la bonne école, vivifiée par un sentiment de l'art très délicat (1). L'intelligent écrivain n'aura pas de peine à démontrer qu'il serait absurde de demander aux poteries les qualités de celles des temps de paix. La Révolution créa des sujets d'épopée, et laissa le soin de les écrire aux générations futures, qu'elle émancipa au prix du sang de ses premiers apôtres. L'utile le nécessaire, absorbèrent trop sa pensée pour qu'elle ait eu le loisir de songer à l'agréable; Fourmy reçut ses inspirations, tandis que les charmants décorateurs de Sèvres furent négligés d'elle. D'ailleurs, la rénovation artistique qu'elle fit surgir resta dans les hautes régions de la peinture et de la gravure, et ne put pénétrer dans l'industrie qu'après de longues années de crise. Elle ne s'y fit malheureusement sentir qu'au moment où la décadence de l'école républicaine arrivait à grands pas sous le despotisme impérial. L'énergie des sentiments patriotiques que reflète la vaisselle populaire la rend donc surtout digne de l'attention des chercheurs qu'anime une idée philosophique, et, par contrecoup, la fait peu propre à figurer sur les étagères vulgaires, spécialement réservées aux gentillesses du rocaille. Les seules pièces soi-disant républicaines, admises dans ces élégants laraires, sont les

---

(1) *Histoire de l'art pendant la Révolution, considéré principalement dans les estampes, ouvrage posthume de Jules Renouvier, suivi d'une étude du même sur J. B. Greuze, avec une table, par M. Anatole de Montaiglon.* Paris, v^e Jules Renouard, 1863, in-8°.

affreux brocs de tavernes, salis de sujets obscènes et de grossièretés du Père-Duchesne, qui ont eu de si nombreux analogues sous la monarchie, et qu'un certain monde s'obstine niaisement à croire sortis du mobilier des grands révolutionnaires, dont les fières images nous ont été léguées par Prudhon et par David.

Les faïences et les porcelaines du Directoire et du Consulat ne valent pas la peine qu'on s'y arrête. Les terres cuites et les biscuits de divers artistes, entre autres ceux de Clodion, qui fit avec les vignettes de Saint-Aubin de la sculpture à l'avenant, ont pourtant une valeur relative, qu'on ne saurait méconnaître. Après le concordat, la céramique, déjà gagnée à la réaction, lui prêta un secours très actif. Il parût alors un petit bas-relief rond, de terre rouge, de la grandeur des médaillons de Nini, où se voyait la religion catholique, une croix à la main, couvrant la France de son manteau, et foulant aux pieds le bonnet de la liberté et le niveau égalitaire (1). C'était le temps où Greuze employait les derniers efforts de sa main octogénaire à esquisser le *Retour du baron* (2), comme si le peintre de la bourgeoisie du xviii° siècle eût pressenti que le premier consul allait bientôt recruter la féodalité impériale parmi ses anciens modèles.

La réaction grandissait d'années en années. Si éphémère qu'elle fut en réalité, elle inquiétait David, devenu baron et premier peintre de S. M. l'Empereur et Roi. N'ayant plus foi ni en lui ni dans l'avenir, il sentait son école menacée. On ne descend jamais impunément de l'idéal passé pour se faire le serviteur du fait contraire. L'art moderne, qui s'était affirmé sous la République, perdait toute virtualité en s'abaissant vers la servitude. Il s'efforçait en vain de poétiser le singulier tricorne et l'habit étriqué du personnage de la légende militaire, qui seront une révélation pour les hommes de goût des siècles à venir. Ils le verront tel qu'il était durant sa vie, enserré dans son égoïsme comme dans un étui.

Une impitoyable logique régla, du reste, la marche des phases successives de cette réaction tentée, depuis le 9 thermidor, contre l'esprit révolutionnaire. Toutes, elles eurent des résultats non moins médiocres dans les régions où nous sommes entrés que dans l'ordre politique. L'Empire, qui essaya de résoudre, avec le fer et le plomb, les membres dispersés du monde romain, l'Empire ne put engendrer qu'un pastiche sec et dur de l'art officiel des Césars, appliqué en marqueterie sur celui de la vieille royauté. La restauration des superficies du catholicisme, par Bonald, Chateaubriand et leur école, ne fut pas plus féconde, puisqu'elle n'a abouti qu'à un pastiche tout aussi plat de l'art gothique. Qu'en est-il résulté pour la céramique, en dehors des produits de Sèvres, dont l'importance est considérable, mais qui ont eu bien peu d'influence sur ceux de l'industrie privée ? D'abord, des copies défigurées des vases grecs; plus tard, des pièces de surtout, des pots à cornichons et des veilleuses imités, en style troubadour, des donjons de l'ère féodale et de ses chapelles ; depuis 1849, cette averse de fétiches de la Salette et d'ignorantins de porcelaine, moulés en éteignoirs, qui tire heureusement vers sa fin. Quelques esprits distingués ont bien voulu réagir, à leur tour, contre ces courants morbides ; mais, eux aussi, ils n'ont pu s'élever au-dessus des imitations plus ou moins réussies. L'un des associés de Fourmy remonta aux formes pures des poteries antiques, qu'il osa couvrir de couleurs moins sombres; Ziégler donna au grès des décorations indifféremment prises au roman des églises, aux arabesques de l'Alhambra, à la baie des vergers rustiques; d'autres ont demandé tour à tour des modèles à l'Italie, à l'Inde, au Japon, à la Chine. Sous Louis-Philippe, on créa ce style renaissance empâté et touffu, où s'évertuent les détails comme les mèches bouclées dans les papillotes féminines et dans le toupet royal.

---

(1) Il est bon de noter que le niveau, dont on fait, sous la Convention, un motif d'ornement très souvent répété, a été pris quelquefois par des critiques peu attentifs, ou bien intéressés à mentir, pour ce qu'ils appellent, dans leur langage, le *couteau niveleur*. On peut les mettre au défi de produire un seul exemple de cette horrible exhibition, non-seulement sur les porcelaines de Sèvres, mais encore sur la poterie populaire.

(2) Dessin à la plume, lavé d'encre de chine, de ma collection.

X

Donc rien n'a été fait en dehors du pastiche. Comment pourrait-il en être autrement, d'ailleurs, quand on voit encore aujourd'hui M. Ingres, ce sculpteur d'un goût si pur, qui a saisi, par mégarde, les instruments du peintre, prêcher en tout lieu ce déplorable exemple; quand M. Viollet-Leduc dissipe son incontestable talent d'architecte et d'écrivain à faire rendre à la végétation gothique un si pauvre regain? Rude, David d'Angers, Delacroix, Scheffer, Henriquel-Dupont, ces individualités puissantes, qui ne relèvent que d'elles-mêmes, sont demeurées isolées et n'ont pu faire école.

De nos jours, ceux qui ont érigé la fabrication du pastiche en métier ne respectent pas plus les belles et grandes choses que les médiocres et les petites. On les voit distribuer à la foule des caricatures de l'Antique et de la Renaissance, des chinoiseries frelatées, des surmoulés du rocaille, sans parler des mièvreries du style néo-grec, qui consiste à revêtir les statuettes du vieux-saxe de la tunique et du *peplum*. L'art, dévoyé, sceptique, livré aux préoccupations mercantiles, cherche en vain sa voie dans les ténèbres, et se partage entre la boucherie humaine et les évolutions libertines de la lorette qui profite de l'absence du sergent de ville pour prendre un bain de mer.

Il est difficile de dire où s'arrêtera ce dévergondage si quelque talent vigoureux ne se met à la traverse. Mais, pour cela, il faut que la France, rendue à elle-même et revenue à ses tendances natives, puisse se recueillir dans la liberté. Alors le génie de l'invention s'agitera en elle et la rendra féconde.

III

Nul ne peut présentement indiquer l'heure du réveil. En attendant qu'elle sonne, je ne saurais répéter, après tant d'autres, aux artistes : « Revenez au passé; couvrez la dépouille de Delacroix du tombeau de Scipion. » Je leur dirai plutôt : « Allez au neuf; inspirez-vous des idées modernes; étudiez, admirez les maîtres ; mais, en vivant dans une communion trop intime avec eux, n'abdiquez pas votre originalité devant les rayons de leur gloire. » Au sortir de la contemplation des œuvres du divin Marc-Antoine, Rembrandt, le cœur ému et non amoindri, allait faire éclater des traînées lumineuses à travers les ombres tragiques du réduit de Faust; Poussin, en quête des fortes expressions, ne conservait de ses études d'après les dessins de Jules Romain que ce *rictus* douloureux, qui imprime à ses personnages le cachet de la scène antique. Ces exemples ne peuvent-ils donc être suivis? S'imaginer d'ailleurs que les limites de l'art ont été atteintes par la Grèce païenne, par l'Italie à peine échappée au moyen-âge, est une faiblesse de l'âme (1). La nature a les mains pleines de trésors encore vierges à dispenser à ceux qui se tourneront vers elle avec intelligence, avec amour, et qui auront en eux la dignité du citoyen. Elle est de glace pour les esprits serviles.

La céramique ne sortira pas non plus de l'ornière tant que le jour ne se sera pas fait. Elle n'en sortira qu'à la condition d'abandonner les chemins battus où se traîne sa denrée commerciale. Pour en arriver là, il faut qu'elle se préoccupe d'abord de son vrai but, l'utilité sociale, et ensuite de la forme qui lui est inhérente. Simplicité, force, élégance, sont les principes fondamentaux sur lesquels doivent reposer ses créations. Tout ce qui est en dehors d'eux doit être impitoyablement écarté. Tant que les contours des vases ne seront pas nets et serrés, tant qu'ils seront entachés de mollesse et flotteront entre le genre néo-grec et cette putréfaction de l'art qu'on nomme style Louis XVI, ils ne s'élèveront pas au-dessus de la médiocrité. Le caprice peut enfanter parfois des combinaisons faites pour plaire aux yeux d'un public oisif et frivole; mais il est rare que la saine critique les accepte. Mieux vaudrait, à la rigueur, les sécheresses de l'archaïsme que les écarts d'une imagination stérile, qui glane dans les champs du mauvais goût ou de la banalité. Le céramiste se préoccuperait du moins de la ligne, et, le jour où il ne serait plus à la remorque du passé, il aurait un sentiment épuré de la forme.

(1) *De la Mission de l'Art*, par D. Laverdant, dans la *Phalange*. 1845, t. I, p. 400.

XI

Dans l'ordre décoratif, même réforme à introduire. « Deux choses, a dit Lelewel, sont à considérer pour les faïenciers et porcelainiers, la forme et la couleur, éléments constitutifs des ouvrages naturels. Leur art a cette mission de marier les deux ; de couvrir les belles formes de belles couleurs, sobres ou éclatantes. » La céramique, sœur de l'architecture, a souvent besoin du concours de la sculpture et de la peinture pour compléter ses œuvres. De leur juste pondération naît la perfection dans l'art de terre. Il faut donc que le sculpteur et le peintre, appelés à décorer un vase, n'empiètent pas sur les attributions du potier et sachent se renfermer dans les limites d'une fraternité bien entendue. Les surfaces qu'on leur confie sont circonscrites de lignes qu'ils n'ont pas créées et que leurs décors ont pour but de faire valoir. Rien n'est, par conséquent, plus absurde que d'incruster entre ces lignes des bas-reliefs sans liaison avec elles, ou d'en faire la bordure de copies de tableaux. L'unité est la qualité essentielle des productions de la céramique, depuis le vase gigantesque qu'on destine aux splendeurs du Louvre jusqu'à l'humble assiette de faïence qui paraîtra sur la table du paysan.

C'est à la poterie usuelle qu'il faut surtout songer ; car le but définitif de la céramique n'est pas tant de produire des pièces exceptionnelles, d'un prix énorme, que de livrer à tous les citoyens une poterie qui soit à la fois salubre, artistique, solide, d'un usage commode, à bon marché. Celui qui résoudra ce problème aura droit à la reconnaissance publique. La manufacture de Sèvres, placée dans des conditions si favorables pour faire des expériences utiles, devrait prendre l'initiative de cette rénovation de la vaisselle populaire. L'entreprise est digne de tenter les hommes éminents qui la dirigent. Elle porterait, si je ne me trompe, ses essais sur la faïence, moins dispendieuse que la porcelaine, et tout aussi propre à recevoir des formes simples et belles, relevées de couleurs aux tons plus mâles et plus francs. Les vases les plus modestes ne sont pas indignes de l'attention de l'art. Pourquoi la buie d'évier du laboureur de notre temps n'aurait-elle pas le même privilège que la coupe du pâtre de la Grèce antique ? Il suffirait au besoin, pour cet ordre de vases, qu'il fût enduit d'un émail jaspé ou monochrome. Le vert, par exemple, lui sied à ravir. Ce fut jadis la couleur que la France étendit avec prédilection sur ses poteries, couleur inspirée des verdures éclatantes de ses prairies et de ses forêts. Sans rivale aux XIVe et XVe siècles, elle arriva au XVIe à une intensité qui n'a pas été dépassée. Qu'on essaie de l'employer par couches épaisses, en la mariant parfois soit à des arabesques noires, largement comprises, soit à d'autres décors chaudement nuancés, qui marqueront, dans ce cas, la note la plus haute : on obtiendra de la sorte, et au moyen d'une foule d'autres combinaisons, des effets d'une originalité imprévue, sans que l'œuvre du potier s'écarte de la tradition et du sentiment français. La vaisselle de terre est, du reste, le reflet des couleurs dominantes de chaque contrée. L'Orient a versé à pleines mains sur la sienne les richesses violentes, mais harmonieuses, de sa flore et de sa faune ; l'Espagne moresque, l'azur de son ciel, marié à l'or des sables africains ou bien aux teintes métalliques de ses roches calcinées ; la France, plus placide sous sa robe de verdure, qui elle aussi possède sa pénétrante beauté, la France a revêtu de vert ses poteries. Quant à l'Angleterre, la patrie du mauvais goût, elle y a mis le froid coloris de son sol, entrevu à travers les brouillards qui le pâlissent encore.

IV

La revue rétrospective des œuvres de la céramique, que les nécessités de ce travail m'ont obligé d'entreprendre, a eu pour résultat de me faire vivement regretter qu'on ait mis jusqu'ici si peu d'empressement à former, dans les collections publiques, des suites chronologiques de nos poteries, faïenceries, porcelaineries et verreries. Elles fourniraient pourtant des renseignements très utiles au point de vue de l'histoire générale et à celui de la théorie et de la pratique de l'art de terre. Un homme dévoué à la science, M. Riocreux, consacre depuis longtemps tous ses soins au musée de Sèvres, qu'il a créé ; mais la subvention, qu'on lui distribue d'une main parcimonieuse, ne saurait lui permettre d'arriver complètement au but patriotique qu'il se propose. Le Louvre, l'hôtel Cluny, les musées de Rouen et de Nevers, sont également entrés dans cette voie, sans y apporter cependant la même unité de vues. Certes, je suis des premiers à applaudir aux nombreuses acquisitions faites, depuis quelques années, dans les séries grecques, étrusques, italiennes, péruviennes ou chinoises. Rien dans l'univers n'est étranger à la France ; mais je voudrais qu'on ne négligeât pas tant ce qui nous vient d'elle. L'entrée à l'hôtel Cluny de la collection Le Véel témoigne déjà d'une amélioration dans les tendances. Si l'on sait profiter des autres occasions qui se présenteront désormais, nous pourrons montrer enfin, avec une juste fierté, que nos potiers et nos verriers ont eu un sentiment artistique tout aussi original et tout aussi fin que ceux de n'importe quelle autre partie de l'Europe. Il faut se hâter, du reste, de saisir au passage les pièces de choix qui n'ont pas encore franchi la frontière. Le nombre des collections particulières non dispersées, les seules où nos musées puissent glaner, diminue chaque jour. Formées dans des conditions qui ne se présenteront plus, parce que les sources où l'on a puisé sont taries, elles renferment à peu près le seul contingent disponible. Où trouver, par exemple, une série de verres, sortis sans exception du sol de la Gaule romaine, comparable à celle de M. J. Charvet, antiquaire à Paris ? Patiemment composée des plus beaux et des plus rares échantillons découverts depuis le commencement du siècle, et réunis un à un, elle renferme, à l'heure qu'il est, trois cents vases de toutes formes et de toutes nuances. La plupart des provinces sont représentées dans cette belle suite, sauf peut-être la Bretagne et le Poitou, qui ne se sont pas, jusqu'ici, dépouillés de leurs trésors en sa faveur. Le contingent d'Arles seul atteint le chiffre de plus de cent pièces d'un intérêt considérable. Ceux d'Orange, de Vaizon, de Vienne, de Clermont, Toulouse, Mâcon, Amiens, Beauvais, Metz, Liége, etc., sont également d'une importance extrême. Tous ces vases ont l'avantage de posséder leurs extraits de naissance, et peuvent ainsi fournir les éléments d'une excellente étude historique et industrielle. M. Charvet a réuni, en même temps, quelques fort beaux verres venus de Grèce, d'Asie, d'Egypte et d'Italie, destinés à servir de termes de comparaison avec les œuvres des ouvriers romano-gaulois contemporains. Quelques autres cabinets contiennent pareillement des raretés de premier ordre, que nos musées ne devront pas laisser aller à l'étranger.

V

Il m'eût été impossible de rassembler les éléments dispersés de ce travail si les hommes versés en ces matières, et les amateurs qui possèdent des objets rentrant dans mon cadre, ne m'étaient venus en aide. Les uns m'ont communiqué des types rares de poteries ou de verres ; les autres m'ont ouvert les vitrines des galeries publiques ou privées de Paris ; plusieurs m'ont donné d'utiles conseils. Parmi ces derniers, je dois citer en première ligne M. Riocreux, qui, non content de faire passer à plusieurs reprises sous mes yeux les richesses de Sèvres, a bien voulu me permettre de recourir à sa profonde expérience de toutes les branches de la céramique, chaque fois qu'un doute s'est présenté à mon esprit. M. Milet, chef des fours de la manufacture nationale, s'est montré non moins bienveillant et non moins libéral, et m'a envoyé de nombreuses copies de titres intéressants. M. Salvetat, le savant chimiste du même établissement, a fait l'analyse des terres des faïences d'Oiron, et a ajouté ainsi des preuves de l'ordre scientifique à celles que m'ont fournies les monuments eux-mêmes et les chartriers. D'un autre côté, M. de Monville, ce curieux d'un goût si distingué, qui va aux belles choses comme le fer à l'aimant, m'introduisait au milieu des splendides collections d'objets d'art, possédées par les divers membres de la famille de Rothschild ; MM. Sauzay, Darcel et du Sommerard me permettaient d'étudier celles du Louvre et de l'hôtel Cluny ; M. Albert Jacquemart complétait de vive voix les précieuses indications fournies par son *Histoire de la porcelaine*; MM. Bonsergent, Pinchaud et Fortuné Parenteau m'adressaient les listes des nombreuses marques de potiers romano-gaulois recueillies par eux à Poitiers et à Rezé; M. Rondel me fournissait des renseignements précis sur les restaurations qu'il a faites aux faïences du XVIe siècle confiées à ses soins; M. Fournier de Boisairault me laissait consulter les archives de son château d'Oiron; M. Davillier m'initiait, en présence des étonnants spécimens de son cabinet, au charme des produits de Moustiers; MM. Tainturier et Delange me mettaient en main l'œuvre complet de Palissy; M. de Rostaing de Rivas me révélait, à l'aide de ses papiers de famille, l'importance des fabriques nantaises, et me permettait de remettre en lumière le nom trop oublié du céramiste Fourmy; — MM. Port, archiviste de Maine-et-Loire; Roux, de Tours; de la Morinerie, chef de bureau à l'hôtel de ville; J. Charvet, antiquaire à Paris; Thomas Arnauldet, attaché au cabinet des estampes de la bibliothèque de la rue Richelieu; Guilbaud, ancien juge à Saintes, Gaudin, avocat, l'abbé Lacurie, chanoine, Drilhon, notaire de la même ville; Jourdan, juge d'instruction, et Delayant, bibliothécaire à la Rochelle; Imbert et de Fouschier, de Thouars; Calixte de Tusseau, de Moiré; Beauchet-Filleau, de Chef-Boutonne; J. Cardin, Meillet, chimiste, Redet, archiviste de la Vienne, de Longuemar, Charbonnel et Weddell (1), de Poitiers; Bardonnet, de Niort; Renault, directeur des postes à Luçon; Grelier du Fougeroux, de la Chapelle-Thémer; Gourraud, de Chavagnes-en-Paillers; Paul Marchegay, des Roches-Baritaud; Auger, médecin à Nalliers; l'abbé Baudry, curé du Bernard; Léon Audé, secrétaire général de la préfecture de la Vendée; Faustin Poëy d'Avant, de Maillezais; Hanaël Jousseaume, Louis de la Boutetière et Gabriel de Fontaine, de Fontenay, m'apportaient tour à tour des renseignements sur tel ou tel point de mon sujet. — Enfin M. O. de Rochebrune, le collaborateur ordinaire de mes travaux, me prêtait le concours affectueux et dévoué de son talent de graveur, et mes amis Dugast-Matifeux et Anatole de Montaiglon contribuaient, par leurs bons avis, à rendre cet essai de classification moins imparfait.

Quinze mois se sont écoulés depuis la publication de la lettre à M. Riocreux sur l'origine des prétendues faïences de Henri II, qui a été, pour ainsi dire, le point de départ de mes investigations. Il m'en a souvent coûté depuis de résister aussi longtemps à la juste impatience des chercheurs, excitée par l'annonce de documents propres à déterminer la provenance des *sphinx de la curiosité*. Mais les choses se sont passées, en cette circonstance, comme à l'ordinaire: une découverte en a amené une autre; ce qui ne devait être qu'une petite brochure est devenu presque un livre, dont un seul chapitre est consacré aux produits de la fabrique des Gouffier. Si les travailleurs sérieux trouvent, sous cet amas de notes, tant soit peu de matière historique nouvelle, je ne regretterai pas de m'être donné beaucoup de peine pour le réunir, et mon but sera rempli.

(1) M. Weddell, médecin à Poitiers, possède l'une des collections les plus riches de France en porcelaines chinoises et japonaises, avec marques chronologiques.

Fontenay-Vendée, 15 avril 1864.

L'ART DE TERRE

CHEZ LES

POITEVINS

L'ART DE TERRE CHEZ LES POITEVINS

CHAPITRE Ier

TEMPS PRIMITIFS

I

L'ENQUÊTE, ouverte depuis quelques années par la science sur les origines du genre humain, a constaté, d'une manière irrécusable, que l'invention des vases de terre cuite a suivi d'assez près l'apparition de l'homme dans le monde. Leur présence, à l'état de débris, au milieu de certains dépôts géologiques, est même l'un des arguments les plus solides en faveur de l'opinion qui fait remonter les commencements de notre race à des temps infiniment plus reculés que ceux assignés par les récits bibliques. Des découvertes nombreuses, faites en France et sur plusieurs autres points du reste de l'Europe, en explorant les couches de formation diluvienne, ne laissent plus, désormais, de doute à cet égard, dans l'esprit des hommes éclairés, qui ne subordonnent pas la réalité des faits à des croyances religieuses mal entendues.

Pour ne pas sortir des limites de l'ancien pays poitevin, je signalerai, en ce genre, les fragments de poteries de la fabrication la plus barbare, recueillis, aux environs de Niort, dans des terrains quaternaires, par le regrettable Baugier, ancien représentant du peuple, qu'une mort prématurée a empêché de publier, sur ce sujet, un mémoire rempli de détails pleins d'intérêt. Il serait à désirer que ce travail fût édité par l'un des collaborateurs de notre compatriote. L'attention des géologues du pays une fois éveillée sur ce point, des trouvailles analogues ne peuvent manquer d'être opérées et signalées tôt ou tard.

Aux mêmes âges sembleraient appartenir les poteries qu'on rencontre, dans certaines grottes, avec les restes d'animaux, dont l'espèce s'est depuis éteinte ou est allée habiter d'autres climats. Les fouilles pratiquées, en ces derniers temps, par MM. A. Meillet et Brouillet, de Poitiers, dans les cavernes situées sur les bords de la Charente, entre Civray et Charroux (Vienne), ont amené la découverte de spécimens de cette catégorie. Pêle mêle avec des armes et des ustensiles tout-à-fait primitifs, ces deux intelligents explorateurs ont trouvé des ossements de rhinocéros, de rennes, d'antilopes, de cerfs gigantesques, de daims, d'ours, de jaguars, de chiens, d'aurochs, de chevaux de très petite espèce, etc., etc. Beaucoup de ces ossements avaient été coupés, sciés, façonnés de mille manières différentes. Un fragment de mâchoire humaine, garni de six dents, était mêlé à ces restes précieux (1).

Les gens intéressés à entretenir, le plus longtemps possible, l'incertitude dans les âmes timorées, ne manqueront pas de dire, selon leur coutume, que MM. Meillet et Brouillet sont simplement tombés sur des cavernes déjà pleines de débris d'animaux, quand l'homme y posa le pied pour la première fois, et utilisa les matériaux que le hasard avait mis à son service. Ceux qui estiment, avec raison, que les vérités religieuses doivent être des démonstrations scientifiques, attendent avec confiance que les procès-verbaux détaillés des fouilles viennent apporter une preuve de plus à l'évidence d'une vérité désormais acquise.

Quelques autres faits m'ont été signalés ; mais, comme ils n'ont pas les mêmes caractères d'authenticité que ceux-ci, je les passe sous silence, afin de descendre, au plus vite, dans un milieu plus pacifique.

II

A l'extrémité du territoire de l'ancien Talmondais, sur une plage calcaire battue chaque jour des vagues de l'Océan, git une épaisse couche de détritus, qui témoigne du séjour prolongé, sur ce point, d'une tribu d'icthyophages assez nombreuse. On y trouve, mêlés au sable, des ossements de toutes sortes, mais appartenant aux races actuellement vivantes ; des cendres, des morceaux de charbon, des ustensiles faits avec des os, ou bien

(1) *Les Hommes antédiluviens du Poitou*, par A. Meillet, p. 10. (Ext. du *Journal de la Vienne*).

des silex taillés d'une façon un peu moins rudimentaire que ceux laissés par les populations primitives, parmi lesquels j'ai recueilli un hameçon et un couteau long de $0^m,11$; enfin de nombreux tessons de vases. La couche qui renferme ces débris repose directement sur le banc calcaire formant sous-sol, et a environ $1^m,00$ d'épaisseur. Coupée à pic en falaise par la violence du choc incessant des eaux, elle est très facile à étudier sur une étendue de plusieurs centaines de mètres. Les fragments de vases de la fabrication la plus barbare occupent la zône inférieure, tandis que ceux qui se présentent ensuite sont mieux façonnés et mieux cuits. Les premiers ont été faits à la main, avec une terre grossière et sableuse, prise dans les marais du voisinage, et ne portent aucune trace d'ornements. Leur cuisson a été si incomplète, qu'ils ne font pas résistance à la pression du doigt et s'en vont en poussière. On sent qu'ils sont le produit de l'industrie individuelle, alors que la division du travail n'étant pas encore créée, chacun était à la fois son tailleur, son armurier, son potier, comme il était son pourvoyeur de vivres et son cuisinier. Au-dessus s'élèvent des dunes de sable, hautes parfois de quarante à cinquante pieds, dont la formation a demandé des milliers d'années. Les tourmentes qui ont régné, il y a cinq ans, en ces parages, ayant bouleversé la partie supérieure des dunes, une quantité considérable de restes d'habitations et de clôtures celtiques ont été mis à nu. Ce sont des enceintes de petite dimension, parfois rondes; mais le plus souvent carrées et arrondies aux angles. Des murgers de $0^m,40$ de hauteur, construits avec des galets pris au rivage, en forment les contours; mais comme ces pierres sont très impressionnables à la gelée, elles s'émiettent chaque hiver et auront bientôt disparu. Or, le niveau des vestiges en question, qui ont au moins deux mille années d'existence, est supérieur de six, huit, dix et parfois vingt mètres, à celui de la couche où gisent les traces des populations primitives. Qu'on juge par là du nombre des siècles qui séparent celles-ci du temps où nous vivons !

Lorsque M. J. Quicherat et moi nous découvrîmes, pendant le cours de l'automne de 1860, ces curieux débris, nous apprîmes des habitants du pays que la tradition populaire plaçait en ce lieu une ville jadis détruite par les eaux de la mer, en punition des plaisirs illicites auxquels on s'y livrait. Le nom de Belesbat, donné plus tard au petit manoir que la féodalité bâtit sur ces ruines, doit donc être la traduction d'un autre plus ancien, puisé dans la même légende. Depuis notre excursion, les grandes marées de l'année 1862 ont ensablé la côte et mis jusqu'ici obstacle à une reconnaissance exacte et complète du gisement (1). A petite distance est un bourg appelé autrefois *Becciacum*, et maintenant Saint-Vincent-sur-Jart (2). C'est le chef-lieu de la commune dans le territoire de laquelle sont compris les restes de notre bourgade d'icthyophages.

(1) M. l'abbé Baudry en a parlé, dans l'un de ses mémoires, d'après nos indications; mais d'une manièr assez peu exacte.
(2) Grégoire de Tours, *de Gloria martyrum*, cap. xc, *de Vincentio, martyre*.

Des poteries du même âge que celles de Belesbat ont été trouvées, il y a une vingtaine d'années, dans une caverne située sur les bords de la Gartempe, à quelques kilomètres de Saint-Savin (Vienne). Elles étaient aussi d'une terre noirâtre à l'intérieur, mêlée de graviers, mal cuite et sans consistance. Quand à leur forme, on eut dit la partie inférieure d'une citrouille, dont il ne reste plus que l'écorce. A côté reposaient des armes en silex d'une exécution grossière, des ossements humains mêlés à ceux de divers animaux qu'on m'a dit appartenir aux races de notre période.

III

M. de Boismorand, de Poitiers, a, de son côté, opéré des fouilles dans d'autres cavernes et dans des tumulus du bassin de la Gartempe, et en a extrait des poteries un peu mieux façonnées, ainsi que des armes et ustensiles, tels que couteaux, haches, flèches, poignards, marteaux, etc., annonçant, par le soin minutieux apporté à leur fabrication, un degré de civilisation plus avancé.

Les cinq vases découverts par M. Charles Desmarets, dans la tombelle de Brioux (commune de Pairé, canton de Couhé, Vienne), ressemblent davantage à ceux de la caverne des rives de la Gartempe. L'un a $0^m,05$ de diamètre sur $0^m,065$ de hauteur. Les parois sont droites, légèrement évasées par le haut, et ont deux petites anses pleines peu saillantes. Un autre, tout aussi petit, est renflé au milieu et a ses anses percées d'un trou, destiné sans doute à recevoir un cordon. Un troisième, en partie brisé, a $0^m,12$ de large à la panse, sur $0^m,14$ de haut. Les deux derniers sont en trop mauvais état pour qu'il soit possible d'en avoir les mesures. La terre dont ils sont tous faits est très sableuse, à peine cuite et d'une teinte rougeâtre à l'extérieur. Ils ne présentent pas la moindre trace d'ornementation (1).

Il faut ranger dans la même classe les vases sortis du tumulus de Bougon (Deux-Sèvres), exploré par MM. Baugier, Ch. Arnaud et Sauzé. J'emprunte au second la description qu'il en a donnée dans l'ouvrage intitulé : *Monuments religieux, militaires et civils des Deux-Sèvres*, p. 27.

« *Les vases qu'on avait placés çà et là, tout près des cadavres, sont de formes très variées. Il y en a quatre parfaitement conservés; les autres sont tous plus ou moins alté-*

---

(1) *Notes sur la tombelle de Brioux*, par M. Brouillet. Poitiers, A. Dupré, 1862, in-8° de 7 pp., avec planche.

rés. L'un d'eux a l'aspect d'une petite gamelle de 0ᵐ,10 de hauteur sur 0ᵐ,15 de largeur. Il est, à l'intérieur, légèrement coloré de rouge; la pâte en est très noire, et l'on voit à sa surface deux petites cavités laissées par l'empreinte des doigts. Un autre pot, de même forme et de même grandeur, est couvert, sur toute sa surface, d'une couleur de rouille dont les tons sont assez vigoureux. Ce vase, légèrement ébréché d'un côté, est d'une terre moins grossière et mieux cuite. Le plus beau de tous ressemble à une large gourde dont on aurait enlevé la partie supérieure. Dans sa partie sphérique, ses flancs se soulèvent beaucoup plus, pour s'abaisser ensuite simultanément du côté de l'orifice de la base. Un quatrième a l'ouverture plus large et va toujours en diminuant du côté de la base. Le haut est entouré de deux lignes parallèles tracées sans doute avec la pointe de quelque instrument en os. Un cinquième se distingue par des formes plus élégantes dans les contours. Le bourrelet ou oreillon qui lui reste est percé d'un trou horizontal. L'autre bourrelet devait être également percé. Un sixième, comme un pot à fleurs, va toujours s'élargissant du côté de l'orifice. Il a 0ᵐ,25 de hauteur sur 0ᵐ,19 de largeur. Mentionnons encore un curieux gobelet, qui n'est pas plus large en haut qu'en bas. Son diamètre est 0ᵐ,09 et sa hauteur de 0ᵐ,11. Au lieu d'une anse, il a deux cavités pour y placer les doigts, afin de l'empêcher de glisser de la main. Vient après une sorte de pot au feu, sans anses, ayant 0ᵐ,17 de hauteur sur 0ᵐ,15 de diamètre. Parmi ces fragments, il faut remarquer ceux d'un

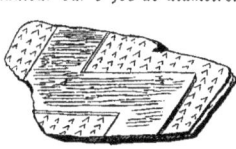

vase qui ressemblait aussi lui à nos pots à fleurs, et qui a 0ᵐ,15 de hauteur et 0ᵐ,15 de diamètre à la partie supérieure. Deux oreillons servaient à le soulever. Quelques autres débris sont couverts de petites bandes lisses en relief et de rangées de points faits avec un poinçon triangulaire...

« La terre de toutes ces poteries a été préparée sans soin; aussi de petits cailloux se montrent-ils à chaque instant dans les cassures, qui sont si peu cuites qu'elles retournent en poussière au plus léger frottement. Aucune n'a été faite au tour... »

Tous les objets provenant du tumulus de Bougon ont été déposés au musée archéologique de Niort.

M. le docteur Sauzé, de La Mothe-Saint-Héray, a recueilli, en 1844, des débris de vaisseaux de terre cuite analogues à ceux qui viennent d'être décrits, en pratiquant d'autres fouilles dans l'enceinte sacrée de la Ville-Dieu, située à petite distance de Bougon (1). Je citerai encore les fragments de vases contenus dans la tombelle du Pé ou de l'Anguiller, commune du Bernard (Vendée) (2), et ceux fournis par le sol de Poitiers et

---

(1) *Rapport sur les fouilles faites à la Ville-Dieu de Comblé*, par M. C. Sauzé, D. M. P., in-8º, de 8 pp. et 2 pl.

(2) *Antiquités celtiques du Bernard*, par l'abbé Ferd. Baudry. Napoléon-Vendée, J. Sory, in-8º, 1861, p. 4. — Le nom d'*Anguiller*, d'*Anglier* ou d'*Aiguiller*, donné à l'enceinte où se trouve la tombelle décrite par

par celui de Château-l'Archer, de Verrières, de Civray, Bouresse, Availles près d'Airvault, Etusson, Evrunes sous Mortagne, Algon en Saint-Prouent, Curzon, Grand-

lieu sur les bords du lac, localités dont la plupart des noms dénotent une antiquité non moins reculée que celle des poteries qu'on y a trouvées.

Availles-sur-Chizé (Deux-Sèvres) a fourni des spécimens qu'il faut ranger encore dans la même catégorie, quoiqu'ils ne soient pas tout-à-fait aussi anciens que ceux mentionnés jusqu'à présent. Les formes et les procédés de fabrication n'ont pas changé; mais la décoration est mieux comprise et l'exécution meilleure.

La ressemblance de ces deux derniers vases avec ceux exhumés de certaines sépultures des anciens peuples de l'Amérique du Nord est frappante (1). Lorsque les archéologues auront à leur disposition une quantité suffisante de matériaux pour suivre la filiation des types à travers les siècles, il y aura lieu de chercher la cause de cette ressemblance. Le musée archéologique de Niort possède plusieurs fragments découverts à Availles.

Des trois classes de poteries que je viens de passer successivement en revue, les deux premières ont été façonnées à la main. Pour la troisième on a fait usage de la tournette, qui a précédé l'invention du tour. L'argile sableuse, mêlée de quelques parcelles de charbon, dont elles sont composées, a toujours été prise sur place et n'a d'abord reçu

---

M. Baudry, est également porté par plusieurs autres monuments de la même époque, situés en Poitou, tels que l'Anglier des Lucs, l'Anglier de Chauché, l'Anglier de Saint-Germain, et souvent on y voit trois tombelles placées en triangle.

Depuis que ce travail est livré à l'impression, M. de Longuemar a publié, dans le *Bulletin de la Société des antiquaires de l'ouest,* 4e trimestre 1863, p. 303, le compte-rendu de fouilles exécutées de concert avec MM. Brouillet et de Gennes, dans la vallée de la Clouère (Vienne), où il est question de vases du genre de ceux dont je m'occupe ici.

(1) *Description méthodique du musée céramique de Sèvres,* par A. Brongniart et D. Riocreux, pl. xx.

aucune préparation. Celle des vases contemporains des armes de silex poli a été, au contraire, tant soit peu épurée; ce qui ne lui a pas donné néanmoins beaucoup de consistance à l'état malléable, puisqu'on a été obligé de soutenir les parois des pièces, aussitôt leur achèvement, avec des écorces d'arbres, des lanières de peaux ou des lambeaux d'étoffes, afin de les empêcher de s'en aller en morceaux ou de se fendre à la dessication, opération qui a souvent laissé des traces visibles. Une cuisson imparfaite au feu de bois a conservé à cette terre, mêlée de quelques parcelles de charbon, sa couleur noire à l'intérieur, tandis qu'elle est souvent plus ou moins rougeâtre à l'extérieur. Quant aux formes primitivement adoptées, elles sont très simples et peu variées. Il semble qu'elles aient d'abord été empruntées au règne végétal, qui a fourni les premiers récipients pour contenir les liquides. Ce n'est qu'après des tâtonnements nombreux, et par suite de contacts accidentels et passagers avec des civilisations plus avancées, que les poteries ont perdu leur simplicité originelle et ont reçu extérieurement des dessins tracés à la pointe. Ces dessins ont commencé par être des raies allant en sens divers ; puis sont venus les points, les zigzags, les stries, les cercles, les imitations des clissages du vannier, etc., etc. Quelques antiquaires ont voulu y voir des figures d'hommes, d'animaux, de plantes. On a même prétendu reconnaître des inscriptions en langues orientales. Je ne sais si je me trompe, mais je crains bien que toutes ces belles choses, que mes yeux n'ont pu même entrevoir, ne soient les rêves d'imaginations trop promptes à s'enflammer. Ce qu'il y a de plus certain, c'est que les poteries des sauvages de tous les temps et de tous les pays, fabriquées par les mêmes procédés, présentent des motifs décoratifs absolument identiques. L'homme ayant commencé par l'animalité, avant de s'élever insensiblement au sommet de l'échelle des êtres et de dominer la création terrestre, ses œuvres successives accusent nettement, en quelque lieu qu'on les retrouve, les stations de son intelligence sur la route ascendante du progrès (1).

(1) V. *Mœurs des sauvages comparées aux mœurs des premiers temps*, par J.-F. Lafitau, jésuite. Paris, 1723, 2 vol. in-4º, avec fig.; 1724, 4 vol. in-12.

CHAPITRE II

POTERIES GAULOISES

J'ai essayé, mais en vain, de déterminer le point d'intersection entre les poteries primitives et celles qui appartiennent aux temps historiques de la Gaule. Cette étude m'a démontré qu'il fallait se contenter, dans l'état actuel de la question, d'enregistrer simplement les faits, d'indiquer soigneusement les circonstances de chaque découverte, de fournir, en un mot, un recueil de notes à nos successeurs. Je ne ferai pas autre chose dans le premier paragraphe de ce chapitre.

I

Les lieux où se trouvent des débris de poteries gauloises proprement dites ne sont pas rares. Je dirai même qu'il est bien peu de points habités à l'époque romaine, qui n'en recèlent pas dans les couches inférieures de leur sol. Nous ne sommes plus à ces temps, éloignés déjà de milliers d'années, où l'homme s'isolait par familles, par clans. Des besoins nouveaux l'ont amené à vivre à l'état de tribu ou de peuplade, et, la division du travail étant établie, la fabrication de la vaisselle de terre, devenue métier, s'est concentrée entre les mains de quelques individus. Les vestiges, que recèlent les falaises sablonneuses de Belesbat, donnent la plus juste idée de cette progression. En bas, tout près du roc calcaire, sont les tessons, à peine cuits et façonnés à la main, de la première période. Au-dessus s'étagent par zônes, comme les feuillets d'un livre, d'autres fragments de vaisseaux de terre des âges postérieurs. A mesure que la couche de sable monte, ces fragments deviennent plus consistants, mieux travaillés, et se couvrent d'ornements rudimentaires, qui sont les bégaiements de l'art nouvellement éclos. Les moins anciens, fabriqués au tour, sont d'une terre plus fine et ont des parois quelque peu amincies. La cuisson, quoique toujours imparfaite, est déjà opérée avec plus de soin. Poitiers, Niort, Fontenay, Rezé et une foule de vieilles localités situées sur les bords de l'ancien golfe des Pictons, telles que Saint-Georges de Rexe, Arçay, Amuré, Coulon, Ambreuil, Banzay, l'îlot du Pré-Naud (commune de Benet), le Langon, Nalliers, Luçon, Saint-Denis du Pairé, Curzon, etc., en fournissent de tout pareils.

Il est deux autres sortes d'ustensiles en terre cuite qu'on recueille sur plusieurs points de la circonférence de ce golfe. Ce sont d'abord des tiges rondes, ayant d'ordinaire 0^m,05 diamètre et une longueur de 0^m,30. L'une des extrémités s'épate fortement, tandis que l'autre, plus mince, se divise en trois petits pieds posés en triangle (N° 1 de la planche des *Poteries poitevines*). Le n° 2 de la même planche représente l'un des autres instruments qu'on rencontre avec ceux-ci. Leur hauteur est, en moyenne, de 0^m,25, leur longueur de 0ᵐ,35, et l'épaisseur de leurs deux piliers de 0ᵐ,12 à la base ; tandis qu'elle n'est guère que de 0ᵐ,06 à la partie supérieure. Ces ustensiles ont tous été pétris et façonnés à la main, avec de l'argile prise sur place; plusieurs portent encore des empreintes de doigts calleux. Ils ont été fortement cuits, ce qui leur a donné une couleur rouge et parfois brun foncé. Cela ne les a cependant pas empêché de s'exfolier au contact de l'humidité, toutes les fois que des fissures ont existé dans les surfaces, qui seules présentent une assez grande résistance. Une fois brisées, ces surfaces se sont séparées du reste par plaques très minces, qui ont pris les aspects les plus variés, et ont fait croire à l'existence d'une multitude d'instruments divers ; tandis qu'il n'y en a jamais eu, en réalité, que de deux espèces. On les rencontre en très grand nombre dans de vastes dépôts de cendres, mêlés de charbon, dont quelques-uns couvrent parfois plusieurs hectares. Ces dépôts, toujours placés au point de jonction de la plaine et du marais, ou dans d'anciennes îles, reposent directement sur le *bris* ou terre glaise, compacte et stérile, laissée par la mer, lorsqu'elle couvrait ces parages. Or, comme tout concourt à démontrer que, depuis au moins trente siècles, les eaux de l'Océan ne s'y montrent plus (1), il faut en conclure que les ustensiles, que je viens de décrire, remontent aussi haut. En plusieurs endroits, des habitations gauloises et des constructions de la période romaine se sont superposées à ces immenses vestiges d'une date beaucoup plus ancienne. Leurs débris, parfaitement distincts du reste, n'existent que dans la partie supérieure des couches de cendres, ou dans des tranchées ouvertes après coup. On en a retiré des haches et des couteaux de pierre, des monnaies autonomes voisines de la conquête de César, aussi bien que des deniers d'argent ou des bronzes de la série impériale, et que des tuiles à rebords. Les dépôts les plus considérables sont à la pointe du Linaud, commune de Mouzeuil, à Nalliers, à Saint-Michel en l'Herm et à Luçon ; mais il en existe en plusieurs autres endroits.

On s'est souvent demandé à quel usage avaient pu servir ces objets de terre cuite. Quelques-uns en ont fait des supports de planchers de cabanes; hypothèse inadmissible à tous les points de vue. D'autres y ont vu des ustensiles soit de fours ordinaires à potiers, soit de cuisson en échappade ou à planchers (2). Pour que cette dernière opinion pût être acceptée, il faudrait d'abord qu'on trouvât sur les mêmes lieux, comme dans les fabriques romano-gauloises, des débris de vases contemporains mal réussis ; tandis qu'il n'y en a pas trace. Les amphores provenant de sépultures, et les nombreux tessons, mêlés aux vestiges de constructions de l'âge romain, ne peuvent entrer en ligne de compte. Ce qui appartient à la période celtique, en fait de poteries, se rencontre plus loin dans la plaine, et dans les conditions ordinaires de la vaisselle brisée que laisse après lui le séjour de toute aglomération d'hommes. Pour ce qui est des dépôts de cendres, leur présence par masse aussi considérable reste toujours inexpliquée.

(1) *Poitou et Vendée*, article des marais du Mazeau, p. 9.
(2) *Note sur divers objets de poterie gallo-romaine*, par M. O. de Rochebrune, dans le *Bulletin de la Société des antiquaires de l'ouest*, année 1856, p. 18.

II

Lorsqu'on arrive aux temps moins éloignés de nous, on se trouve en présence de vases ayant date à peu près certaine. Ce sont d'abord des urnes en forme de pots à fleurs, mais sans anses, des pots au feu également dépourvus d'anses, (planche des *Poteries poitevines*, n° 3), et des jattes d'une terre noirâtre, fabriqués au tour et déposés dans des sépultures par incinération. Les urnes ont parfois, à la partie supérieure de la panse, des rangées de stries ou de pointillés. On en a exhumé de semblables, en 1841, d'un terrain situé à côté du prieuré de Fontaines, commune du Bernard (1), et d'un autre voisin de Thorigné en Mouzeuil. Dans ce dernier lieu, on a recueilli avec ces vases un instrument de bronze ressemblant à une raclette, dont le dos était percé d'un petit trou pour y passer un lien. Les armes et ustensiles de bronze, découverts à Notre-Dame d'Or (Vienne) en janvier 1843, que j'ai décrits dans les *Mémoires de la Société des antiquaires de l'ouest,* volume de 1845, étaient accompagnés de débris de poteries présentant les mêmes caractères de fabrication. Quelques-uns, mal cuits, semblaient d'une date beaucoup plus ancienne ; mais il est cependant possible qu'ils fussent du même temps, les vieux procédés de fabrication ayant dû continuer à être employés fort tard dans certaines régions : sans parler de la mauvaise qualité de l'argile, qui a très bien pu tromper un œil aussi peu exercé que l'était celui d'un débutant dans la carrière archéologique. Je n'y fis alors nulle attention, tandis que je comprends aujourd'hui toute leur importance comme point de repère.

Aux Champs-Doulans (commune de Saint-Vincent sur Graon, Vendée), nom qui rappelle l'existence d'une bourgade celtique, on a trouvé aussi, en ouvrant un fossé, plusieurs vases gaulois remplis d'ossements calcinés. Selon leur habitude, les journaliers qui les découvrirent n'eurent rien de plus pressé que de les briser à coups de pioche, et,

lorsque je me transportai sur le terrain, je ne trouvai plus que des fragments, qui me permirent pourtant de rétablir la forme de l'urne ci-contre. Ses parois, d'une terre noire, facile à s'exfolier, étaient assez minces. Elle avait été faite au tour, de même que tous les vases dont nous avons à parler désormais, et les ornements qui la décoraient avaient été tracés avec une pointe intentionnellement émoussée ou arrondie. Les ouvriers me remirent, en même temps, une aiguille en os et une monnaie d'or de petit module, concave d'un côté, sur laquelle on distinguait à peine la forme d'un cheval, pièce frappée environ cent cinquante ans avant l'ère chrétienne, et qui avait beaucoup circulé avant d'être confiée à la terre.

---

(1) *Observations critiques sur le livre de M. l'abbé Cochet, intitulé : Sépultures gauloises, romaines, franques et normandes,* par B. Fillon. Nantes, A. Guéraud, 1857, in-8°, p. 8.

La numismatique m'a fourni encore deux autres indications précises. La première vient d'un dépôt de 63 statères pictons d'*electrum* à bas titre, et au différent de la main, déterrés en 1854 à Vouillé-les-Marais (Vendée), qui datent des cinquante dernières années de l'indépendance gauloise. Ces statères étaient contenus dans un vase tout uni, en forme d'urne, à parois encore plus minces que celles des poteries des Champs-Doulans; mais toujours de terre noire. La seconde m'est arrivée d'un autre vase des mêmes forme, couleur et fabrication, décoré d'une zône pointillée (planche des *Poteries poitevines, n° 4*), trouvé en 1841 à Vouillé (Deux-Sèvres), et où l'on avait placé 390 pièces d'argent, également pictones, d'une fabrication tout-à-fait voisine de la conquête. Elles ont à l'obvers une tête d'Apollon et sur l'autre face un génie ailé monté sur un cheval au galop (1). M. F. Bensergent a, dans sa collection, la partie inférieure de ce dernier vase.

Quoique je n'aie vu que fort peu de spécimens bien authentiques, il me paraît toutefois avéré désormais que, pour se faire une idée exacte de la vaisselle de terre pictone de la fin de la période gauloise, il suffit d'étudier celle, moins rare, fabriquée dans nos contrées avant le règne de Domitien. Ce sont les mêmes profils, le même mode d'ornementation, surtout dans la poterie commune, qui a longtemps conservé le cachet de ses traditions originelles. D'une autre part, ce que nous savons de la poterie gallo-romaine nous autorise à croire que les Gaulois des derniers temps ont fait des vases d'une certaine élégance. On en a, du reste, la preuve matérielle dans ceux gravés sur les monnaies des Arvernes et particulièrement sur le précieux statère du grand Vercingétorix (2); mais ceux-là procèdent de l'art grec, qui eut une influence si marquée sur l'art de la Gaule, à partir de la seconde moitié du iv° siècle avant l'ère chrétienne. La numismatique de cette période renferme des œuvres trop intelligemment comprises, pour qu'on puisse admettre que les diverses branches de l'industrie nationale soient demeurées fort au-dessous de ce niveau parfois assez élevé. Je ne doute donc pas qu'une révision mieux conduite des produits de la céramique ne restitue à la Gaule libre des poteries que leur style a fait reléguer jusqu'à présent parmi celles postérieures à la conquête. Les classes riches, qui affichaient, depuis longtemps déjà, un certain luxe dans les armes et les vêtements, ne faisaient plus, à coup sûr, usage de terrailles aussi barbares que celles des tumulus. En y regardant de plus près, on s'apercevra indubitablement qu'alors, comme sous la domination romaine, il y eut deux vaisselles : l'une plus soignée, réservée à l'aristocratie ; l'autre, presque aussi grossière que par le passé, abandonnée au menu peuple.

(1) *Etudes numismatiques*, par B. Fillon. Paris, J. Charvet, 1855, p. 16.
(2) Le vase qu'on voit au-dessous du cheval, qui occupe le revers de cette monnaie, a deux anses. On m'a assuré pourtant que, sur l'un des exemplaires connus, il n'en avait qu'une seule. Je crois que cela vient simplement d'un défaut de fabrication. Dans tous les cas, sur le statère bien conservé de ma collection, on lui en a donné deux.

CHAPITRE III

PÉRIODE ROMAINE

I

POTERIES GALLO-ROMAINES

Les poteries, fabriquées en Poitou pendant une bonne partie du premier siècle, conservèrent à peu près les formes et le rude aspect de celles des derniers temps de la période gauloise. Il n'y eut guère que les procédés de fabrication qui firent quelques progrès, surtout dans la vaisselle fine ; tandis qu'ils restèrent presque stationnaires pour la grosse poterie. A partir du règne de Vespasien (69-79), on entra dans une voie nouvelle ; la terre fut mieux préparée, mieux cuite, et couverte d'une glaçure noirâtre, qui la rendit un peu plus agréable à l'œil. Sous Domitien (81-96), on commença à faire de la poterie rouge fine. Quelques vases, de l'une et l'autre couleur, furent alors ornés de dessins en creux exécutés au poinçon. Aucun ne reçut encore de figures en relief.

Ces renseignements me sont fournis par les faits suivants :

1° Découverte de nombreux vases de terre noirâtre, assez grossière, non lustrée, sur les bords du canal, qui communique du lac de Grandlieu à la Loire, en compagnie d'une quantité considérable de monnaies de bronze d'Auguste, Julie, Agrippa, Tibère, Drusus, Antonia, Germanicus et Caligula. Les pièces du dernier de ces princes étaient peu nombreuses, et à fleur de coin ; ce qui dénotait que le trésor avait été enfoui sous son règne (37-41). M. Guilbaud, de Frossay (Loire-Inférieure), personnage très singulier, qui s'était plu à réunir, pendant le cours de sa longue carrière, une foule d'objets bizarres et souvent sans valeur, avait recueilli plusieurs centaines de ces monnaies et trois des vases trouvés en même temps. Ils avaient tous la zône de la panse, qui se voit sur les poteries gauloises, couverte de petits trous, faits avec une pointe.

2° Grand plat de terre grise très épaisse et à bords évasés, découvert à Apremont (Vendée), dans une ancienne fosse remplie de matières fécales, avec des monnaies d'Auguste, Tibère, Agrippine, Claude et Néron. Beaucoup de fragments de poterie du même genre, ou plus minces, étaient dans cette fosse.

Un vase ressemblant à un pot à fleurs, avec bords rentrants, en terre noire presque identique à celle des petits fragments, a été exhumé, cette année, à Saintes, d'une fosse destinée au même usage, et où se trouvaient des bronzes de Tibère, Caligula et Néron.

3° Grande urne noire et revêtue d'une glaçure, découverte fragmentée à Vitré (Deux-

Sèvres), dans l'intérieur de laquelle étaient des détritus d'étoffes et dix-sept grands bronzes, dont le plus ancien portait l'effigie de Caligula, et le dernier, à fleur de coin, celle de Vespasien (ANNONA AVGVST. S. C.). L'indication du VIIIe consulat dit que cette pièce a été frappée pendant le cours des années 77 ou 78. Les débris d'une tasse noire à hauts bords, portant de petits fleurons estampés en creux, étaient avec ces médailles.

4° Petite tasse de terre rouge lustrée, mais sans éclat, décorée de filets et d'un cercle de perles imprimées en creux à la roulette, trouvée dans une sépulture aux alentours de Niort, avec une chevalière dont la pierre ou pâte de verre a disparu, et deux pièces de même métal portant les noms de Néron et de Domitien. M. de Fouschier, de Thouars, en possède une semblable, mais moins grande. Elle provient des environs de la ville qu'il habite.

Je ne donne ces renseignements que sous toutes réserves, parce que les monnaies ne peuvent jamais fournir que des dates approximatives, lorsqu'elles ne sont pas par grands dépôts, et qu'à l'exception des poteries venant d'Apremont, trouvées sous mes yeux, je ne puis fournir sur les circonstances de la découverte des autres que des indications reçues de seconde main. Mais tout fait présumer néanmoins que les observations précédentes sont fondées. Les archéologues attentifs pourront en contrôler l'exactitude au moyen de découvertes ultérieures. Les diverses parties de la France, autres que le midi, doivent fournir des indications analogues. Je ne saurais trop insister près des chercheurs pour qu'ils se livrent partout à des investigations du même genre. Jusqu'ici les produits céramiques de la période romaine n'ont été l'objet d'aucune tentative sérieuse de classement par ordre de dates ; ce qui leur enlève l'intérêt le plus réel comme document. Introduire une bonne chronologie dans les faits, n'est-ce pas ouvrir une grande route à l'histoire ?

Il est bon de noter qu'aucune des poteries dont il vient d'être question ne porte de marques ou noms de potiers.

II

POTERIES ROMANO-GAULOISES.

Si les poteries, en usage chez les Pictons jusqu'aux dernières années du 1er siècle, ont été fabriquées d'après les mêmes procédés que celles de la période gauloise, dont elles ont en partie conservé les formes et l'aspect extérieur, il n'en est plus ainsi de celles qui datent du règne de Trajan. L'influence romaine s'y fait pleinement sentir. C'est ce qui m'a engagé à donner aux vaisseaux de terre, analogues à ceux décrits dans le paragraphe précédent, le nom de *poteries gallo-romaines* et celui de *poteries romano-gauloises* à ceux exécutés depuis Domitien ou Trajan jusqu'à Valentinien.

POTERIES ROUGES. — Il est possible qu'on ait fabriqué de la poterie rouge à reliefs, antérieurement à la première moitié du II° siècle, dans certaines autres régions de la Gaule ; mais il semble résulter des observations que j'ai été à portée de faire qu'elle est apparue chez nous seulement sous Trajan et ses successeurs immédiats. A partir de ce moment, elle devint d'un usage général et continua, pendant deux cents années, à primer toutes les autres. On l'abandonna peu à peu ensuite pour lui substituer la poterie commune et des imitations romanisées de la vaisselle des peuples barbares, qui, avant de conquérir l'empire par les armes, lui firent accepter leurs modes, leur mobilier, parfois jusqu'à leur façon de comprendre les arts.

Je ne doute pas qu'on n'arrive un jour à classer les poteries rouges par ordre chronologique et par lieu de fabrication. Elles seront alors d'un grand secours pour l'histoire locale, et fourniront une foule de renseignements sur les mœurs, les usages, les croyances religieuse, et les divinités topiques.

Les vases de cette catégorie ont été décorés au moyen de divers procédés. Tantôt on les a simplement tirés d'un moule, qui a couvert leurs parois de reliefs; tantôt on a ajouté à ces premiers ornements des guillochures faites à la molette. D'autres ont reçu des reliefs moulés séparément et appliqués après coup, ou exécutés en barbotine; quelques-uns ont été incisés ou façonnés à la roue. Il en est enfin sur lesquels se voient des empreintes de feuilles de plantes naturelles posées sur la glaçure, alors qu'elle était liquide, et qui y ont laissé la trace de leurs contours et de leurs parties saillantes. La décoration de certaines pièces a exigé l'emploi simultané de plusieurs de ces différents procédés.

La terre est ordinairement rouge comme la glaçure ; mais elle est aussi parfois d'un blanc grisâtre.

Les sujets les plus fréquemment employés sur les vases sigillés, trouvés en Poitou, sont : les chasses aux oiseaux de marécage, au cerf, au chevreuil, au lièvre et à l'ours (animal qui n'habitait certainement pas la contrée à l'époque romaine, mais qui figurait souvent dans les combats du cirque); les pêches aux poissons de mer ou de rivière; combats de gladiateurs, combats d'animaux, luttes d'athlètes, exercices de mimes, scènes pastorales, danses de faunes et de bacchantes. On rencontre aussi, sur plusieurs pièces, la femme armée d'un coutelas, allant égorger un chevreau qu'elle tient par les pieds de devant, motif qu'on trouve également en Auvergne. Un vase de ma collection, qui en est orné, est signé MASCLVS, contraction du nom de MASCVLVS. Parmi les divinités dont les images reviennent le plus souvent, il faut compter Mercure, Hercule, Minerve, Apollon, Diane, Vénus, l'Amour et les Dieux de la mer. Dans les derniers temps, apparait, sur beaucoup de pièces, une figure d'homme portant un épieu et posée sur un piédestal; peut-être est-ce un dieu topique. La flore locale a fourni, de son côté, à l'ornementation des poteries rouges, les feuilles de la vigne, du chêne, de l'orme, du houblon, de la fougère, du roseau, du fraisier et du lierre; les fleurs de la marguerite, de la rose, de la violette, du nénuphar, du convolvulus. Quelques lampes ont des oiseaux : colombes, paons, etc., ou bien les animaux que fournissait l'Afrique aux jeux du cirque : lions, tigres, etc.

Les sujets érotiques sont rares et proviennent, en général, de moules informes. Les objets les plus singuliers de ce genre, qui soient sortis de notre sol, sont deux ex-voto en forme de phallus de grandeur naturelle, que mon ami, M. Dugast-Matifeux, a vus chez le sieur Picot, marchand à Saint-Georges de Montaigu, dont la femme, après les avoir conservés assez longtemps sous son lit, finit par les briser, par scrupule de conscience.

Les vases, qui portent ces divers motifs d'ornementation, sont rarement d'un beau travail (1). L'un des plus remarquables est sans contredit l'urne gravée au n° 6 de la planche des *Poteries poitevines*. Les figures qui la décorent ont été moulées à part et appliquées après coup, ainsi que les feuilles des plantes; tandis que les tiges de celles-ci ont été modelées en barbotine. Sa hauteur est de 0^m,270 ; sa largeur, à la panse, de 0^m,203. Elle fait partie de la collection de M. Fl. Bonsergent, et a été retirée du vieux sol de Poitiers. Elle n'est malheureusement pas signée du nom de son auteur. Le même amateur possède les fragments d'un autre vase analogue et non moins précieux, portant sur le col cette inscription gravée à la pointe, que je livre à la sagacité des hommes compétents :

Les débris d'un troisième vase de même fabrique, et ayant la même provenance, sont dans la collection de M. Pinchaud, autre amateur de Poitiers. L'un des morceaux montre Hercule enfant, étouffant les reptiles envoyés pour le dévorer. Un quatrième, enfin, a été trouvé à Pont-Habert, près de Challans (Vendée), mais également brisé en plusieurs pièces. Sa forme ne diffère pas essentiellement de celle des trois autres. C'est encore une urne, sur laquelle sont les images d'Hercule, de Mercure et de Diane, symétriquement rangées entre les courants d'une plante dont la feuille ressemble à celle du houblon sauvage. Mais ce qui donne du prix à ces fragments, c'est le nom du potier Faustus, posé en relief au-dessous de la figure d'Hercule. Est-ce le même ouvrier que celui qui a signé l'un des débris de poterie rouge ordinaire de la collection Bonsergent : FAVSTVS SALINATOR SERVÆ? Quoi qu'il en soit, ces quatre vases, qui paraissent dater de la fin du IIe siècle, ou du commencement du IIIe, sont sortis de la même fabrique, et méritent une place à part dans la céramique des Pictons, par leurs dimensions, l'épaisseur des reliefs et le style des

---

(1) M. de Longuemar, de Poitiers, a réuni les dessins d'un grand nombre de poteries sigillées, recueillies sur l'ancien territoire des Pictons, dont il compte faire, plus tard, le sujet d'une publication spéciale.

divers détails. Quelque découverte les lui enlèvera peut-être plus tard ; mais ce ne sera pas, à coup sûr, pour enrichir celle des provinces placées au-dessus de la Loire (1).

Peu de poteries rouges ont une date certaine. Ce n'est que par les indices, tirés de la nature des objets qui les accompagnent, qu'on peut arriver à reconnaître leur âge. Les fouilles, que j'ai fait exécuter, au mois de juillet 1858, dans le cimetière romano-gaulois du Langon (Vendée), en ont fourni une assez grande quantité, à l'état de débris, qui tous sont évidemment antérieurs au second tiers du IIIe siècle ; car la série des monnaies trouvées en même temps commence à Agrippa et finit à Septime-Sévère (193-211) (2). Un morceau de coupe porte la tête de Lucius Verus. Les objets, recueillis pendant la fouille, sont aujourd'hui au musée archéologique de Napoléon-Vendée. Un autre fragment, trouvé sur un point différent du Langon, présente l'image d'un empereur, recevant le globe terrestre des mains de Jupiter, ayant le modius en tête. Ce groupe est placé entre deux colonnes supportant un fronton. Il est la reproduction exacte du revers de ce petit bronze inédit de Victorin, découvert dans le même lieu.

A mesure qu'on avance vers la décadence de l'art romain, les ornements figurés en relief deviennent plus grêles et perdent de leur style. J'ai fait graver une sorte de bol, venant de Verrines (Deux-Sèvres), et portant le nom de DIVICATVS, sur lequel les traces de dégénérescence sont visibles. (N° 7 de la planche des *Poteries poitevines*.) Sa forme est pourtant encore aussi élégante qu'aux beaux jours de la céramique romano-gauloise, qui en présente de très gracieuses, témoin ce vase à deux anses, œuvre du potier SEXTVS, découvert à Rom (Deux-Sèvres). Il est tout uni, d'une terre très fine et parfaitement lustrée. Un autre, presque semblable, mais plus petit, est revêtu d'une engobe blanche. La chute de l'empire gaulois, sous lequel l'art de terre avait eu un regain de jeunesse, lui fut fatale, comme à toutes les autres industries.

Bon nombre de poteries sigillées, retrouvées sur le territoire des Pictons, proviennent des fabriques établies dans les contrées limitrophes, ou même de celles du bassin de l'Allier, comme l'indiquent les noms de différents potiers ; mais je ne crois pas que les pays étrangers à la Gaule aient contribué à lui en fournir. La plupart de celles qu'on a prétendues italiennes, germaniques, bretonnes ou espagnoles, sont tout simplement romano-gau-

---

(1) Cf. n° 3, pl. IX, de la *Description méthod. du musée céram. de Sèvres.*
(2) Les fouilles, exécutées en 1858, n'ont pas fourni de monnaies postérieures à Faustine la Jeune. Depuis, le reste du cimetière ayant été défriché, on y a trouvé des monnaies de Commode, d'Albin et de Septime-Sévère. (V. *Poitou et Vendée*, art. du Langon, p. 4.)

— 19 —

loises. Ainsi en est-il, par exemple, du curieux vase de la collection Bonsergent, attribué par M. de Longuemar à la manufacture de Sagonte, dans le volume de 1860 des *Mémoires de la Société des antiquaires de l'ouest* (p. 65 et pl. v). La signature, inscrite à rebours, qui a induit notre collègue en erreur, est analogue à celle du potier *Arcanus*, figurée dans l'ouvrage de M. Edmond Tudot, intitulé : *Collection de figurines en argile*. (Paris, C. Rollin, 1860, p. 66.) Plusieurs autres marques offrent des caractères cursifs du même genre, et ne sont, pas plus que celle-ci, phéniciennes ou puniques. La forme de l'A, dont la barre est verticale, au lieu d'être horizontale, est commune à la Gaule entière et même à la Grande-Bretagne.

Il faut en dire autant de cet autre vase, sorti d'un tombeau de la première moitié du IIIe siècle découvert à Jart (Vendée), et qui porte en relief la signature PATERNI FE (CIT), figurée ainsi :

laquelle a donné lieu à l'intéressante notice de M. E. Hucher, insérée dans le *Bulletin monumental* de 1860 (1).

Quelques vases ont été incisés ou taillés à la meule, pour recevoir sur leur panse des imbrications analogues à celles des pommes de pin ou d'un fruit quelconque ayant à peu près le même aspect. D'autres ont la surface entièrement couverte de cercles parallèles exécutés par le même procédé. On les rencontre plus souvent dans le haut Poitou qu'en deçà des deux Sèvres. Rezé en a pourtant fourni une certaine quantité à l'état de débris. Indépendamment des vases à reliefs, il y en a de tout unis ; d'autres ont leur surface couverte de losanges en relief, de treillis, etc.

Des détails sur la fabrication des poteries rouges, et sur les potiers qui les ont faites, sont donnés plus loin.

POTERIES A COUVERTES IMITANT DES MÉTAUX. — Ces poteries sont décorées de la même manière que les rouges ; mais elles ont reçu extérieurement une teinte brillante et foncée, qui les fait ressembler à des vases de métal. J'en ai vu de deux sortes : les unes ont la couleur du bronze ; les autres tirent sur le gris de fer. Un fragment de coupe à reliefs, représentant des danses de mimes, trouvé à Saint-Père en Rais, était signé du potier MESSALA.

POTERIES NOIRES. — Les poteries de la bonne époque, couvertes d'un beau lustre noir, sont peu communes en Poitou. Je n'en connais, pour mon compte, qu'un nombre très

---

(1) Ce vase appartient au musée archéologique de Napoléon-Vendée. V. aussi *Collection de figurines en argile*, décrites par M. Edmond Tudot, p. 67-68.

restreint d'échantillons. Presque tous sont brisés. Ils sont, en général, décorés de fleurons et autres dessins en creux. La terre, employée à leur fabrication, est grisâtre et passablement fine. Un seul des fragments, qui me soient passés sous les yeux, porte une signature, celle de *Priscinus,* imprimée en creux et à rebours. Quelques urnes ont des décors blancs ou jaunes et des inscriptions de même couleur tracées en barbotine autour de la panse.

POTERIES GRISES. — Cette classe est infiniment plus nombreuse que la précédente ; les formes des vases sont très variées. La terre employée est moins fine que celle des poteries à glaçures. Une grande jatte de 0^m,23 de hauteur, retirée de terre par morceaux, à Arthon, dans le pays de Rais, a reçu une couche blanche consistante et, par-dessus, deux cercles de feuilles et de fruits de lierre, faits avec de la terre grise, appliquée à l'état de barbotine. Quelques fragments présentent des feuilles de vigne exécutées par le même procédé. Le n° 8 de la planche des *Poteries poitevines* donne la figure d'une jatte grise appartenant à M. Octave de Rochebrune. Elle sort des ruines de la forge antique de la Vergne, en Saint-Hilaire sur l'Autise.

POTERIES COUVERTES D'UN VERNIS. — Les échantillons de cette catégorie sont peu communs. Les seuls que je connaisse viennent de Poitiers, du Veillon et de Rezé. Ils sont couverts d'un vernis plombifère jaune verdâtre.

Le sieur Benoît, du petit Puy-Bernier, village du territoire de Fontenay-le-Comte, m'a assuré avoir aussi rencontré une tuile à rebords, revêtue du même vernis, parmi les matériaux qui composaient une sépulture maçonnée en briques, trouvée dans le *Champ des tombeaux* de Pahu (commune de Longève). Cette brique était du IV° siècle ; car on a trouvé dans la sépulture un moyen bronze de Constantin Ier, qui m'a été remis longtemps après la découverte.

POTERIES ÉMAILLÉES. — Le sol de Poitiers nous a procuré quelques rares débris de vases à vernis vert très pâle, semé de perles ou de raies d'émail blanc, qu'on dit être de l'époque romaine. Je ne les mentionne que pour mémoire. Dans tous les cas, les poteries de cet ordre ne sont pas antérieures au IV° siècle, si elles ne sont pas étrangères à la Gaule et d'une date plus récente.

STATUETTES ET BAS-RELIEFS. — Je ne crois pas qu'on ait jamais fait chez nous de statuettes moulées en terre blanche. Celles que nous rencontrons sortent probablement des fabriques du centre de la Gaule. Les plus communes sont des figures de Minerve et de Vénus entièrement nue, relevant sa chevelure de la main droite ; des bustes d'enfants encapuchonnés, le sourire sur les lèvres, et d'une femme qui ressemble à l'impératrice Sabine. On trouve de plus quelques-unes de ces images de la déesse-mère, qui ont servi de prototype aux bonnes vierges du moyen-âge. (N° 9 de la planche des *Poteries poitevines.*) Les fouilles du Langon m'ont aussi fourni une petite figure d'enfant, posée sur un socle, vêtue du bardocucullus, et ayant sur sa tête la main brisée d'un personnage de plus haute taille, placé à côté de lui. Rapprochée du groupe d'Hercule et de Telesphore, gravée sur les monnaies des Ségusiaves, cette figurine est aussitôt reconnue pour être la représentation de la seconde de ces deux divinités, et l'on comprend qu'elle a fait partie d'un groupe identique à celui que porte la pièce gauloise (1). De son côté, M. Fortuné Parenteau, de Nantes, a fait, m'a-t-on dit, sortir des ruines de Rezé la chapelle privée en terre cuite d'un gallo-romain, dont les statuettes viennent indubitablement des fabriques du bassin de l'Allier. J'aurais voulu en donner la description détaillée ; mais je ne suis pas en possession de renseignements assez exacts pour le faire. L'ensemble de ces simulacres constituait un véritable laraire, dans le genre de ceux décrits par M. Tudot. — En fait de figures d'animaux, exécutées avec la même matière et d'après le même procédé, je n'ai jamais vu qu'un oiseau trouvé à Poitiers, et un cerf, qu'un paysan des environs de Bressuire (Deux-Sèvres) disait avoir retiré d'une sorte de cachette, mise à découvert en creusant un fossé de clôture.

La partie inférieure d'une statuette de Minerve est signée : PIXTILLI. Le nom de Pixtillus est essentiellement gaulois. Il figure sur des monnaies de la Lyonnaise, sous la forme PIXTILOS. M. Charvet a eu entre les mains un petit buste de femme, venu d'Auvergne, sur lequel était le même nom romanisé en Pistillus. C'est la seule pièce, revêtue d'une marque, qui m'ait été signalée. Elle provenait, m'a-t-on dit, d'un champ voisin de Brioux (Deux-Sèvres).

Un habitant du Langon a recueilli, depuis peu, un petit bas-relief, très détérioré et d'une forme légèrement cintrée, ayant 0ᵐ,11 de largeur sur 0ᵐ,07 de hauteur, où se voient Hercule et Mercure. Il devait orner, dans le principe, la partie extérieure du dossier d'un véhicule à deux chevaux, tel que celui figuré sur la pl. XXXVI du recueil de M. Tudot. Les figures ont reçu une teinte rosée, et le fond une teinte presque brune ; tandis que la draperie de Mercure porte quelques vestiges d'une coloration bleue.

POTERIES COMMUNES. — Il me serait presque impossible de décrire l'innombrable quantité des vases en terre grossière, noire, grise, blanche et rouge, qu'on rencontre en Poitou. Plusieurs ont conservé les formes de la tradition gauloise, et la zone médiale de la panse, décorée de dessins en creux obtenus à l'aide d'une roulette ou de petits poinçons dont les empreintes se répètent à l'infini. Indiquée d'abord sur la panse arrondie par de simples traits, elle commença à s'aplatir vers le milieu du IIIᵉ siècle. Il est bien peu de localités qui n'aient fourni quelques-unes de ces poteries, sorties, la plupart du temps, de sépultures par incinération, et, par conséquent, presque toujours antérieures au IVᵉ siècle. Le sol de Poitiers en recèle des milliers, soit entières, soit à l'état de fragments, et les cimetières romano-gaulois, explorés sur plusieurs points, en ont rendu également un très grand nombre. Parmi ces localités, il faut citer, dans la Vienne : Loudun, Civray, Ambernac et une foule d'autres ; dans les Deux-Sèvres : Rom, les Cranières, près de Faye-

---

(1) *Description des monnaies gauloises faisant partie des collections de la bibliothèque royale*, par A. Duchalais, p. 129, et *Poitou et Vendée*, art. du Langon, p. 5.

l'Abbesse, Gourgé, Brioux, Ardin, etc.; dans la Vendée : les environs de Fontenay, Saint-Médard des Prés, le champ des Cahuettes (commune de Fontaines), Auzay, le Langon, Nalliers, Saint-Denis du Payré, Curzon, Anson (commune de Saint-Cyr en Talmondais), le Bernard, la Touche-Grignon (commune de Longeville), Jart, le Veillon (commune de Saint-Hilaire de Talmond), Apremont, Pont-Habert, près de Challans, Saint-Gervais, Aizenay, Dompierre, Chavagnes en Paillers, Saint-Georges de Montaigu, la Logerie (commune de la Bernardière); dans la Loire-Inférieure : Rezé, Saint-Père en Rais, Frossay, etc. Les collections publiques de Poitiers, de Niort, de Napoléon-Vendée et de Nantes, renferment un très grand nombre de spécimens de ces vases. MM. Bonsergent, Pinchaud, Octave de Rochebrune et Fortuné Parenteau, en possèdent également plusieurs. Chez M. de Rochebrune est celui qui contenait les 8,500 monnaies du IIIe siècle, enfouies pendant le cours de l'année 273, découvertes au Langon en janvier 1863 (1). C'est une cruche de terre noire, munie d'une anse. Comme échantillon de nos poteries communes, j'ai fait graver, au n° 10 de la planche des *Poteries poitevines,* une urne à trois anses, extraite du cimetière romano-gaulois de Gourgé, et déposée au musée archéologique de Niort, qui présente une forme rare dans nos contrées et même dans toute la céramique romano-gauloise (2). Quant au porte-lampe, gravé au n° 11 de la même planche, sa forme est commune au territoire des Pictons, tout entier, ainsi qu'à ceux des Santons, des Lemovices, des Turons, des Andes et des Namnetes. Il est ordinairement de terre rouge; mais il y en a de couleurs différentes. Parfois le godet, destiné à recevoir l'huile, est mobile. On en a fabriqué au moins jusqu'au VIIe ou VIIIe siècle.

Je ne dois pas oublier de mentionner les grands cuviers (3), et surtout les amphores, allongées ou à large panse, dont les débris jonchent notre sol, indice d'une fort ancienne culture de la vigne (4). Plusieurs, ayant le col brisé, ont été retirées de sépultures du IIIe siècle. Nalliers en a fourni un bon nombre dans cet état. Les amphores poitevines portent souvent des marques de potiers sur le rebord de l'orifice, sur l'une des anses ou sur l'extrémité inférieure.

---

(1) *Poitou et Vendée,* art. du Langon, p. 2.

(2) Les trois anses de ce vase ont même fait suspecter son ancienneté par des céramistes très habiles, qui n'en connaissaient que le dessin. Mais le doute n'est pas possible en présence du monument lui-même, et lorsqu'on connaît les circonstances de sa découverte.

(3) Aucun cuvier n'a été, je crois, trouvé entier; mais on en rencontre partout une foule de débris. Un fragment, extrait des fondations d'une maison de Poitiers, avait plus de 0^m,05 d'épaisseur, et, par sa courbe, annonçait que le vase entier devait avoir au moins 1^m,40 de hauteur. Un autre, que j'ai retiré moi-même de terre à l'Ileau-les-Vases de Nalliers (Vendée), avait eu des dimensions presque aussi considérables. Ils étaient toutefois généralement d'une grandeur moyenne.

(4) *Poitou et Vendée,* art. de Fontenay; sépulture de la femme artiste de Saint-Médard des Prés, p. 125, n° 17 de la planche. On a découvert d'autres amphores évasées aux environs de Challans et d'Ardin.

Je terminerai en citant le singulier ustensile, dont je donne ici la gravure, d'après un dessin fourni par M. Parenteau. On en a trouvé bon nombre d'exemplaires à Rezé et sur plusieurs autres points des deux rives de la basse Loire. Quelques archéologues veulent en faire des espèces de chenets propres à soutenir des broches. Ce qu'il y a de certain, c'est que tous portent des traces d'un contact répété avec le feu. Le musée archéologique de Nantes en a un de grès sculpté. M. Parenteau m'en a signalé un autre de terre cuite avec une tête de chien. Ils ont ordinairement de 0^m,30 à 0^m,40 de hauteur. Quelques-uns sont de plus petite dimension.

TUILES, BRIQUES. — Les tuiles, qu'on trouve partout en immense quantité, ne présentent jamais que deux variétés de formes : la tuile plate à deux rebords, servant d'égout, et la tuile ronde, semblable à la nôtre, complétant la toiture. Mais, comme on en a fait usage depuis le 1er siècle jusqu'au IXe ou X^e, leur fabrication a subi des variations infinies. Très soignée d'abord, elle est devenue ensuite de plus en plus grossière, à mesure qu'on a descendu les âges. Plus la brique est rouge, épaisse, à vives arêtes, plus elle est ancienne. Je n'en ai rencontré que deux qui portassent des marques de potiers. Sur l'une, trouvée aux Herbiers, était le nom de PAVLVS; sur une autre, venant, je crois, d'Ardin, se trouvent les initiales VX.

Les briques varient beaucoup, au contraire, de forme et de dimension. Il en est de près d'un mètre de longueur, et de huit ou dix centimètres d'épaisseur; tandis que d'autres atteignent à peine cinq ou six centimètres de côté. On les a employées à l'état de matériaux dans la construction des murailles, des piliers, des foyers, et surtout à l'état de pavés. De cette dernière catégorie, il en est qui sont triangulaires, exagones et même octogones. Leur assemblage produisait des combinaisons analogues à celles qu'on obtient aujourd'hui. Un pavé de ce genre a été découvert au Langon (Vendée). La surface infé-

rieure de certaines briques est couverte de raies profondes, se coupant d'ordinaire en losanges, afin d'obtenir une adhérence plus grande avec le mortier. Elles aussi portent rarement la marque du fabricant. En voici pourtant une recueillie à Auzay (Vendée). Ce *Cubus Merula* paraît avoir été travaillé en Saintonge; car on y a rencontré des fragments d'ouvrages de grosse terre signés de lui. Les inscriptions, tracées à la main en majuscules ou en caractères cursifs, se voient un peu plus fréquemment. M. Gouraud, ancien notaire à Chavagnes-en-Paillers (Vendée), possède, par exemple, une brique fragmentée, trouvée aux Herbiers, sur laquelle on lit : iv-xix. Sur une autre, employée dans la construction d'un tombeau découvert non loin de Pahu, près de Fontenay-le-Comte, était le nom de c. silanvs, tracé en grandes lettres. Etait-ce celui du mort ou bien celui du tuilier ?

On m'a aussi parlé d'une inscription tumulaire, exhumée de terre entre Brioux et Saint-Jean-d'Angély, inscription dont je n'ai pas le texte. Mais le monument le plus curieux de cette espèce, que renferme le Poitou, est l'inscription suivante, tracée à la pointe avant la cuisson, de la collection de M. F. Bonsergent :

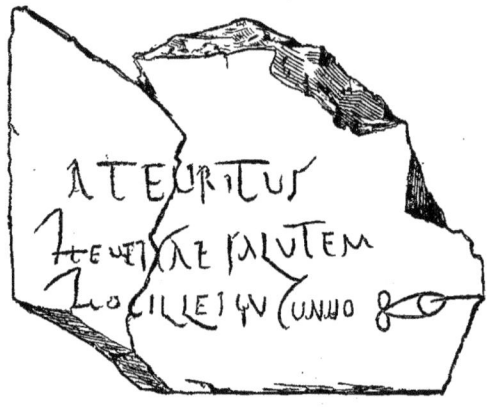

ATECIRITVS
ITEVTICAE SALVTEM
LOCILLES IN CVNNO

Elle a été trouvée à Poitiers, à côté d'un petit groupe, sculpté en pierre de Charente, représentant un homme et une femme assis l'un près de l'autre, groupe qui fait maintenant partie du musée archéologique de cette ville. M. Jules Quicherat l'a publiée dans le *Bulletin de la Société des antiquaires de France*, 1863, p. 138, et la croit, en raison des caractères employés, antérieure au règne d'Adrien. Dans ce cas, il n'y aurait aucune corrélation entre elle et le groupe, qui est d'une époque beaucoup plus basse.

D'autres objets ont été fabriqués avec la même terre que les tuiles et les briques. Ce sont d'abord ces conduits, ronds ou carrés, qu'on retire du sous-sol de la plupart des villas romaines, et qui servaient d'égouts et de tuyaux pour mener l'eau dans les salles de bain et les cuisines, ou qui communiquaient avec les bouches de chaleur. Viennent ensuite des bassins carrés, ayant eu la destination de nos auges de pierre. Un fragment de l'un d'eux, retirés des ruines du Château-Gaillard du Langon, avaient 1ᵐ,12 de côté. Je signalerai de plus le beau chapiteau de pilastre corinthien en terre cuite, d'un rouge foncé, figuré au n° 5 de la planche des *Poteries poitevines,* que le sieur Lelièvre, marchand d'antiquités à Nantes, avait eu, il y a une quinzaine d'années, d'un paysan des environs de Challans (Vendée). Il mesurait 0ᵐ,65 de hauteur sur 0ᵐ,58 de largeur, et avait été moulé en partie. On avait ensuite ajouté, par pièces, les reliefs les plus saillants, et retouché le tout avant la cuisson. Ce beau spécimen, séparé en deux morceaux, lorsqu'il me fut soumis, dénotait un art très avancé. Je l'ai supposé du IIe siècle. M. Chauvet a signalé des applications analogues de l'art de terre à la décoration des édifices, dans sa *Notice des antiquités de Vichy-les-bains.*

Une lettre de Siauve, auteur des *Mémoires sur les antiquités du Poitou,* en date du 30 juillet 1805, parle enfin d'antéfixes ornés de feuillages et de têtes d'enfants et de femmes, qu'on a exhumés des ruines d'une villa, entre Toulon et Mortemer, sur les bords de la Vienne. Si l'on en croit le docte antiquaire, qui n'avait pas un goût très-sûr, l'une des têtes de femme était d'une rare beauté. Un diadème ornait son front ; ses cheveux, comme ceux de Méduse, s'étalaient en mèches flottantes ; un collier de perles rondes était passé à son cou. Siauve ajoute que le paysan, auquel on dut la découverte, trouva, en même temps, un fragment de vase d'argent travaillé au repoussé, où se voyait une femme nue se livrant à la danse.

III

LIEUX DE FABRICATION

POTERIES ROUGES. — On n'a rencontré, jusqu'ici, qu'en haut Poitou des vestiges de fabriques de poteries rouges. Je crois cependant qu'il en a été fait dans les autres parties de la province ; car les noms de potiers, inscrits sur les vases découverts dans les régions voisines du Clin et de la Vienne, ne sont presque jamais les mêmes que ceux qui nous viennent de la portion du territoire située entre le Thouet, la Sèvre-Niortaise et la mer. Les points, qui ont possédé des manufactures, dont l'emplacement a été reconnu, sont : Vouillé (Vienne), où M. Laurenceau, ancien député au Corps législatif, a recueilli une foule d'objets intéressants et quelques vases entiers, et Béruges, autre localité du même département, placée à peu de distance de la précédente. Le voisinage de Poitiers a dû donner à ces fabriques une certaine importance. La découverte de celle de Béruges est due à M. Meillet, qui a également constaté, sur les lieux, la présence de dépôts considérables d'argile marneuse de lias, dont on s'est servi dans toute la Gaule pour fabriquer la poterie rouge. Il en a trouvé aussi à Mézaux.

L'analyse qu'a fait M. Meillet de ces diverses argiles, dont il a réuni un très grand nombre d'échantillons, lui a démontré que les potiers romano-gaulois les avaient employées dans leurs ateliers de fabrication. Le même chimiste a constaté, en outre, l'existence, dans le sol de Béruges, d'une terre propre à produire les glaçures, si minces qui couvrent extérieurement ces poteries, et qu'on n'eût pu obtenir avec des vernis pulvérulents. Afin de se rendre un compte exact des procédés, il a fabriqué lui-même un certain nombre de vases avec ces matières premières, et est arrivé aux résultats les plus satisfaisants. J'y reviendrai dans le dernier chapitre.

FOURS A POTERIES COMMUNES ET TUILERIES. — M. Grellier du Fougeroux a trouvé, de son côté, les ruines d'une manufacture de poteries communes à Braignart, près de Saint-Martin-l'Ars (Vendée), découverte qu'il a bien voulu me signaler. Le 7 septembre 1863, il nous conduisait, MM. Dugast-Matifeux, A. de Montaiglon, O. de Rochebrune et moi, sur le terrain, qui est jonché d'une couche de débris de fragments de vases, de tuiles et de briques, d'environ un mètre d'épaisseur, sur une étendue de près d'un hectare. La distribution du travail, dans ce grand atelier, était encore facile à reconnaître. A l'extrémité ouest de l'établissement se faisait la poterie de cuisine; plus loin, les amphores; à l'autre bout, situé à l'est, se fabriquaient des briques carrées, d'autres en forme de parallélogrammes, d'autres enfin, en très-grande quantité, destinées à faire des fûts de colonnes ou de piliers. Tantôt deux de celles-ci suffisaient pour former une assise ronde; tantôt il en fallait quatre. Le versant du coteau, sur lequel s'élevaient les séchoirs, construits en bois (puisque nous n'avons pas rencontré de traces de murs), étant tourné vers le midi, l'exposition était des plus favorables. Les fours étaient à l'ouest et engagés en terre. Une fouille, bien dirigée, permettrait d'en reconnaître la forme et l'économie intérieure. Un petit ruisseau coule au bas, et la terre employée par les potiers gît dans le champ voisin, où la culture a fait récemment disparaître les anciennes fosses.

A quelque distance de là, toujours sur le territoire de la commune de Saint-Martin l'Ars, sont les ruines d'une grande exploitation agricole, où nous avons trouvé, il y a déjà bien des années, de nombreuses bases de piliers ronds, formés avec les briques de Braignart.

Deux autres fabriques de même nature ont été découvertes par M. Dugast-Matifeux près de la Templerie, sur l'ancien chemin de Saint-Georges de Montaigu à Benaston. Le sol de ce quartier étant demeuré longtemps en friche, l'emplacement des fosses où se tirait la terre est très visible. Quelques maisons du village voisin ont encore, sur leur faîtage, des tuiles à rebords provenant de là, et, pendant longtemps, les chemins du pays ont été pavés avec les briques qu'on venait y chercher par charretées.

L'existence à Trizay (Vendée) d'un quatrième four à tuiles et à briques m'a été signalée par M. Hannaël Joussaume, propriétaire de l'ancienne abbaye du lieu, établie, comme tant d'autres, sur un point romano-gaulois. Celui-ci, d'une conservation parfaite, est aussi exposé au midi, et engagé dans un coteau très rapide, descendant à la rivière du Lay. La gravure que j'en donne dispense d'une description plus détaillée.

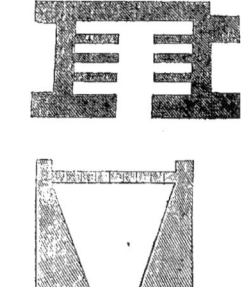

Il rappelle exactement celui découvert, en 1859, par M. Fortuné Parenteau, à la Roche du Teil, à quelques kilomètres de Redon, dont il m'a communiqué le plan, qui m'a permis de compléter celui du four de Trizay.

On m'a parlé, de plus, de restes d'une poterie antique, visibles à fleur de terre, dans la commune de Venansault ; mais j'ai négligé, jusqu'ici, de vérifier le fait.

IV

POTIERS ROMANO-GAULOIS

J'ouvre ce paragraphe par la liste des noms de potiers, que portent les vaisseaux de terre trouvés sur le territoire des Pictons. Quelques-uns de ces noms ont peut-être été altérés en les transcrivant ; ce dont je ne puis répondre, la plupart n'ayant pas été relevés par moi. Commençons par Poitiers (Vienne).

POITIERS (*Limonum*).

Quand on n'aurait pas d'autres preuves de la haute antiquité de Poitiers et de son importance, depuis au moins trente siècles, que la masse de débris enfouis dans son sol, il serait impossible de les méconnaître. Pour peu qu'on y fasse une tranchée peu profonde, les débris romains surgissent de toute part. Si l'on creuse plus avant, ceux de la période celtique se montrent à leur tour. Plus bas encore, reposent les vestiges des premiers âges du monde. Peu de villes de l'Ouest ont fourni, par exemple, autant de noms de potiers romano-gaulois.

* ABIILIO FE.	CATONIS.	OF. FACVNDI.
ACEDICV. F.	* CATTO FIC.	FAVSTVS. SALINATOR. SERVÆ
* ACIALICI. O.	CATVLI. OFIC.	OU SERIÆ.
ACVTI. O.	* CAVATI.	* FENEVCTV (?)
* AEPONA. O.	C. CELSI. OF.	OF. FIRM.
* AINICIISI.	* CELSIANI. OF.	FVSCVS FECIT.
* AINSA.	* CIINIAN. M.	GEMELIVS.
* ALBAN.	* CFAS. — C. FAS (?)	GENITORIS.
OF. ALBINI.	* CHRI. TITI.	* GRACVS., FEC.
ALBVS.	CIRRO.	HABILI.....
AMIILII. M.	CLA. M.	IANVARIS.
* AND. — ANDE. — ANDOCA.	* CNÆ. — CNATE (?)	ICARI. L. M. B.
* ANDRA. MAN.	* COB. — COBI.	OF. INGENII.
APER.	COCAXI.—COCASI.— OF. COC.	* INOCI...
APOLINI. O.	O. COGNATI.	INVNONIS. O.
AQVILII. OF.	COMVS.	IVB.
* ARIVVS. L. F.	* I. COPPI.	IVC.
M. ASTVCIS.	CORN.	* IVERI. OF.
ATELIANI. O. — ATILIA. M.	* COSAX. F.	IVLIANI.
* AVCELLA. F.	* COTTO. F.	IVLII. M.
* AVE. — AVII. FIT.	CRES.	IVL. NVMIN.
* AVNOM. O.	* CRICIR. O.	IVSTI. M.
AVRELII. O.	CRISPINI.	I. M. C. N. O.
A. M. Q.	* CRIXI.	* LAXTVCIS. O.
OF. BASSI. — BASI.	CROCV.	* LITTERA.
BE. F.	OFFICINA CROESI.	LVCAN.
* BELINICCVS. F.	* CVC. M. — CVCAB OU CVCAR.	L. C. F.
* BORELLI. OF.	* CVCESA. — CVCIISA.	* MACCAR.
* BVRD. OF.	* DAMONVS. F,	* MACEI.
* CACAS. * M. — CACASI. M.	* DIGRATI OU DIGNATI.	* MACIERI.
* CAIACIAC.	DIOGE.	* MAD.
CAIVS.	* DIOR.	MALII M.
OF. CALVI.	DONI.	FECIT. MALIVS. FORTVNATVS
CAMPANI. O.	* DOVRCVS (?)	* MAMMI. OF.
CANINI.	* IIPRON.	MANERTVS. F.
* CANTVS. — CANTO. M.	IIVHODI. CHRESTI.	MARCELLI M.
CAPITVLI. F.	EVTIC.	MARCI. F.

— 29 —

MARIVS. F.	REGINI. M.	* O. TERNI.
MARTI.	RI.	* L. TETTI. SAMIA.
MASCLVS ou MASCVLVS FECIT.	* ROSCVLI. OFIC.	TIBERII M.
* MATEIS.	RVST.	TITOS. M.
MAX.	SALVIITVS. — SALVETVS.	TITTIVS.
MERCAT.	SALVIN. M.	* TONCVS. F.
* MICR. F. ou MICIS. F.	* SAMIA.	* VAELR...
* MOLENTO. FECIT.	* SAMIILII. M.	* VADIR. ou VANIR.
* MOM.	SANCTIAN M.	* VAVONI.
* OF. MON.	SCAP. ou S. CAP.	VENERAND.
* MVRVS. FE.	SECVNDI. M.	VERA. M.
* NONI. MA.	* SENO. — SENO. MANV.	VICTORINI.
NOVEMBRI. M.	* SENTRV. — SIINTRV.	* VIDVCOS. F.
OF. PEM.	O. SERVILIS.	* VIRETA. ou plutôt VIRECV.
M. PONTICI.	OF. SEVERI.	* VIRILICAT.
* PRIMMI (?)	SIIXTI.	* VOBANI. M.
PRISCI. M.	SOLINI. OF. ou SORINI.	VOLVSI.
PRISCILLI. MAN.	* .X. SOSAII.	VOLTVRIVS,
PRISCINI. M.	* SVCCVS. F.	* VRVOED.
* PVCRIV.	* SVCESI.	* VSORINI. OF.
* PVIINTIS.	* SVRI.	XANTI.
QVADRATVS.	* SVTTICVS. F.	* XIVI.
QVINTILLI. M.	* TABILIO. OFI.	ZOILI.
QVR. F. — QVIRITI. F.	* TALBVTIANI. OFFINA.	

LIGUGÉ (Vienne).

L'ancien nom de Ligugé était *Locus Teiacus* (Ms. de la *Vie de saint Hilaire*, par Fortunat). Le précieux triens ci-contre, resté jusqu'ici unique, qui m'a été donné par M. de Rochebrune, prouve du reste que le texte du vieil écrivain n'a pas subi, comme on l'a cru, d'altération dans le passage où ce nom est mentionné. Cette pièce, du premier tiers du VIIe siècle, a été trouvée à Noirmoutier, où elle a peut-être été transportée par saint Filbert, qui venait précisément de Ligugé, lorsqu'il alla fonder un monastère dans cette île.

RANTON (Vienne).

ACVTI. OF.

La provenance des quatre noms de potiers, qui vont suivre, n'est pas bien certaine; mais ils ont, dans tous les cas, été recueillis aux environs de Loudun.

ATELIANI. OF.	MERCATOR.
* MARTRICA.	* TABILIO.

ROM (Deux-Sèvres).

Appelé *Rauranum* dans les anciens itinéraires. Était à la jonction des voies de Poitiers à Bordeaux par Saintes, et de Nantes et Raciate par Angoulême. Les antiquités de toute sorte y abondent.

* DAMON. O.	MAIORIS.	QVENTIL. M.
FABII.	PRISCILL. F.	SEXTI. O.
* LASTVCIS. M.		

VÉRINES (Deux-Sèvres).

Il sera question de ce lieu, lorsque nous serons arrivés aux verreries romano-gauloises.

* DIVICATVS.	* MAINAICNI (?)	VERECVNDI. F.
* INVLVS.	MARCIANI.	IIXXIXIIXVI (?)

GOURGÉ (Deux-Sèvres).

Sur la voie romaine de *Limonum* à *Raciate*. Son vieux cimetière, exploré dans ces derniers temps, a fourni au musée de Niort un grand nombre de poteries communes et quelques autres objets antiques.

* LITTVS. F.

FAYE-L'ABBESSE (Deux-Sèvres).

Le musée archéologique de Niort contient un très grand nombre d'objets de la période romaine, découverts sur ce point : poteries, verres, armes, instruments et ustensiles de métal, fragments de sculptures, monnaies, etc.

* CANI.	QVADRATVS.	TITOS.
CARINVS.	* SELLA. F.	
OF. FORTVNATI.	SERVI. M.	

AMBERNAC (Deux-Sèvres).

S'appelait autrefois *Andebrinnacum* ou *Antebrinnacum*, comme le montre la légende de ce tiers de sou d'or inédit, de la première moitié du vii⁣e siècle.

PRISCVS.   RVSTIC. M.

ARDIN (Deux-Sèvres).

Très ancien point habité d'origine celtique. On y rencontre des débris de toutes les époques.

OF. MARCI.	* PIXTILLI.	* VX.

ENVIRONS DE FONTENAY-LE-COMTE (Vendée).

Les poteries, qui portent ces noms, ont été trouvées au Marchoux, à Saint-Thomas, au Couron, à l'Essart, et dans les ruines de la villa du Martrais, à côté de Pahu.

BALBINI. OF.	FVLVI. F.	C. SILANVS.
CAIVS.	L. M. O.	VERNACVL.
* S. CEVS.	MAR.	VLPI.

SAINT-MÉDARD-DES-PRÉS (Vendée).

Il y avait en ce lieu une villa très importante, dont les substructions ont été fouillées par M. Frédéric Ritter, ingénieur des ponts-et-chaussées, par M. O. de Rochebrune et par moi. C'est là qu'a été découvert le tombeau d'une femme peintre du IIIe siècle.

CAIVS.	IVL. AP.	P. ALP.
F. CO. PAB.	L. EPP. II.	O. TRICCOS.
FVLV.	F. CO. PAB.	.... ORA. F.
IOC.	PAVLOS.	

AUZAIS (Vendée).

Il y a, aux environs de ce bourg, des vestiges gaulois et romains couvrant d'assez larges surfaces. Le premier des deux noms cités vient de l'Araire.

CVBVS. MERVLA.	GENEROSVS (1).	TRICCI. M.

LE LANGON (Vendée).

Les débris gaulois et romains y couvrent une étendue d'environ deux kilomètres, le long de la rive de l'ancien golfe. Le nom primitif de ce bourg était *Alingo*.

ACRISI. OF.	FLAVINI.	NALVI. O.
I. AIONI.	IVLIANI.	NOM.
CAIVS.	LATIANI (?)	PAVLOS. F.
C. C. A.	LVPOS.	PONTII. O.
C. C. L. S.	MAC... CHA.	REGA.
L. CHRESI. M.	MALLI. O.	T. S. RVFI. F.
C. CORO.	MARCI. O.	VERNA. F.
L. EPPI. F.	MAR.	V. M. E. MVCC. P.
FELICIO. F.	MITA (?)	VREG.

NALLIERS (Vendée).

Quoique moins important que le Langon à l'époque romaine, ce bourg devait avoir déjà une population de quelques centaines d'habitants, si l'on en juge par l'étendue des traces d'anciennes constructions qu'il renferme.

S. CEVS.	LVPOS.	P. VLP.
COCVR.	RVFI. M.	

---

(1) Le nom de *Generosus* a toujours été très commun en Poitou. Une inscription tumulaire du VIe siècle, trouvée à Exoudun (Deux-Sèvres), en 1798, fait mention d'un personnage qui le portait :

IN. HOC. TVMVLO. BONE. MEMOR
IE. MARINIANVS. MONVCHVS.
QVI. VIXIT. ANNVS. LXXIII. TIT
VLA. POSVIT. GENEROSVS.

(Notes mss. de M. d'Orfeuille, de Saint-Maixent.)

Un autre Generosus, moine de Saint-Jouin de Marnes, connu sous le nom de saint Generoux, est le patron de l'église mérovingienne, si curieuse, située dans l'arrondissement de Parthenay.

CURSON (Vendée).

Vieux point celtique. Les restes d'une villa romano-gauloise se voient à côté de la Grenouillère, l'une des anciennes seigneuries du lieu.

MIILLITVS.   LENTVLLI. M.

LE BERNARD (Vendée).

Les publications de M. l'abbé Baudry sur les antiquités de cette vieille localité me dispensent de les mentionner en détail. Les morceaux de poteries, portant des noms d'ouvriers, ont tous été trouvés dans les décombres de la villa de Troussepoil, à l'exception de celui sur lequel on lit la première de ces signatures :

* CARVSSA.   * IVINVS.   * VRECV.
* CRESIMI. M.   MINVS.
D. T. A.   RVFVS.

JART (Vendée).

Bourg d'origine purement romaine. A quelque distance sont les vestiges de la bourgade de Belesbat, dont il est question plus haut, à la p. 4.

GERMANI. F.   PATERNI. F.

PONT-HABERT, près de Challans (Vendée).

Les ruines de la villa, bâtie à côté, ont été explorées par Cavoleau et l'ingénieur La Bretonnière.

* OF. CEREALIS. ETVSSO. MVR.   FAVSTVS.   * VIRECATI. M.

La première de ces marques est trop remarquable pour que je n'en donne pas la gravure.

LES HERBIERS (Vendée).

Sur la voie de *Limonum* à *Raciate*.

* HBRIIDVS.   PAVLVS. F.

* *SAINT-GEORGES-DE-MONTAIGU* (Vendée).

Durinum ou *Durivum*, aujourd'hui St-Georges de Montaigu, situé à la jonction des deux bras de la Maine, sur une colline dont il occupe les deux versants, paraît avoir été, à l'époque romaine, l'une des localités considérables du Bas-Poitou. Il rivalise presque avec Rezé et le Langon, sous le rapport de l'abondance des médailles et des poteries. C'était, en outre, le point d'entrecroisement de deux voies romaines importantes : l'une, venant de Nantes et de Rezé, pour se rendre à Poitiers ; l'autre allant d'Angers à l'Océan, par la Ségourie. C'est là, sans doute, ce qui détermina saint Martin de Vertou, l'apôtre du pays d'Herbauges, à y établir un double monastère d'hommes et de femmes, dans le premier desquels il mourut. La chapelle de ce monastère, devenue depuis église paroissiale, et qui était connue sous le nom de *For-de-Saint-Georges*, dut être superposée à un monument, civil et religieux à la fois, qui servit de point de repère aux ingénieurs romains ; car les quatre voies, venant de Poitiers et de Nantes, d'Angers et de l'Océan, s'alignent chacune dessus comme une flèche. Il serait peut-être possible de retrouver les fondations du monument en question, dédié sans doute à Apollon, l'une des grandes divinités de la Gaule, dont le culte aura été remplacé à Durivum, comme en une foule d'autres lieux, par celui de saint Georges, qui, dans la légende chrétienne, joue, aussi lui, le rôle de vainqueur des monstres symboliques.

* CHAVD. O. * MVNATIV.
* COMBARA. F. SEDATVS.

VARNES (Vendée).

Nommé *Varinnæ* dans Ermentaire (1). Voici un tiers de sou d'or de la seconde moitié du VIIe siècle, qui confirme le dire du légendaire de la translation des restes de saint Filbert.

L. MARC., sur une anse d'amphore.

ARTHON (Loire-Inférieure).

Il y avait en cet endroit une villa considérable. Les tronçons de l'aqueduc, qui y amenait les eaux d'une source abondante, sont encore debout.

* CONETODV. F. LAETVS. OF. SEVERI.

LE CLION (Loire-Inférieure).

Il y avait aussi en ce lieu une riche villa décorée de peintures.

FAVSTVS. MASCVLI. M.

SAINT-PÈRE-EN-RAIS (Loire-Inférieure).

On a voulu, à tort, en faire l'antique Raciate. Ses vestiges romano-gaulois n'ont pourtant qu'une très médiocre étendue.

* AMBARIS. IVLII. O.
* COC. M. MESSALA.

REZÉ (Loire-Inférieure).

Autrefois *Raciate*, situé sur la rive gauche de la Loire, presque vis-à-vis Nantes, était, au dire de Ptolémée, la seconde capitale des Pictons. C'était aussi leur port militaire et marchand. César dut y faire construire la plupart des navires de la flotte destinée à combattre celle des Vénètes. *(De Bello gall.*, III, 9.) Les vestiges de l'ancienne cité font voir qu'elle devait renfermer plusieurs milliers d'habitants. Ces vestiges datent, en général, des

---

(1) *De vita, translationibus et miraculis S. Filiberti, abbatis.*

3

quatre premiers siècles, ainsi que l'a constaté M. Parenteau, qui, depuis plusieurs années, suit avec le plus grand soin les travaux de terrassement exécutés en ce lieu, où il a fait pratiquer en outre plusieurs fouilles. Malgré les désastres que firent éprouver à une ville sans défense les invasions barbares du ve siècle, elle avait encore assez d'importance, au commencement du vi^e, pour que l'évêque de Poitiers, Adelphius, chassé par les Visigoths ariens, soit venu y faire, pendant un certain temps, sa résidence, et ait pris le titre d'évêque de Raciate ; mais les Normands consommèrent sa ruine, et la firent descendre au rang de simple bourg. La rivalité jalouse de Nantes ne lui permit pas de se relever, après que le pays de Rais eut été réuni, sous Charles le Chauve, à la Bretagne.

Un archéologue auquel l'histoire du pays nantais doit beaucoup, l'excellent et vénérable M. Bizeul, a contesté à Rezé son identité avec Raciate. Indépendamment de nombreuses preuves écrites et matérielles en sa faveur, il est un autre argument sans réplique, tiré de la numismatique mérovingienne. On sait que les monétaires du viie siècle ont eu l'habitude, lorsqu'il s'agissait d'une capitale de cité, d'inscrire sur leurs espèces, la désignation géographique au nominatif, soit seule, soit en la faisant suivre du titre de *civitas*. Le nom de Raciate étant indéclinable, ils l'ont toujours placé seul en légende sur les pièces qui lui appartiennent sans conteste. On lit en effet à l'obvers: RACIATE, et, au revers, les noms des monétaires. Le style de ces monnaies a de tels rapports avec celui des triens nantais contemporains que les yeux les moins exercés sont forcés de reconnaître cette influence de voisinage. La comparaison des deux tiers de sou suivants servira de preuve à ce que j'avance. On remarquera en outre que le monétaire Fridiricus

a desservi les deux ateliers. Ce n'est pas tout, à quelques lieues de Bourges, est un village appelé, aussi lui, Rezé. Or il existe plusieurs pièces du même temps, au type parfaitement caractérisé de cette contrée, qui portent la légende RACIATE VICO, indiquant

par là que la localité dont il s'agit n'était, sous les Mérovingiens, qu'une simple bourgade rurale. D'où il faut tirer la conséquence naturelle que, si le Rezé bérichon se nommait jadis Raciate, il en fut de même de celui du pays de Rais ; la transformation des noms anciens en noms modernes ayant suivi, dans toute la Gaule, des règles uniformes.

ACER.	* O. ANO.	ATELIA.
ALBVCI. M.	ANT. NVS.	AVDAX.
ALBVS.	AQVT. — ACVTI.	* BELINICI.

* BELLEN.	* MARSILLIAC.	* NOM.
* BVLINE.	OF. MESSALAE.	* NVEREC. *peut-être* N. VEREC.
CALLIDI.	OF. F...	PATERNVS.
* CARATVCGVS. F.	GEMENI. M.	PRISCOS.
OF. CARI.	* ILLICATI.	REGENVS.
CATTO. M.	* IREDI.	RV.
* CEMENIA.	* IRIDVBNOS.	* RIAN. M.
* CHAVDOS.	IOANNIS	SAXOFIIR.
* CINA.	* CINIV.	* SENIS. F.
IOVIS.	CRESTI.	OF. SEVER.
IVLIANOS.	* DANO. M.	* SPICELI. O.
JVLII.	FELIX. SEXANLIVS.	* TOGIET. M.
IVLIIVI.	N *surmonté d'une croix.*	* VOT. OF.
* IVNA.	NA.	* VIR.
* MAP.	* NIVI.	OF. VITALIS (1).

LA SÉGOURIE (Maine-et-Loire).

Était, comme *Rauranum* et *Durivum*, un point d'entrecroisement de voies. M. Tristan Martin paraît avoir démontré que c'était la *Ségora* des itinéraires.

PATERNVS.	SEVERI. M.	VOLVSI.
OF. SABINI.	VENERANDI. OF.	

CORON (Maine-et-Loire).

Localité d'origine celtique.

ACVTI. OF.	* VIRIDVCCOS.

Plusieurs autres points habités à l'époque romaine ont dû fournir des noms de potiers; mais je n'ai eu aucun renseignement à cet égard. La situation géographique de Fontenay ne m'a pas permis d'étendre le rayon de mes propres recherches beaucoup au delà des limites de la Vendée, des Deux-Sèvres et du pays de Rais. Je dois à MM. Bonsergent et Pinchaud la majeure partie des noms recueillis à Poitiers. La plupart de ceux trouvés à Rezé m'ont été fournis par M. F. Parenteau.

Les noms marqués d'un astérisque sont ceux étrangers à l'élément latin et à l'élément grec, parmi lesquels il en est, à coup sûr, beaucoup de gaulois. Ce triage a été opéré par M. Julien Cardin. Malheureusement la base sur laquelle cette opération repose est purement négative. Mon savant compatriote a noté tous les noms qui n'ont pas l'allure romaine ou hellénique, et ne pouvait faire davantage.

« Pour les noms de lieux il existe, de temps en temps, des moyens de contrôle : il n'y en a pas pour les noms de personnes. Beaucoup avaient certainement leur source dans

---

(1) Le nom de Vitalis a été porté par un ermite du pays de Rais, dont on a fait le patron de l'église du Mont-Scobrit, aujourd'hui Saint-Vjault.

la mythologie, comme il en est pour les noms germaniques et grecs. Or, la mythologie gauloise est l'obscurité même. En outre, dans cette foule d'étrangers et d'esclaves (1) importés dans les Gaules par la puissance romaine, combien ont dû conserver leurs noms primitifs, et, pour ceux-ci, il n'y a pas le moindre moyen d'investigation (2). »

Plusieurs de ceux de nos potiers sont néanmoins parfaitement reconnaissables comme gaulois : *Ambaris, Arivus, Belinicus, Caiaciac, Conetodus, Divicatus, Iridubnos, Pixtillus, Triccos, Viducos, Virilicat, Virecatus, Urecus*, etc.

On a conservé, dans beaucoup de marques, à la lettre E, la forme gauloise II. Ainsi Abelius, Ebredus, Evhodus, Mellitus, Salvetus, sont écrits : ABIILIVS, IIBRIIDVS, IIVHODVS, MIILLITVS, SALVIITVS.

Certains archéologues ont cru reconnaître des noms de lieux dans quelques-uns de ceux inscrits sur les poteries romano-gauloises. Il n'en est aucun de ma liste qui soit une désignation géographique.

Quoi qu'il en soit, le nombre des noms de potiers, recueillis en Poitou, qui ne sont pas d'origine romaine, est très considérable. La conséquence à en tirer, c'est que les habitants de nos contrées avaient, sous ce rapport, moins reçu le cachet de la conquête que ceux de beaucoup d'autres régions de la Gaule. La liste précédente, comparée avec celles du même genre dressées dans les provinces, où les fours étaient nombreux, montre, de plus, que les noms étrangers au pays, très communs sur la portion du territoire voisine de Poitiers, deviennent de plus en plus rares à mesure qu'on avance vers l'Océan. L'itinéraire d'ensemble, substitué par les Romains au dédale inextricable de routins qui existait antérieurement, en fournit d'ailleurs l'explication. On circulait de plus en plus difficilement du chef aux extrémités (3). Les habitants des côtes et des rives des fleuves ont dû cependant recevoir, par la voie d'eau, de la poterie venant du loin. Ainsi que je l'ai fait remarquer en parlant des poteries rouges, les manufactures du bassin de l'Allier paraissent avoir fourni beaucoup de leurs produits aux Pictons confinés entre la Vienne et le Thouet ; tandis que la Saintonge, où la fabrication a été très active, a importé une certaine quantité des siens chez ceux qui avoisinaient les bords de la Sèvre-Niortaise et de ses marécages. La similitude des noms n'est pas toutefois une preuve complètement décisive de la communauté d'origine des vases, quelques-uns de ceux qu'ils nous ont conservés, surtout ceux empruntés aux Romains, ayant été assurément portés par des ouvriers établis à de grandes distances les uns des autres.

La collection de M. Fl. Bonsergent, la plus riche du Poitou en vases et débris portant

---

(1) De nombreuses colonies d'étrangers furent établies, au IIIe et au IVe siècle, chez les Pictons. C'étaient des Teifales, des Marcomans, des Maures, des Africains, des Espagnols, etc., qui ont laissé leurs noms à plusieurs localités du pays, appelées aujourd'hui : Tiffauges, Marmande, Mortagne, Aifres, Épagnes, etc.

(2) Extrait de la lettre que m'écrivit M. Cardin, en m'envoyant la liste annotée des potiers.

(3) Voir le *Mémoire* de mon ami Dugast-Matifeux sur les voies romaines et les routes stratégiques du Bas-Poitou (Vendée).

des marques, m'en a fourni plusieurs des plus précieuses. Celles, par exemple, de *Faustus Salinator Servæ*, écrite en trois lignes, qui rappelle une double profession ou un autre métier, antérieurement exercé par le potier lui-même ou par ses ancêtres; *Fecit Malius Fortunatus*, en cinq lignes; *Talbutiani officina*, inscrite autour d'une étoile à six branches, et les deux portant *L. Tetti. Samia*, dont je donne la gravure.

Celles-ci ont peut-être une importance véritable, en ce que le mot *Samia*, qui les termine, semblerait indiquer la nature de la fabrication et leur donner cette signification : *L. Tettus, fabricant de poterie samienne*. Les listes du Bourbonnais, de l'Auvergne et du Berry, mentionnent un artisan du même nom.

Dans la collection de M. Pinchaud, fort riche aussi elle en noms de potiers, j'ai remarqué ceux très caractéristiques d'*Andoca*, d'*Epron*, de *November*, d'*Urvoed*, qui s'est conservé dans la contrée jusqu'au XIe siècle ; car un seigneur de Commequiers s'appelait *Urvoidus*. Sur un autre fragment est l'indication *Samia*, inscrite en rond autour d'une palmette.

Les potiers ne marquaient pas toujours leurs œuvres de leurs noms; ils employaient parfois aussi des signes d'un autre ordre, tels que points, croisettes, fleurons, rosaces, etc. Assez rarement apparaissent un ustensile ou un animal. L'un des débris trouvés au Langon avait au fond la partie antérieure d'un cheval, imprimée avec un poinçon carré. Le plus souvent on a appliqué ces estampilles sous la base des vases, ou à l'intérieur de ceux de forme plate. Mais diverses pièces sont signées en relief sur les parois

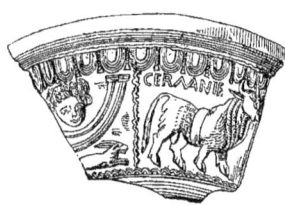

extérieures, témoin ce fragment, qui vient de Jart, où le nom du potier Germanus est accompagné du taureau ou du bœuf, comme sur les monnaies de son homonyme, le chef gaulois Germanus Indutilius, contemporain d'Auguste. On a dit encore que les noms tracés à la pointe sur la panse des vases de terre commune, retirés des sépultures, pourraient être ceux des ouvriers qui les ont fabriqués. Cette opinion ne supporte pas l'examen. Tout le monde sait maintenant qu'ils appartenaient aux individus, dont ces vases recélaient les cendres.

CHAPITRE IV

POTERIES DES IVᵉ ET Vᵉ SIÈCLES

La fabrication de la vaisselle, qui avait singulièrement perdu de sa finesse et de sa beauté depuis la chute de l'empire gaulois, entra en pleine décadence sous l'administration de la famille Flavienne. Alors les parois devinrent plus épaisses, les formes traditionnelles s'alourdirent à la suite de certains emprunts faits à la céramique des Barbares. La poterie à reliefs sigillés ne tarda pas non plus à disparaître. On a dit pourtant qu'on avait continué à la fabriquer jusqu'au temps des Mérovingiens; mais tout démontre, au contraire, qu'on a cessé d'en faire usage en Poitou, sinon ailleurs, à la fin du ivᵉ siècle ou au commencement du vᵉ. Le fragment reproduit ici, que j'ai retiré des fondations de l'église de Saint-Pierre du Marchoux de Fontenay, appartient à cette dernière époque. Les figures en relief furent remplacées par d'autres, également saillantes, obtenues au moyen d'application de barbotine, par des perles, fleurettes, petits ornements imprimés en creux, et par des fleurs peintes en noir sur le fond naturel. Une cruche découverte à la Cataudière, commune d'Availles, présente ce double système de décoration. Le *Bulletin de la Société des Antiquaires de l'Ouest*, 1838-39, en a donné, p. 15, le dessin et la gravure.

Ces tristes sypmtômes étaient les avant-coureurs d'une transformation, plus complète encore, dans les formes extérieures. Une fois engagée sur cette voie, la poterie romano-gauloise descendit rapidement vers la barbarie, mais reçut, par contre-coup, une sorte d'émancipation. La vaisselle de luxe tendit à disparaître, à partir de la mort des enfants de Constantin, par suite de l'appauvrissement graduel de toutes les classes de la société, et la vaisselle commune, réservée jadis aux déshérités de la fortune, devint usuelle pour tous. Il résulta de là que certaines formes, héritage de la vieille Gaule, pieusement conservées par les potiers du peuple des campagnes, revinrent en honneur, et que la zone ornée des vases antérieurs à la conquête de César enveloppa de nouveau de son cercle de stries la plupart de ceux du vᵉ siècle. Le noir envahit, en même temps, la surface de presque

toutes les poteries, soit que cette couleur eût été donnée à la terre elle-même, soit qu'elle résidât dans l'enduit extérieur. La céramique en deuil fut comme un reflet de la tristesse immense qui remplissait le monde. Voici le plus joli vase de cette époque que je connaisse. Il a été trouvé à Pétré, commune de Sainte-Gemme (Vendée).

Les poteries du v⁰ siècle sont de terre blanche, grise et noire, mal épurée et mêlée souvent de paillettes micacées. Quelques-unes sont pourtant rouges. Nous les connaissons surtout par ce que nous ont fourni les sépultures. Les collections publiques ou privées de l'Ouest en possèdent une certaine quantité d'échantillons bien conservés ; mais j'ignore la provenance exacte de la plus grande partie d'entre eux, et je ne me permettrai pas, dès lors, d'en parler plus en détail. Il est, d'ailleurs, une catégorie de vases sur le compte de laquelle on n'est pas d'accord. Elle sort tout entière de sépultures par incinération, que plusieurs archéologues assurent être antérieures à la conquête de César, et que je prétends maintenant ne pas remonter au delà du iv⁰ siècle, après avoir été, il y a quelques années, d'un avis différent. De nouvelles observations, faites ces jours derniers, sur des fragments de ces poteries, extraits d'un cimetière antique voisin du château de Maillezais, m'engagent à persister dans cette seconde opinion, sans m'apporter néanmoins la solution du problème. Je me contente de répéter ce que j'ai dit autrefois, à propos des mêmes objets : « Il est difficile d'assigner une date certaine à de simples tessons, lorsqu'ils ne sont pas accompagnés d'ustensiles et d'autres objets mieux caractérisés. Les divers modes d'inhumation n'ont pas été partout acceptés à la même heure, et n'ont pas disparu le même jour. La règle des transitions a été certainement observée dans ce fait capital, qui touche aux croyances les plus intimes des peuples. On serait donc exposé à se tromper souvent si l'on voulait soumettre, dans toutes les parties de la Gaule, ces divers modes à un classement chronologique trop unitaire et trop rigoureux, d'autant plus que chaque région s'est approprié, plus ou moins promptement, les coutumes nouvelles, en raison de son état politique et moral, et de son aptitude à s'assimiler ce qui lui venait de l'étranger. » Ainsi la coutume de brûler les corps, abandonnée alors en plusieurs autres endroits, se maintint chez les Pictons jusqu'au milieu du v⁰ siècle. Seulement les cendres n'étaient plus renfermées dans des vases, et reposaient au fond d'une sorte de puits, plus ou moins profond, en compagnie de morceaux de poteries, d'ossements d'animaux et de débris d'ustensiles.

La céramique du Bas-Empire n'est pas plus favorable que les autres branches de l'archéologie à la prétention, nouvellement émise, de faire remonter au delà de Constantin l'organisation du culte chrétien en Poitou. On n'a rien trouvé, en fait de poteries marquées au coin du nouveau culte, qui fût antérieur à la fin du iv⁰ siècle ou au commencement du v⁰. Quelques signatures de potiers portant des croix, et une lampe sépulcrale de terre rouge grossière, avec le poisson symbolique et le calice, découverte à Rezé, sont même les seuls monuments authentiques qu'on ait de ces temps reculés. La lampe a été déposée, par mes soins, au musée de Nantes. La légende apocryphe ou frelatée est jusqu'ici le seul terrain dans lequel les généalogistes de l'église pictone aient planté leur arbre mythologique.

CHAPITRE V

POTERIES GALLO-GERMAINES

L'introduction de l'élément barbare dans la céramique romano-gauloise avait, ainsi que je viens de le constater, singulièrement modifié le système décoratif des vases ; mais l'installation permanente des Germains sur le sol ne tarda pas à achever la révolution commencée depuis plus d'un siècle. Il n'y eut pourtant pas rupture immédiate avec la tradition romaine. Elle se maintint même, en s'affaiblissant peu à peu, tant que les Francs choisirent leurs chefs parmi les descendants de Mérovée, dont l'idéal avait été de s'envelopper d'un lambeau de pourpre impériale, accommodé à la petitesse de leur taille. Il en fut de la poterie comme de la masse de la nation : elle conserva au fond l'empreinte latine dégénérée, et se couvrit seulement à l'extérieur d'une couche d'importation étrangère.

C'est encore à l'étude des sépultures que nous devons principalement la connaissance de la céramique gallo-germaine. Grâce à l'impulsion donnée par M. l'abbé Cochet, nous savons maintenant ce qu'était l'art de terre sous les Mérovingiens. On distinguait à peine, il y a vingt-cinq ans, un vase d'origine gauloise ou romaine d'un autre fabriqué sous la domination des Francs, tandis qu'aujourd'hui nous en sommes arrivés à mettre un peu d'ordre dans les produits des diverses époques.

Les vases trouvés en Poitou, dont la fabrication est un peu soignée, sont de couleur noire, et souvent décorés d'une ou deux zones de zigzags, quadrillés, stries et autres menus ornements imprimés à la roulette. Quelques-uns ont, au contraire, sur la panse deux cercles parallèles, dont l'intervalle est rempli par des raies tracées à la main. D'autres portent des empreintes diverses faites en creux à l'aide de poinçons. Ce sont, en général, des jattes ou vases à boire, des cruches, et plus rarement des fioles ou bouteilles dont le col est très court. Le n° 13 de la planche des *Poteries poitevines* offre l'image d'une jatte découverte à Aizenay. Le n° 14 représente une urne tout unie, de terre moins fine et d'un ton gris fumé. Sa forme a beaucoup conservé du type romano-gaulois. Elle vient de Vairé, où elle a été retirée, avec divers autres objets, d'un tombeau de la première moitié du viie siècle. Les cimetières francs qui ont le plus fourni de poteries sont ceux de Javarzay, près de Chef-Boutonne (Deux-Sèvres), exploré par M. Beauchet-Filleau ; de Vairé (Vendée) ; d'Aizenay (Vendée), et un autre, que je crois exister aux environs du faubourg de Niort, situé sur la rive droite de la Sèvre, faubourg dont le vieux nom de Becciacum, devenu Bessac, a été conservé par une de ses rues. Du cimetière d'Aizenay sont sortis des plats de terre blanchâtre, presque réduits à l'état de grès, ayant à l'intérieur un cercle de stries tracées à la roulette ou avec un outil pectiniforme (sorte de vaisselle que je crois avoir été fabriquée hors des limites du Poitou), et des fragments de charniers de grosse terre rouge, poterie dont je parlerai bientôt plus en détail.

Des monuments d'un intérêt plus réel, et bien autrement rares que ceux qui précèdent, sont les briques, avec sujets en reliefs, qu'on a fait servir à la décoration de la façade des églises mérovingiennes du pays de Rais et du Bas-Poitou. Elles sont de terre rouge, très épaisses, bien cuites, et ont été employées, soit comme frises, soit comme claveaux d'archivoltes. On n'en a retrouvé qu'en trois endroits: à Rezé, à Vertou et à Luçon. Les

unes représentent Adam et Eve de chaque côté de l'arbre de la science; les colombes buvant au calice; un chien poursuivant un lièvre; un bouc dont le corps se termine en poisson. D'autres n'ont que de simples rinceaux et fleurons. Le musée archéologique de Nantes en possède quatre. Une cinquième, où se voient le chien et le lièvre, découverte à Rezé, m'a été donnée par M. Dugast-Matifeux. Ces briques sont probablement du VIIe siècle. J'ai fait graver celle d'Adam et d'Ève, d'après une photographie prise sur l'original. Les cheveux, au lieu d'être coupés carrément, comme l'indique la vignette, tombent par grandes mèches, ce qui fait ressembler le premier homme à l'un des derniers rois mérovingiens figurés sur les sceaux.

CHAPITRE VI

POTERIES CARLOVINGIENNES

L'archéologie des temps carlovingiens est encore à créer en Poitou. Pour en reconstituer les lois, il faudrait presque ne tenir aucun compte des travaux antérieurs, et ne prendre la plume qu'après avoir quitté la pioche et vu en nature, sur place, les objets dont on prétend de fixer la date. Faute d'avoir suivi cette méthode, combien de divagations ont vu le jour! Au lieu de faire avancer la science, le verbiage de certains antiquaires n'a servi qu'à l'embourber. La céramique est du moins vierge de cette alluvion de banalités, et, si les maîtres ne m'ont pas tracé la route, le champ des investigations est demeuré libre des chardons que n'eût pas manqué d'y semer l'ignorance présomptueuse, si elle se fût avisée d'y mettre le pied.

L'art mérovingien avait été un amalgame de l'art romain et de celui de la Germanie; encore diverses industries, selon qu'elles furent exploitées par les anciens ou les nouveaux habitants du territoire, se rattachèrent-elles à celui des deux qui correspondait le mieux aux traditions de sa race. Ainsi, dans la bijouterie, l'or demeura en partage aux orfèvres romano-gaulois, et conserva ses formes originelles; tandis que l'argent et les métaux moins précieux, qui, depuis des siècles, avaient principalement fourni, de l'autre côté du Rhin, la matière des objets de luxe, furent travaillés par les argentiers francs. De là vient précisément la différence si notable de style qu'on remarque dans les bijoux de métaux différents extraits d'une même sépulture (1).

L'art de terre paraît être demeuré chez nous, sans partage, à la vieille corporation des potiers indigènes. Les œuvres de ceux-ci, d'abord romaines au fond, ne furent franques qu'à la surface; mais, lorsque la famille de Pépin d'Herstal fut parvenue au pouvoir, la fusion entre les deux éléments, jusque-là simplement juxtaposés, ne tarda pas à s'opérer, malgré la nouvelle marée humaine, sortie de la Germanie, qui se répandit alors sur le sol, marée que celui-ci eut bientôt absorbée, comme il avait déjà fait de tant d'autres, sans qu'il en restât au dehors de traces bien apparentes. — Telles furent les conditions dans lesquelles se produisit la poterie fabriquée par les carlovingiens, ce qui fait qu'elle participe à la fois de celle de la période gallo-germaine, dont elle est fille, et de celle des premiers temps féodaux qu'elle a engendrée. Les vases du VIIIe siècle ressemblent donc encore à ceux du VII; mais la terre en est moins fine et cesse assez promptement d'être teintée en noir, sans qu'on ait fait disparaître pour cela les ornements traditionnels. Pendant les cent années qui suivirent, la plupart des formes perdirent à peu près tout ce

---

(1) V., par exemple, ceux qui sortent du tombeau d'une femme de la seconde moitié du VIe siècle, découvert à Grues. — *Poitou et Vendée*, art. de Grues.

qu'elles avaient conservé de romain, pour prendre un aspect nouveau et propre au terroir. La coupe de terre blanche, sans lustre ni vernis, figurée au n° 16 de la planche des *Poteries poitevines*, est de ce nombre. Elle a été découverte brisée en morceaux au Langon, dans une sorte de petite tranchée, remplie de charbon, de vieilles ferrailles, où se sont aussi trouvés deux deniers carlovingiens, l'un au nom de Louis le Débonnaire et à la légende : xpistiana religio ; l'autre frappé à Melle sous Charles le Chauve. Il y avait encore les restes d'un cuvier de terre blanchâtre, identique, comme forme et ornementation, à celui trouvé dans le cimetière du Bernard par M. l'abbé Baudry, et que j'ai fait reproduire au n° 12 de la même planche. Ce dernier vase est l'un des rares exemplaires complets qui existent. Il a 0^m 60 de hauteur et une capacité d'environ quinze litres. Sa terre est rosée. Certains autres échantillons plus grands, qu'on a rencontrés fragmentés, étaient de terre rouge, rappelant celle de nos charniers et *ponnes à lessive* de campagne, qui ont conservé la même forme, employée dans la Gaule entière depuis des siècles, ainsi que l'ont constaté les découvertes successives de poteries appartenant à toutes les périodes. Il y aurait un livre tout entier à faire sur la fabrication du cuvier à travers les âges, et nul autre vaisseau de terre, à moins que ce ne soit le vase à boire, le plus ancien de tous, et le coquemar, ne répondrait mieux à l'idée que s'était faite Lelewel de l'emploi de la céramique, comme document capital de l'histoire du genre humain.

M. l'abbé Baudry a découvert, en outre, dans le cimetière qu'il a exploré, quantité de vases funéraires, très précieux comme jalons de la classification que j'essaie d'établir. Ils sont gravés sur la planche ii du mémoire qu'il a publié sur le résultat de ses fouilles, inséré dans l'*Annuaire* de 1862 de la Société d'émulation de la Vendée. L'un d'eux est reproduit au n° 15 des *Poteries poitevines*. Sur la partie supérieure de sa panse est un cercle de petits ornements imprimés à la roulette. Je le crois du ixe siècle. Il est très fâcheux que M. Baudry n'ait pas indiqué les conditions dans lesquelles chaque vase a été trouvé, et quels objets l'accompagnaient. Le cimetière du Bernard ayant servi, durant dix siècles, aux inhumations, il en résulte une incertitude regrettable sur l'âge de la plupart d'entre eux. Aussi sont-ils décrits sans tenir compte de l'ordre chronologique, et voit-on figurer, sur la planche qui accompagne le mémoire, des poteries des xie et xiie siècles, dont l'une est couverte d'un vernis verdâtre, parmi d'autres contemporaines des successeurs immédiats de Charlemagne. Ce travail, fait avec plus de méthode, eût été, dans la circonstance, d'une utilité extrême, au lieu qu'il laisse le lecteur sans moyens de contrôle, en présence de monuments qui sont peu familiers aux archéologues.

Le cimetière de Saint-Germain-sur-Vienne, arrondissement de Civray, nous a rendu des vases funéraires qui valent la peine d'être étudiés. Quelques-uns sont au musée de Niort. Celui de Maillé (Vendée), très riche en spécimens d'une époque plus basse, a également fourni les fragments d'un grand pot de terre blanche, à peu près semblable à celui du Bernard que j'ai fait graver. Il avait 0^m 23 de hauteur, et trois zones de zigzags faites à la roulette. M. O. de Rochebrune a recueilli sur ce point une petite bouteille pourvue d'une zone exécutée par le même procédé. Sa collection renferme de plus le vase funéraire, dessiné au n° 17 de ma planche, vase que j'estime être du x° siècle, et dont la surface, percée de trous, porte une série de petits ovales faits au poinçon, et le nom d'ocA, qui, par sa tournure scandinave, me paraît appartenir à quelque pirate normand. La terre est légèrement rosée et pleine de paillettes micacées. On l'a trouvé à Mouzeuil (Vendée), sur le bord du marais.

Lorsqu'on démolit, en 1854, les restes de la vieille chapelle de l'abbaye de Bonnevaux, à quelques lieues de Poitiers, on trouva, en même temps qu'un dépôt de dix-sept à dix-huit livres pesant de monnaies des dernières années du x° siècle (1), un plat de terre blanche, de la grandeur de l'une de nos assiettes, et plusieurs débris de poteries de mêmes terre et couleur, sans aucune trace non plus de vernis. Le plat n'avait pas de rebord saillant; ses parois étaient minces et n'avaient pas reçu d'ornements. L'un des débris présentait, au contraire, des entrelacs grossiers, formés de deux courants tracés à la roulette, qui allaient s'entre-croisant. Un second, qui avait appartenu à une urne à deux anses, d'assez grande dimension, portait des gouttes de barbotine semées comme au hasard, et était traversé par des lignes saillantes, allant de l'orifice à la base, appliquées par le même moyen. Un troisième morceau, provenant d'un coquemar, avait une anse, dont le plat était garni, de bas en haut, d'une rangée d'écailles exécutées avec le bout du doigt. — D'une époque un peu postérieure est un petit vase funéraire en forme de bouteille, aussi de terre blanche, découvert à Secondigny (Deux-Sèvres), sur lequel est le nom d'Adalbertus, tracé à la pointe avant la cuisson. Ce devait être celui du mort renfermé avec ce vase.

A l'époque où ces dernières poteries furent livrées au commerce, le nombre des fabriques avait beaucoup diminué, par suite des invasions des Normands. D'une autre part, la vie errante que les populations furent contraintes de mener pendant cent années, si tourmentées qu'elles firent aspirer à la fin du monde comme à une délivrance, obligea de substituer la vaisselle de métal à celle de terre. L'homme du Nord paraissait-il, chacun prenait la fuite, emportant avec lui quelques misérables ustensiles faits pour résister à de pareilles épreuves, et allait au milieu des bois planter la méchante marmite de cuivre ou de fer qui tenait lieu de toute autre batterie de cuisine.

En résumé, la poterie poitevine du temps des Carlovingiens semble avoir d'abord été une imitation dégénérée de celle de la période gallo-romaine. Plus libre de ses allures au ix° siècle, mais plus grossière, elle eut ses formes propres, son cachet d'originalité. Sa terre ne fut plus mélangée d'éléments susceptibles de lui donner la teinte noire si fréquemment employée du vi au viii° siècle. Elle eut une blancheur complète dans les vases d'une fabrication un peu soignée, qui reçurent parfois des décors imprimés à la roulette

---

(1) V. *Études numismatiques*, Paris, J. Charvet, 1855, in-8°, p. 41 et suiv.

ou au poinçon. Il n'apparaît jamais en elle aucune trace de lustre, de glaçure ou de vernis.
« De même que dans les institutions sociales et dans les diverses branches de l'art, il y eut alors transformation dans la céramique. Le Xe siècle, pour avoir été un temps d'épreuves et d'horribles souffrances, n'en fut pas moins très fécond en résultats. Tout le travail des temps écoulés depuis l'invasion étant venu aboutir à lui, il donna naissance au monde moderne. » Mais, hélas ! l'esprit humain, replongé dans le plus avilissant des esclavages, avait quatre cents ans de ténèbres à traverser, avant de revoir le soleil !

CHAPITRE VII

TEMPS FÉODAUX

I

POTERIES ROMANES

Nous ne connaissons guère la poterie des xie et xiie siècles que par les vases des tombeaux, ce qui en donne une assez triste opinion. Quelques-uns de ces vases conservent à peu près les formes de ceux du xe; mais ils affectent surtout celle d'une petite bouteille percée de trous. Sur ceux de la seconde moitié du xiie siècle, on voit apparaître des traces d'enduit vitreux très grossier, d'une teinte brun verdâtre. La terre continue à être blanche, et parfois rosée. Ce n'est guère qu'au commencement du xiiie qu'on emploie çà et là celle de couleur brun rouge après la cuisson (1). L'état social commençant à être plus stable, on fit moins usage de la vaisselle de métal qu'au temps des invasions normandes. Les gens riches ne l'abandonnèrent pourtant pas encore ; mais on décora pour eux de ciselures et, plus tard, d'émaux, les vases destinés aux festins d'apparat.

Le musée de Sèvres doit à M. Faustin Poey d'Avant une série de pots exhumés des cimetières de Maillé, de Nieuil-sur-l'Autise et de Saint-Pierre-le-Vieux (Vendée). M. O. de Rochebrune en possède une suite assez nombreuse, tirée des sépultures de divers cantons du Poitou. Les collections de la Société des Antiquaires de l'Ouest et de la Société de statistique des Deux-Sèvres en ont aussi une certaine quantité.

Lorsqu'on démolit, il y a quinze ou dix-huit ans, la vieille église de la Roche-sur-Yon, dont quelques parties remontaient au xiie siècle, on trouva, dans une sépulture datant de cette époque, une sorte d'assiette de terre blanche et sans vernis. Elle n'avait qu'un rebord assez étroit, qui ne rappelait plus en rien les formes romaines.

Dans les restes de l'ancienne voûte de cette même église étaient deux vases acoustiques de terre rosée, affectant la forme ovoïde et percés d'une étroite ouverture. Ils avaient environ 0^m 18 de longueur. La voûte de l'église de Saint-Georges de Montaigu en contenait d'à peu près semblables, mais n'ayant que 0^m 15, tandis que d'autres, d'une provenance inconnue, conservés au musée de Niort, ont des dimensions plus considérables.

(1) Le musée de Niort possède un vase funéraire, datant de la première moitié du xiie siècle, qui a quatre larges bandes verticales d'un enduit terreux de couleur violacée.

Ces derniers sont moins anciens et portent quelques touches de vernis. Ils ont un col très court et une ouverture entourée d'un gros rebord. Je les crois du xiv° siècle.

II

POTERIES FABRIQUÉES DEPUIS SAINT LOUIS JUSQU'A LOUIS XI

Le vernis vert proprement dit, qu'on prétend avoir été employé beaucoup plus tôt dans d'autres provinces, n'a fait, selon moi, son apparition en Poitou que sous Philippe-Auguste ou Louis VIII. Du moins, je n'en connais pas d'exemples antérieurs au premier tiers du xiii° siècle. On commença à le mettre par touches sur certaines parties. Il était alors inégal, ponctué de petites taches plus foncées. Une soixantaine d'années après, il prit davantage de corps, et s'étendit sur toute la surface. — Sous saint Louis, l'emploi de la vaisselle de terre prit de l'extension, et l'on se mit à fabriquer des pièces d'une certaine dimension, couvertes d'ornements en creux. Les réparations exécutées, sous la monarchie de Juillet, à l'église de Belleville (Vendée), ont amené la découverte d'un très beau vase et des débris d'un plat, que j'estime être de la seconde moitié du xiii° siècle, mais que MM. Riocreux et Milet croient d'une date un peu moins ancienne. (N°s 18 et 19 de la planche des *Poteries poitevines*.)

Le vase, haut de 0^m 37, est revêtu d'un vernis vert foncé, d'inégale épaisseur sur ses diverses parties. Les courants, les fleurs de lis et les quadrillés dont il est décoré ont été tracés à la pointe avant la cuisson et ont été remplis par le vernis, ce qui les fait presque trancher en noir sur le fond. La plupart des ornements du plat ont, au contraire, été imprimés en creux avec un moule ou poinçon, et reliés entre eux par des linéaments faits à la pointe. Les armes, autant qu'on peut en juger par les fragments qui subsistent, sont celles de la maison de Lusignan : *burelé d'argent et d'azur* (1). Dans son entier, ce plat avait 0^m 42 de diamètre. Il est pareillement enduit d'un vernis vert assez foncé. La terre des deux pièces est rouge et très bien cuite.

Vers la même époque, apparaissent des vases funéraires en forme de pomme de pin ou d'artichaut, qu'on continua à fabriquer durant une partie du xiv° siècle. Les plus anciens sont façonnés à la main, au moyen d'appliques en relief, ou avec un instrument tranchant. Plus tard, on se contenta de les mouler.

Ces diverses poteries, dont le système décoratif se rattache, par un côté, à celui employé du v° au ix° siècle, qui n'a jamais été tout à fait abandonné, quoique les traces

---

(1) Les Belleville s'étaient alliés, dans le courant du xiii° siècle, aux Lusignan, par le mariage de l'un d'eux avec Isabelle, fille de Hugues XI, comte de la Marche et d'Angoulême.

laissées par la période intermédiaire soient fort peu apparentes, ce système décoratif contenait en germe celui des faïences sigillées de la Renaissance. Quelques-uns de ceux qui ont publié des travaux sur la céramique veulent, il est vrai, en faire honneur, comme invention, à l'Allemagne ; mais cette opinion ne supporte pas l'examen. Il y a en ceci, de même qu'en tant d'autres choses, filiation non interrompue, depuis l'époque romaine jusqu'à nos jours. Il ne s'agit que de rétablir, pour s'en convaincre, les degrés que le temps a fait disparaître en apparence. La collection de vases retirés de la Seine, formée, en ce moment, au musée de Sèvres, par M. Riocreux, sera d'une utilité pratique très grande pour élucider la question. On ne saurait trop engager les amateurs des départements à recueillir avec soin toutes les pièces intéressantes de ce genre qui leur passeront sous les yeux. Les recherches particulières, faites simultanément sur tous les points du pays, ont conduit à la connaissance de l'ensemble de la numismatique féodale. Encore quelques années d'investigations intelligentes, et l'histoire de la céramique française n'aura plus de secrets pour nous. Des lois générales ont régi toutes ses phases : ce qui s'est passé à Paris a eu lieu en Poitou. Quoique nouveau venu dans l'art de terre, j'ai essayé, au début de ce travail, de formuler ces lois, qui reçoivent leur confirmation à mesure que nous gravissons les échelons des âges.

Le contingent du XIVe siècle est un peu plus nombreux que celui du XIIIe siècle ; mais je n'ai que de médiocres spécimens à présenter au lecteur. Le plus curieux est, sans contredit, une très grande bouteille de terre blanche, semée de points rouges et de cailloux, dont la partie inférieure de la panse est revêtue d'un vernis vert, tandis que la partie supérieure et le col sont lamés de la même couleur. Retirée intacte d'un canal voisin du bourg de Triaize, dans le marais de Luçon, elle a été brisée par son inventeur qui, en ayant fait sortir un blanc de Charles V, crut qu'un trésor y était caché, et n'eut rien de plus pressé que de la mettre en pièces. Ses dimensions, quoique considérables, ont été exagérées sur la planche des *Poteries poitevines* n° 21. Elle ne devait pas avoir plus de 0^m 45 de hauteur.

Le pot n° 20 est également vert. On l'a extrait de terre en déblayant l'ancien cimetière de Saint-Hilaire-sur-l'Autise. Il contenait du charbon, une bague d'argent et trois ou quatre doubles deniers du roi Jean. Plusieurs autres vases, semblables de forme, mais ayant parfois un petit broc pour verser le liquide, et de simples lames vertes sur leurs surfaces, ont été exhumés du même cimetière. Tous étaient de terre blanche mal préparée. Sur un morceau d'écuelle verte, venu encore de là, est cette marque imprimée en creux, qui est peut-être celle d'un potier.

Je citerai enfin un second fragment de terre blanche très fine, plus ancien que les autres, qui porte, gravés à la pointe après la cuisson, les mots : LAMI LA DOV *(né)*. — *L'ami l'a donné*. Le vase d'où il provient était probablement une sorte de coupe ou tasse, et avait été offert en présent par un amoureux à sa maîtresse. On possède des bagues, fibules, etc., avec légendes semblables. Le bijou suivant, qui faisait partie de ce trésor d'un orfèvre du XIIIᵉ siècle, découvert à Poitiers il y a quelques années, est l'un des plus remarquables spécimens du genre qu'on connaisse. Il est en or, ciselé avec la plus exquise finesse et décoré de pierres précieuses.

La légende du revers doit être lue ainsi : 10. SVI. ICI. EN. LIV. D'AMI : A MO (1). — *Je suis ici en lieu d'ami à moi*. (Communiqué par M. Charvet, antiquaire à Paris.)

Indépendamment de ces pièces de dates certaines, nous avons un document, à peu près contemporain, où il est question de vases de terre. Le 1ᵉʳ juin 1378, un nommé Jourdain Begaud, du village de la Poterie, paroisse du Champ-Saint-Père, faisant déclaration à Jacques Freslon, chevalier, seigneur de la Vieille-Mothe, de ses fours, maison et dépendances, se dit tenu, par chacun an, de porter à la résidence de son dit seigneur *une buye verde godronnée, et une ponne de buée* (lessive). J'ai déjà fait remarquer ailleurs la persistance du type dans ce dernier ustensile de ménage, qui, depuis le bas Empire, n'a pas changé chez nous de forme. La contrée, qu'habitait au XIVᵉ siècle Jourdain Begaud, possède encore d'assez nombreux fours de potiers. Ç'a même été, depuis des centaines d'années, l'industrie de ce coin de terre. Au moyen-âge, une route qui, de là, conduisait aux ports de Saint-Benoît et de Moric, s'appelait le *Chemin-des-Potiers*. Du territoire du Champ-Saint-Père elle remontait vers le nord, et rencontrait plusieurs autres fabriques, après s'être séparée en deux branches, dont l'une gagnait Beauvoir-sur-Mer, et l'autre allait au Pas-Boschet, dans le pays de Retz, où la vaisselle de terre commune se fait aussi depuis très longtemps. L'existence de ces voies de communication semblerait indiquer que le commerce de la poterie s'est fait en Bas-Poitou sur une assez grande échelle, et qu'il y eut une sorte d'association entre les ouvriers des divers points de la contrée, association qui devait remonter, par tradition, à l'époque romaine, où les *figuli* formaient une corporation indépendante (1). Dans les villes, ils avaient leur quartier particulier. A Luçon, il y avait la *rue* et la *place de la Poterie* (2). Il en était ainsi dans plusieurs autres localités du Poitou.

Le xive siècle fournit, indépendamment des vases vernissés de vert, des échantillons de terre rougeâtre, dont l'enduit est brun. D'autres, de terre tirant sur le gris, et qui ont peu de résistance, ce qui fait qu'on ne les trouve qu'à l'état de fragments, ont un vernis brun verdâtre très grossier, identique à celui de certaines poteries de la période romane. Tout porte à croire qu'on n'avait pas cessé d'employer ce dernier vernis, depuis son invention.

Les produits de la première moitié du siècle suivant ne présentent pas beaucoup de différence avec ceux qui viennent d'être décrits ; mais les ornements en reliefs recommencent à apparaître en assez grand nombre.

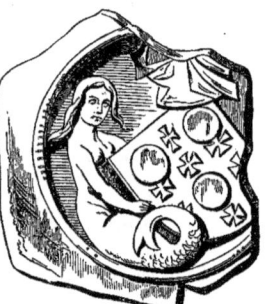

Poitiers m'a fourni un débris de vase vert dont la panse porte une Annonciation, dans un encadrement gothique, et la légende AVE MARIA. Voici un autre fragment, avec les armes des Argenton : *d'or semé de croisettes de gueules à trois tourteaux de même* (3).

Ce dernier échantillon provient sans doute d'un pot analogue à ceux mentionnés dans l'extrait suivant d'un aveu rendu au seigneur de Villeneuve, paroisse de Plénée-Jugon, par les potiers qui avaient établi leurs fours sur la lande aux Brignons, dépendance de ce manoir :

« *Lesdits potiers ont reconnu et reconnaissent ledit seigneur pour leur seigneur terrien, et se sont obligés de s'assembler le dimanche de devant le jour de la Saint-Jean-Baptiste de chaque année, et d'accompagner et assister le dernier marié d'entre eux, qui doit avoir un vase de terre garni de fleurs, avec les armes dudit seigneur ; et chacun desdits potiers doit avoir une fleur en main, avec un sonneur et joueur d'instrument, et tous de compagnie doivent entrer en l'église paroissiale de Plénée, en la chapelle dudit seigneur, qui sera dans son banc, lui présenter ledit vase, ou à autres de sa maison ou à ses officiers, à peine audit nouveau marié de 60 sous monnoie. Outre, chacun desdits potiers doit, le premier*

---

(1) Loi de l'an 337, dans le *Cod. Theod.*, L. XIII, tit. IV ; — et *Cod. Justin*, X, c. LXIV.

(2) La poterie de Luçon devait à l'église de Saint-Filbert, la plus ancienne du lieu, un plat pour recevoir l'offerte le jour de la fête du saint patron, qui fut l'un des apôtres de la contrée. (*Notes manuscrites de Brumauld de Beauregard, possédées par M. Merland, médecin à Luçon.*)

(3) Guillaume d'Argenton, sieur d'Argenton-Château, des Mottes et de Villentrois, fut gouverneur de Louis XI.

jour de chaque année, aller trouver ledit seigneur à la Villeneuve, et, pour étrennes, lui présenter un chef-d'œuvre de leur main et métier, à peine de 15 sous d'amende. Doivent en outre, sur tous les vases qu'ils font, excédant le prix de 3 sous, mettre les armes du seigneur, à peine de 15 sous. »

Je dois à M. A. de Barthélemy la communication de ce curieux extrait, dont l'importance n'échappera pas aux amateurs de poteries du moyen-âge, qui y trouveront l'explication de la présence d'armoiries sur bon nombre d'entre elles.

Avant de passer à la période suivante, il me reste à dire quelques mots des carreaux de dallage en terre cuite des temps antérieurs au règne de Louis XI. Il y en a peut-être de beaucoup plus anciens que le XIIe siècle ; mais l'échantillon, qui se place en tête de ceux venus à ma connaissance, est, au plus, contemporain d'Alienor d'Aquitaine. Il a été trouvé à Mareuil, est de terre couleur blanc rosé, sans vernis, et porte en creux un fleuron pur roman. Les spécimens des XIIIe et XIVe siècles sont moins rares. Poitiers, Melle, Vouvent, la chapelle du cloître de Maillezais, le prieuré de Saint-Hilaire-de-Grues, etc., nous ont fourni une quantité de variétés, qui, la plupart, sont de terre rouge et décorées d'ornements peints en jaune sur fond brun rougeâtre. Un seul carreau du XIIIe, venant de Melle, a un griffon jaune sur fond noir. Parfois l'ornement, imprimé en creux au moyen d'un moule, a été ensuite rempli d'une terre blanche, puis on a couvert le tout d'un enduit vitreux jaunâtre, qui, laissant voir au travers la matière du carreau, produit le même effet que ceux fabriqués par l'autre procédé. Parfois aussi les figures en terre blanche sont excessivement minces et simplement appliquées sur la terre rouge, faisant fond ; aussi font-elles une légère saillie sous l'endroit vitreux. — Les dessins sont toujours disposés de façon à ce que, en s'adaptant les uns aux autres, ils forment un ensemble agréable à l'œil et parfaitement régulier. Ils ont été modifiés au XVe siècle, où l'emploi des blasons devint plus fréquent ; mais les procédés de fabrication sont demeurés les mêmes, quoiqu'elle fût moins soignée. Mallièvre, sur les bords de la Sèvre-Nantaise, possédait alors une fabrique de ces pavés vernissés, comme l'indique l'inscription d'un carreau découvert dans l'église de l'ancienne abbaye de l'Absie en Gâtine.

GARNER BREVET DE MALA LEPORE ME FECIT.

Sur un second carreau se voit un chasseur à pied, sonnant de la trompe et armé d'un épieu très aigu. Un chien l'accompagne. Au-dessous est écrit :

COME. GIRAR. AL. (Comme Girard al *(la)*.

inscription tronquée, qui prouve que chaque pavé faisait partie d'un tout, figurant des scènes historiques ou de fantaisie ; peut-être les divers tableaux d'une légende pieuse. Le costume du personnage, qui ne porte pas l'épée, dénote la fin du règne de Charles VII ou le commencement de celui de Louis XI, et rappelle quelque peu l'accoutrement de valets de certains jeux de cartes.

— 52 —

Une troisième brique, que je n'ai pas vue en nature, provenant du même carrelage, est aussi très intéressante. La gravure ci-jointe, faite sur le dessin peu exact qui m'en a été fourni, en donnera cependant une idée. Le nom du Christ est circonscrit dans la rosace centrale. Les quatre lettres M. M. I. X. doivent signifier *Maria, Mater Jesus Christi*. Les noms du IASPAR et BALTASAR sont ceux donnés à deux des trois mages, devenus célèbres par leur visite au berceau de Jésus, et qu'on voit figurer sur une foule d'amulettes, bijoux et autres objets du XVe siècle. On attribuait à ces noms une puissance magique, lorsqu'ils étaient introduits dans une formule convenue. Ils sont inscrits, par exemple, sur l'une des faces extérieures de la verge d'une bague d'or massif, qui faisait partie de l'Exposition de Kensington, en juin 1862 (n° 105 dans le n° 7170 du catalogue); tandis que l'autre face portait: *Jesus Nazarenus rex Judeorum* (1). Le médaillon d'argent qui suit a des légendes analogues, mais plus compliquées.

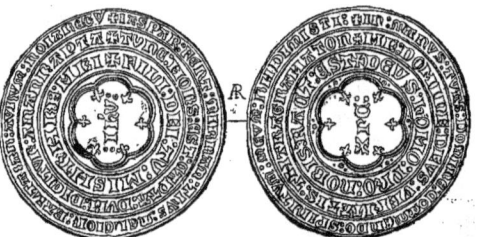

(Exemplaire unique de ma collection.)

Ces divers monuments sont de la fin du règne de Charles VII. Le médaillon précédent est, du reste, conçu dans la même donnée que celui en or, frappé à l'occasion de l'expulsion des Anglais de France, que j'ai publié dans *Poitou et Vendée*, article Fontenay, p. 34, d'après l'exemplaire de ma collection. Le rapprochement de ces deux belles médailles équivaut à une date, qui est, par conséquent, aussi celle du carreau fabriqué à Mallièvre

---

(1) Une autre bague de la même Exposition, n° 104, porte la légende : † IEXVS. AVTEN *(sic)*. TRANSIENS. PER. MEDIV. ILLOR. *(ibat)*. — Cette formule passait pour rendre invisible celui qui l'avait sur lui. On l'a employée sur la monnaie d'or anglaise nommée noble à la rose.

pour l'église de l'Absie. Ce carreau était spécialement destiné, selon toute vraisemblance, à protéger le monastère de quelque danger particulier.

Une autre fabrique du même genre existait à la Téblerie des Granges-Bourèches de Maillezais. Les travaux exécutés, il y a quelques années, pour faire la chaussée du chemin de Maillezais à Lié, ont amené la découverte de son four et d'une quantité considérable de carreaux de terre rouge, incrustés de figures diverses en terre blanche et couverts d'un vernis jaune très transparent. On y voit des hommes d'armes dans l'attitude du combat ou se donnant la main, des oiseaux, des aigles à deux têtes, des chiens poursuivant des lièvres, etc. Plusieurs spécimens, bien conservés, ont été déposés au musée archéologique de Poitiers par les soins de M. J. Cardin. J'en possède un représentant un chien à l'arrêt. Tous ces carreaux me paraissent être du XIVe siècle et doivent avoir été faits pour paver l'église Saint-Pierre de Maillezais, reconstruite en grande partie en 1328, après qu'elle eut été érigée, onze années auparavant, en cathédrale par Jean XXII. Les carreaux émaillés, d'une date moins ancienne, trouvés par M. F. Poëy d'Avant dans l'enceinte de l'ancien évêché de Maillezais, viennent indubitablement de la même fabrique.

III

POTERIES TRANSITOIRES ENTRE LE MOYEN-AGE ET LA RENAISSANCE

La période comprise entre l'époque de la mort de Charles VII et l'avénement de Louis XII (1461-1498) a cela de particulier dans l'art, qu'elle est comme un pont jeté entre deux mondes différents l'un de l'autre, mais rattachés entre eux par des liens d'intime parenté. Le mouvement qui s'est produit dans l'ordre des faits politiques a laissé une trace tout aussi profonde dans les monuments, à quelque catégorie qu'ils appartiennent, et je suis convaincu que le jour où l'on pourra embrasser d'un seul coup d'œil les phases diverses de la céramique française, sa marche apparaîtra la même que celle de l'architecture, de la peinture, et des autres branches de l'art auxquelles s'est appliqué l'esprit humain.

D'autres provinces sont sans doute plus favorisées que la nôtre, car nous n'en sommes pas rendus encore à posséder une série suffisante de poteries, qui nous permette de voir comment s'est accomplie la transition insensible d'un style à un autre. Ce n'est pas que les œuvres de quelque importance nous aient manqué jadis; mais celles-là sont à peine indiquées par les documents écrits, tandis que celles de minime valeur ont seules survécu. Un registre de comptes de la famille Macaud, de Niort, pour l'an 1498, contient, par exemple, deux mentions bonnes à relater :

« *A Jérôme Blays, de Saint-Jehan, 2 escuz pour la vendicion et painture de l'ymage saint Pierre, de terre du dict Saint-Jehan, qui fust mise sus la sépulture maistre Pierre Laurens.* »

« **Au dict Blays** vɪɪj *deniers ; l'Agate à Marquet.* »

Il s'agit probablement ici d'un modeleur de Saint-Jean-d'Angély, qui fabriquait des images de terre cuite, peintes à l'huile ou à la détrempe, comme on en rencontre dans bon nombre d'églises. — Quant à l'*Agate à Marquet*, je ne lui vois qu'une explication plausible. L'une des foires de Niort se tenait le jour de la Sainte-Agathe. Ce pourrait donc être une image de même matière, qu'on avait coutume de vendre alors aux enfants. Il faudrait consulter, à cet égard, les traditions locales, qui ont peut-être conservé le souvenir de cette coutume.

Le monument, dont j'ai maintenant à entretenir le lecteur, est d'un ordre tout différent, et serait, de nos jours, d'un prix inestimable. Il y avait à l'abbaye de Saint-Michel en l'Herm, une sorte d'édifice gothique, de forme carrée, d'environ six pieds de hauteur, avec clochetons, fenêtres à jour et statuettes. Il était entièrement enduit d'un vernis vert. — Le dernier survivant des moines de cette abbaye, nommé Chalus, en avait conservé un souvenir merveilleux, quoiqu'il eût déjà subi, de son temps, maintes détériorations ; mais il ignorait quelle avait été sa destination première. Selon lui, c'était un reliquaire vidé et brisé durant les guerres de religion. J'y verrais tout simplement un poêle, analogue à ceux qu'on a faits en Allemagne, d'autant plus que l'inventaire de Saint-Michel en l'Herm, dressé au commencement de la Révolution, porte ceci : « *Dans la chambre au-dessus du petit office, nous avons trouvé... un grand vieux poêle de terre hors de service...* »

M. Pilotelle, mort récemment conseiller à la cour de Poitiers, avait, dans sa collection de faïences, quelques débris d'un monument de même nature, qui dataient de la seconde moitié du xv⁰ siècle. Ils doivent être encore entre les mains de sa famille.

Rien ne prouve que ces grandes pièces de terre cuite, malgré leur couleur verte, fort affectionnée en Poitou, comme en Beauvoisis, y aient été fabriquées. J'ai cru toutefois opportun de constater qu'elles ont existé dans la province.

En fait de poteries conservées, soit dans les collections publiques, soit chez les particuliers, je ne puis indiquer que deux ou trois fragments du musée archéologique de Poitiers : la partie inférieure d'une buie venant d'Argenton-Château, sur laquelle est un courant de feuillage en relief, et qui porte sous sa base, tracée à la pointe avant la cuisson, la figure d'une oie ; une petite coupe à quatre lobes, trouvée à Montaigu, dans un souterrain du château, par M. Dugast-Matifeux, qui en a fait don au musée de Nantes ; un épi, de 0ᵐ 60 de hauteur, enlevé, l'an dernier, à la toiture d'une maison des environs de Parthenay, par un brocanteur de Bordeaux. La base était ornée de têtes d'ange, d'aigle, de lion et de bœuf, symbolisant les quatre évangélistes ; la partie supérieure se terminait par une figure d'ange vêtu d'une longue robe. Le travail de cette pièce est extrêmement grossier; mais elle offre de l'intérêt au point de vue de la chronologie de notre céramique provinciale. Enfin une plaque, haute de 0^m 16, large de 0^m 12, avec un cerf en relief, qui a probablement fait partie de la décoration intérieure d'une maison privée ou d'un château. Ces pièces sont entièrement vertes, à l'exception de la petite coupe et de l'épi, qui ne sont vernissés que par places.

Le caractère le plus saillant de la plupart des ouvrages de terre de ce temps est l'emploi continuel des reliefs sur les pièces qui sortent du commun. Les auteurs des belles faïences du siècle suivant n'eurent donc rien à inventer dans cette donnée. Qu'on examine, pour ne citer qu'une seule officine, la série des produits céramiques de la Chapelle-des-Pots, près de Saintes, dont nous aurons à nous occuper plus tard, et l'on se convaincra que les ornements en reliefs y étaient employés depuis au moins cent années avant Palissy. Or la Chapelle-des-Pots a suivi le système décoratif universellement adopté dans l'Ouest.

Le mode de fabrication des pavés vernissés est toujours le même que celui employé durant la période précédente. Des incrustations de terre blanche servent à former les figures qu'on s'est proposé de représenter; les blasons sont encore d'un usage plus général que par le passé. Le n° 22 de la planche des *Poteries poitevines* reproduit quelques carreaux, venant du château de Talmond, qui datent vraisemblablement du règne de Charles VIII. Le premier est orné de trois alérions de Louis II de la Trémouille; le suivant, qui est tout de vair, est au musée de Sèvres.

Parvenu à l'extrême limite du moyen-âge, la Renaissance va nous apparaître radieuse, et faire oublier, par mille chefs-d'œuvre, les grossières poteries dont se sont servis les enfants de la Gaule, depuis que les ténèbres étaient descendues sur l'Europe. L'art, ranimé par un souffle venu d'Orient, s'est remis en possession des ouvrages de terre, après en avoir été, durant des centaines d'années, presque toujours absent. Encore fallut-il, pour que la poterie française se soumît à son empire, que l'Espagne eût transmis les enseignements reçus des Arabes à l'Italie, qui devint notre initiatrice à son tour.

CHAPITRE VIII

DÉBUTS DE LA RENAISSANCE

Avant d'entrer de plain-pied dans le monde qui nous attire, j'ai à décrire quelques objets conçus dans un ordre d'idées différent, au point de vue du sentiment artistique, de celui des ouvrages de terre, dont j'aurai à m'occuper désormais. Quatre sont des débuts de la Renaissance ; le cinquième date d'une époque un peu moins ancienne, du second tiers du xvi° siècle. Tous ont été recueillis en Poitou ; mais leur véritable origine est incertaine. Elle le sera même tant que de nombreuses publications sur la céramique provinciale, conçues dans la donnée de celle-ci, n'auront pas vu le jour.

1° Grand carreau de terre rouge peu foncée, incrusté de terre blanche et couvert d'une glaçure jaunâtre transparente. L'incrustation représente les armes de France et de Bretagne, plus deux fleurs de lis et deux mouchetures d'hermines aux angles. L'exécution en est bonne et très ferme. Il provient, m'a-t-on dit, de Champigny, ancienne résidence des Bourbon-Montpensier, et date du règne de Louis XII.

2° Partie supérieure d'une statue de la Vierge, modelée en terre rouge. L'enfant a disparu en laissant quelques traces sur l'épaule gauche de sa mère, dont la tête, ornée d'une couronne royale fleurdelisée, est très délicate et d'une douceur infinie. Ce fragment remonte aux vingt premières années du xvi° siècle, et a été trouvé, dans le Haut-Poitou, aux environs de Lussac. C'est l'une des œuvres les plus remarquables, en ce genre, qui me soient passées sous les yeux. Le mouvement très simple, très naturel des draperies, et l'étroitesse de la poitrine, rappellent certaines productions de l'école de Tours. La hauteur de ce beau débris est de cinquante et quelques centimètres.

3° Fragment d'une plaque de poêle ou de rétable d'autel, de $0^m 31$ de largeur. Terre rouge peu foncée. Le sujet, représenté en relief, devait être saint Georges terrassant le dragon ; car on y voit un reptile ailé, renversé sur le dos et mordant le bois d'une lance qui lui pénètre dans le corps. A côté, sont les jambes de derrière d'un cheval et les pieds bardés de fer d'un cavalier. Dans l'angle droit, paraissent aussi les restes d'une figurine de femme, dont il faut faire, dans ce cas, l'Église victorieuse. Cette plaque est complètement enduite d'une épaisse couche de vernis vert. Elle me semble être l'œuvre d'un ouvrier qui travaillait au commencement du règne de François Ier.

4° Buie à quatre anses, de terre fort blanche, mais mal polie et sans aucun vernis. Elle est, au contraire, couverte, du haut en bas, de zones de gros pois et de doubles et triples filets circulaires en relief, alternativement gris et rouge tuile, formés avec une terre plus fine, posée sur les parois à l'état de barbotine. On a des vases gallo-romains decorés de la même façon. Sur le devant de la panse, au-dessus de l'épaulement, est un cartouche allongé, sur lequel on lit en lettres romaines patées, tracées par le même procédé : VIVE LE ROY FRANSOYS. Les anses ont reçu une ornementation semblable. Cette buie a été achetée d'un paysan de Pamproux (Deux-Sèvres) par un marchand coureur, qui me l'offrit à Saint-Maixent, en 1861. J'ai souvent regretté de ne pas en avoir fait l'acquisition; car sa terre et sa décoration bizarre m'ont donné depuis à réfléchir. Si ce travail arrive jusqu'au possesseur actuel de cette curieuse poterie, je l'engage à la soumettre à quelque céramiste expérimenté. Peut-être a-t-il là entre les mains l'un des premiers essais, capricieux et isolés, des ouvriers dont les œuvres vont faire le sujet du chapitre suivant. L'analyse bien faite de la terre, d'une blancheur exceptionnelle, serait particulièrement chose utile.

5° Pilastre brisé en terre cuite rouge, haut de 0^m 85. Il a été trouvé à Luçon, il y a une trentaine d'années, par un habitant de la Rochelle, qui le possède encore aujourd'hui. La gravure que j'en offre ne donne qu'une idée imparfaite de ce beau débris, paraissant moulé, puis retouché par un artiste de mérite, de façon à devenir une œuvre originale. Il a dû servir à la décoration de quelque retable de chapelle.

Passons maintenant aux poteries incontestablement poitevines.

CHAPITRE IX

FAIENCES D'OIRON

Ainsi qu'on l'a vu dans le précédent chapitre, les potiers poitevins se sont contentés, durant les vingt-cinq premières années du xvɪᵉ siècle, de suivre le mouvement de transformation qui s'opérait dans le système décoratif. Rien ne fait, du moins, supposer qu'ils aient tenté d'imiter l'exemple donné par les ouvriers de quelques autres provinces, avant que l'influence d'une femme supérieure fût venue élever l'un d'eux à la dignité d'artiste, et lui donner le premier rang parmi les céramistes français de l'époque.

Ce fut au bourg d'Oiron, dans la mouvance de Thouars, que ce potier d'élite bâtit le four d'où sortirent les petits chefs-d'œuvre, demeurés si longtemps une énigme pour les chercheurs d'origine, et comptés aujourd'hui parmi les plus rares merveilles des collections européennes.

I

OPINIONS DIVERSES ÉMISES SUR L'ORIGINE DES FAIENCES D'OIRON. COMMENT A ÉTÉ FAITE LA DÉCOUVERTE DU LIEU DE LEUR FABRICATION.

Tout le monde connaît les faïences fines, décorées dans le style de la Renaissance, auxquelles on a donné le nom de faïences de Henri II, parce que l'emblème et le chiffre de ce prince figurent sur un certain nombre d'entre elles. Ces pièces sont minces et légères; leur pâte est fine, très blanche, peu dure, absorbante. Le vernis, tant soit peu jaunâtre et transparent, est assez également étendu, très glacé, et cependant fort mince (1). Comparées à tous les produits contemporains, elles ont sur eux une supériorité marquée, au double point de vue de la perfection des détails et des difficultés de fabrication vaincues. Depuis que les curieux ont commencé à comprendre que les poteries orientales n'étaient pas seules dignes de leur attention, ils se sont mis avec une singulière ardeur à la recherche de ces charmants spécimens d'un art oublié depuis des siècles, et qui avaient pour eux le merveilleux attrait du mystère. Tous s'étaient, en effet, demandé quelle était leur patrie, sans pouvoir trouver le mot de l'énigme. Du Sommerard, le créateur du musée de Cluny, les a estimées venues de Beauvais; M. André Pottier, qui le

---

(1) *Traité des arts céramiques*, par A. Brongniart, t. ɪɪ, p. 175.

premier en a parlé avec l'autorité d'un archéologue et d'un céramiste, les a dites faites à Florence, tout en indiquant presque du doigt sur la carte, par une contradiction étrange chez un observateur aussi judicieux, le point exact de leur provenance (1); Alexandre Brongniart, sans formuler exactement sa pensée, a laissé supposer qu'il les croyait françaises (2); M. A. Salvetat, non moins réservé, partage le même avis (3), qu'ont nettement exprimé M. Jules Labarte (4), M. L. de la Borde (5) et l'anglais Joseph Marryat (6); MM. Thoré et A. Tainturier les ont données au contraire à Pagolo ou à Ascanio, élèves de Benvenuto Cellini, restés en France après le départ de cet artiste (7); M. L. Clément de Ris, à quelque bijoutier inconnu venu également d'Italie (8); M. Auguste Bernard, à Geoffroy Tory, le célèbre imprimeur dont il a élucidé la vie (9); M. de la Ferrière-Percy a insinué qu'elles pourraient bien être dues à l'un des potiers italiens établis à Lyon, et a cité, à l'appui de son hypothèse, des lettres patentes de Henri III, qu'il a eu le tort de croire de Henri II (10); M. Moore, marchand d'antiquités de Londres, les affirmait, à cause de la nature de la terre, modelées par l'un de ses compatriotes (11); M. H. Delange, auquel nous devons la description et la reproduction in-folio de toutes les pièces connues jusqu'à ce jour, a, dans une brochure imprimée en 1847, émis l'opinion qu'elles étaient l'œuvre de Girolamo della Robbia, le faïencier florentin qui décora pour François Ier le château de Madrid (12). D'autres encore en ont parlé, y compris M. J. C. Robinson, qui a donné, dans le catalogue de l'exposition faite à Kensington, en 1862, un excellent résumé de tout ce qu'on en a dit jusqu'à ce jour, et même M. Auguste Demmin, dans la grosse joyeuseté tudesque, écrite sous l'influence de la contemplation d'un pot de bière, et si naïvement intitulée : *Guide de l'amateur de faïences*. Mais, en fin de compte, MM. Labarte, de la Borde, Marryat et Eugène Piot (13), que j'allais oublier, guidés par la sûreté

---

(1) *Monuments inédits pour servir à l'histoire des arts réunis par Willemin, texte de M. A. Pottier.* 1839, t. II, p. 65.

(2) *Traité des arts céramiques* (édition de 1854), t. II, p. 475.

(3) *Technologie céramique.*

(4) *Catalogue raisonné du cabinet Debruge-Dumesnil* (introduction).

(5) *Le Château de Boulogne.*

(6) *History of pottery and porcelain mediaval and modern.*

(7) *Alliance des arts*, 1847. — *Notice sur les faïences du XVIe siècle, dites de Henri II.*

(8) *Gazette des beaux-arts*, 1860.

(9) *Recueil de toutes les pièces, connues jusqu'à ce jour, de la faïence française, dite de Henri II et de Diane de Poitiers*, par MM. Delange père et fils, p. 29.

(10) *Une Fabrique de faïences à Lyon sous le règne de Henri II.* Paris, Aug. Aubry, 1862. — V. ce que M. A. Darcel dit de la date des lettres royaux dont a fait usage M. de la Ferrière-Percy, dans *la Décentralisation littéraire et scientifique*, t. II, p. 19.

(11) Lettre manuscrite adressée à l'auteur.

(12) *Notice biographique sur Girolamo della Robbia.* — *Recueil de toutes les pièces, connues jusqu'à ce jour, de la faïence française, dite de Henri II et de Diane de Poitiers.* — *Lettre à M. B. Fillon, à propos de sa brochure intitulée : Les Faïences d'Oiron.*

(13) *Le Cabinet de l'amateur*, 1862, n° 19.

de goût qui les caractérise, ont seuls affirmé, avant décembre 1862, l'origine purement française de ces faïences.

Restait à déterminer le lieu de leur fabrication. Le hasard m'en a fourni les moyens d'une façon tout à fait imprévue.

M. Jules Charvet me montra, un jour que j'étais à Paris, deux feuillets de parchemin ornés de belles miniatures, provenant du calendrier d'un livre d'heures, exécuté, vers le milieu du xvi⁰ siècle, pour Claude Gouffier, grand écuyer de France, ami personnel de Henri II (1). L'une de ces miniatures, encadrée de termes élégants, emblème adopté par le propriétaire du livre, de sa devise, de ses armes et des insignes de sa charge, se rapportait au mois de juillet et représentait un repas rustique pendant la moisson. Sur le premier plan, une jeune femme tient d'une main un verre demi-plein, et, de l'autre, semble vouloir empêcher un homme, assis devant elle, d'absorber la totalité du contenu d'une bouteille de terre à laquelle il boit (2). L'aspect de cette bouteille me frappa tout d'abord. Elle était d'un ton blanc jaunâtre et décorée de légers entrelacs noirs et du blason des Gouffier : une vraie faïence de Henri II. — Des recherches sur une question de numismatique féodale, qui m'occupaient alors, m'empêchèrent toutefois de suivre l'idée que sa vue avait fait naître. De retour en Vendée, cette idée me revint en mémoire avec une telle persistance que je résolus de m'assurer si j'avais été le jouet d'une ressemblance sans portée, ou bien favorisé d'une véritable révélation. Après m'être remis un peu au courant de la question des faïences de Henri II, et guidé par les observations de M. Pottier sur la provenance de la plupart d'entre elles, je me mis résolûment en route, dans les premiers jours de décembre 1862. Je visitai successivement Poitiers, Parthenay, Airvault, Moiré, où je pus examiner en nature trois charmantes salières appartenant à M. Calixte de Tusseau; Thouars, et enfin Oiron, splendide résidence du grand écuyer. Là se termina le pèlerinage : le sphynx avait enfin laissé pénétrer un profane dans son sanctuaire. Quelques jours après, paraissait la lettre où je faisais hommage à M. Riocreux des prémices de la découverte (3). Un second voyage à Oiron, exécuté en janvier 1863, m'a fourni des preuves encore plus décisives ; mais a modifié quelques appréciations d'un ordre secondaire.

(1) M. Charvet m'a cédé plus tard ces deux miniatures.

(2) Derrière cette femme est le jeune seigneur châtelain, qui ne se gêne pas pour faire, debout et en face de spectateurs, ce que les musulmans ne font qu'accroupis. Ce détail, passablement déplacé dans un livre de prières, était tout à fait dans le goût de l'époque. Beaucoup de livres pieux en présentent d'autres encore plus débraillés. Il n'est pas jusqu'aux Heures d'Anne de Bretagne qui nous montrent une bourgeoise se chauffant au milieu des siens, et relevant sa cotte plus qu'il n'est permis en semblable occasion. Certes la Bretonne était une honnête femme, même une prude, qui eût fait, si elle eût vécu trente ans plus tard, la plus entêtée huguenote de son royaume, et pourtant cette grosse grivoiserie n'offensait pas ses yeux peu délicats. Si l'on remonte plus haut dans le moyen-âge, c'est bien pis encore.

(3) *Les Faïences d'Oiron, lettre à M. Riocreux, conservateur du musée céramique de Sèvres.* Fontenay, Robuchon, in-8°, 1862.

II

LES GOUFFIER. — ARTUS, SA FEMME HÉLÈNE DE HANGEST ET SON FILS CLAUDE

Avant d'entrer dans la discussion des faits que j'ai à soumettre au lecteur, il est indispensable de fournir quelques notions préliminaires sur la famille qui protégea la fabrication des plus intéressants produits de la céramique poitevine, et sur la maison de plaisance qu'elle s'était fait construire. Hommes et choses sont unis par des liens si intimes que la moitié de ma tâche sera remplie, lorsque j'aurai raconté, en peu de mots, la vie du grand-maître de Boisy, celle de sa femme et celle de son fils, et donné une idée des sculptures et peintures qui décorent le château d'Oiron et de sa collégiale.

Les Gouffier étaient, sans doute, originaires des environs de Châtellerault (1) ; car les plus anciens individus du nom, mentionnés dans les documents authentiques, habitaient les environs de cette ville. Guillaume, sieur de Prinçay et vassal du vicomte de Châtellerault, est cité dans une charte de janvier 1224, relative à l'abbaye de l'Absie en Gâtine. André, également sieur de Prinçay, et peut-être fils du précédent, fut l'un des témoins de Jean de Melun, évêque de Poitiers, dans une transaction, intervenue le 8 octobre 1246, entre ce prélat et Guillaume de Chauvigny, au sujet de droits sur les habitants de la paroisse de Cenan. Un autre Gouffier, portant le prénom d'Etienne et simple écuyer, habitait Marnay en 1309 (2). La prétention, élevée plus tard par cette famille, de descendre soit de Gaifre, duc d'Aquitaine, soit des vicomtes de Melun, n'était donc nullement fondée. Ce qu'ont dit d'Hozier et Haudicquer de Blancourt d'un prétendu lien de parenté entre elle et ces derniers reposait sur la tradition d'anciens rapports de vasselage avec l'évêque de Poitiers de la transaction de 1246, ou plutôt encore sur ce que Philippe de Montmorency, femme de Guillaume Gouffier, avait épousé en premières noces Charles de Melun, grand-maître de France.

Les Gouffier possédaient, au xive siècle, la seigneurie de Bonnivet ; mais ils n'étaient encore que de simples gentilshommes, dont le nom était à peine connu à quelques lieues de leur demeure. Guy, l'un d'eux, fut pourtant écuyer d'écurie de Charles V. Charles VII fit plus tard leur fortune, en admettant Guillaume, arrière-petit-neveu de celui-ci, dans son intimité. Il le prit d'abord pour valet de chambre, ensuite pour l'un de ses écuyers, enfin pour premier chambellan. Lui seul fut en tiers dans le secret que Jeanne

---

(1) On a prétendu, dans ces derniers temps, qu'ils tiraient leur nom du petit château de Gouffier, commune de Légé (Loire-Inférieure). Ce domaine est, au contraire, de création toute récente et doit son appellation à la fantaisie d'une personne, qui a voulu rappeler ainsi le souvenir d'une famille à laquelle elle prétendait appartenir.

(2) Notes manuscrites de la Fontenelle de Vaudoré, à la Bibliothèque de Niort.

la Pucelle révéla au roi (1). Initié à toutes les intrigues de la cour, on le vit l'un des plus zélés courtisans d'Agnès Sorel, qui lui fit adjuger, en 1450, divers domaines, entre autres celui d'Oiron, démembrement de la vicomté de Thouars, confisqué sur Jean de Xaincoings, receveur général des finances en Poitou. Il reçut ensuite Boisy, pour avoir présidé la commission inique qui condamna l'illustre Jacques Cœur. Louis XI, après lui avoir tenu d'abord rigueur, lui témoigna bientôt la même confiance que son père. Il lui confia, pendant quelque temps, l'éducation du Dauphin ; et, si l'élève ne fit guère honneur au maître, il ne se montra pas moins reconnaissant plus tard des soins qu'il en avait reçus, puisqu'il le chargea, à son tour, de surveiller l'enfance des fils qu'il eut d'Anne de Bretagne (2). La mort le surprit aspirant au rôle de ministre, en 1499.

Guillaume avait eu deux femmes, qui n'avaient pas peu contribué à l'introduire dans les rangs de la haute aristocratie française. La première fut Louise d'Amboise, fille du seigneur de Chaumont et d'Anne de Bueil ; la seconde, Philippe de Montmorency, était fille du premier chambellan Jean de Montmorency et de Marguerite d'Orgemont, et veuve du grand-maître Charles de Melun. Une fois ces alliances consommées, sa fortune prit un accroissement encore plus rapide; mais elle fut surpassée par celle de ses fils.

Artus, l'un d'eux, nous intéresse seul à l'heure qu'il est. Elevé avec Charles VIII, il fut d'abord enfant d'honneur de ce prince, puis son pannetier. A la bataille de Fornoue, il combattit à ses côtés et contribua à lui sauver la vie. Après la mort de son premier protecteur, Anne de Bretagne, qui l'avait pris en amitié, ne tarda pas à le faire entrer dans la maison de Louis XII, qui l'emmena avec lui en Italie, et le choisit ensuite pour être gouverneur du jeune duc de Valois, héritier du trône.

Artus était un homme d'un esprit cultivé, aimant les arts et les lettres. Elevé dans la tradition gouvernementale de Louis XI et de madame de Beaujeu, où il avait puisé l'élévation de ses vues politiques, il y joignait un certain fond d'honnêteté, très rare chez les hommes de son siècle. Le jeune François reçut donc de lui d'excellents principes, malheureusement annihilés par l'influence pernicieuse de sa mère et de Duprat, son précepteur. Le seul mauvais côté de l'éducation donnée à son élève par le sire de Boisy fut le goût exagéré du luxe, des fêtes à grand éclat et grand bruit, développé par la lecture trop assidue des romans de chevalerie, qui faisait ses délices et celles de sa femme, Hélène de Hangest (3). Tant que vécut l'économe Louis XII, ces enseignements déplorables ne portèrent pas leurs fruits, et firent naître tout au plus de vagues aspirations chez le duc de Valois, dont Boisy croyait naïvement peindre le bon naturel, en lui donnant pour emblème la fameuse salamandre, entourée de la devise : NUTRISCO ET EXTINGUO. Mais la cervelle de François était trop étroite pour ses larges épaules et ses forts appétits.

(1) *Procès de Jeanne Darc*, publié par J. Quicherat, t. IV, p. 279.
(2) Minutes de lettres écrites par Guillaume Gouffier à Charles VIII et à la reine Anne.
(3) L'inventaire du sire de Boisy, fait après sa mort, au mois de décembre 1520, montre qu'il possédait la plupart des romans de chevaleries qui existaient de son temps.

Il ne fut pas plutôt maître, à l'âge de vingt et un ans, du royaume et des économies de son prédécesseur, que le naturel reprit le dessus et qu'il se crut appelé à faire revivre les beaux jours des chevaliers de la *Table ronde*. Tout fut gaspillé en quelques mois. Que pouvait Boisy contre une pareille exubérance de sève ? Faute de mieux, il prit sa part du butin. Le nouveau roi le fit son principal ministre, grand-maître à la place de La Palisse, qui devint maréchal ; il lui donna viagèrement le comté d'Estampes, la châtellenie de Fontenay-le-Comte, et, en toute propriété, la terre de Villedieu et autres domaines, sans parler du gouvernement du Dauphiné, non plus que de grosses sommes, d'une notable portion du revenu des francs fiefs et nouveaux acquêts de l'année, et de ceux de l'impôt établi sur le commerce de la basse Loire, depuis les ponts de Cé. Deux ans plus tard, Guillaume Gouffier, seigneur de Bonnivet, frère d'Artus, était choisi pour remplacer Louis Malet de Graville dans la charge d'amiral (31 décembre 1517) ; un autre de ses frères était déjà cardinal et évêque d'Alby ; le troisième était pourvu de l'abbaye de Saint-Denis, et possédait en outre celles de Cluny et de Saint-Jouin-de-Marnes, en Poitou. Pour un homme dont on a tant vanté le désintéressement, il n'oublia, à l'occasion, ni lui ni sa famille.

Pendant les cinq années qu'il vécut encore, Boisy s'efforça néanmoins de refréner les passions violentes du jeune monarque et de mettre un peu de sagesse dans son administration intérieure et dans ses relations avec l'étranger. Lui mort, tout alla à la dérive ; mais, vigilant ami jusqu'à sa dernière heure, il légua à celui qu'il avait aimé comme un fils sa prédilection pour la compagnie des muses, et lui assura ainsi l'indulgence de la postérité, pour la longue série de méchantes actions et de sottises qui déshonorèrent son règne. Le *roi chevalier* fût demeuré odieux et ridicule dans l'histoire, le protecteur des lettrés et des artistes l'a fait oublier. Il n'est pas jusqu'à son visage, reflet d'une âme livrée aux grossiers instincts, que l'art ait transfiguré. Les générations modernes se sont détournées des reproductions, si profondément vraies, de Clouet, de Prévost, du sculpteur anonyme à qui nous devons le bronze du Louvre, pour ne plus le voir qu'à travers les flatteries en bronze ou sur toile de Cellini et du Titien. Malheur aux despotes qui joignent au tort involontaire d'être laids celui bien plus grave d'être déshérités du sentiment de l'art : l'avenir n'aura pas pour eux de ces indulgences posthumes !

Artus mourut de la gravelle à Montpellier, le 23 mai 1519, au moment où il allait conclure un traité de paix entre la France et l'Espagne. Son corps fut transporté à Oiron, pour y reposer avec ceux de ses ancêtres.

HÉLÈNE DE HANGEST avait beaucoup aidé son époux dans sa tâche difficile. Aussi François Ier lui témoigna-t-il toujours, même alors qu'elle fut veuve, autant d'affection que de respect. Elle était issue d'une ancienne maison de Picardie qui avait fourni, sous Philippe de Valois, un maréchal de France à la monarchie, et fille de Jacques de Hangest, seigneur de Genlis, chambellan du roi, et de Jeannette de Moy. A l'âge de seize ans, elle avait épousé Artus Gouffier, par contrat du 10 février 1499. Ce qu'on sait de ses goûts et de sa vie privée démontre que c'était une femme d'une intelligence remarquable, aimant les arts et les pratiquant avec quelque succès. On peut donc lui faire en partie honneur de la sympathie de son mari pour les œuvres de l'intelligence, et de la salutaire influence que celui-ci exerça, par contre-coup, sur son royal élève.

Lorsque François Ier eut un premier enfant de la reine Claude, il le fit baptiser, le 26 avril 1518, dans la chapelle du château d'Amboise, par le cardinal de Boisy. Après la naissance, à Saint-Germain-en-Laye, le 31 mars 1519, de Henri, duc d'Orléans, le second de ses fils, il le confia aux soins de la femme de son ancien gouverneur. Les documents contemporains nous disent peu de choses sur l'enfance de ce prince, qui fut Henri II. On sait seulement, par le *Journal d'un bourgeois de Paris*, qu'aussitôt après sa naissance il fut porté à Blois, en litière, pour le faire nourrir avec le Dauphin, son frère (1). Voici une lettre de Hélène de Hangest au roi, qui fournit quelques nouveaux détails :

« *Sire, je me recoumande à vostre bonne grace si tres humblement que faire se peust, et vous plaise savoir, Sire, que sabmedi dernier, quinziesme jour de ce mois, avons amené monseigneur vostre fils en ce lieu d'Amboyse, où il est venu faisans aussi bonne chere tout le long du chemyn qu'il fist jamès. Nous avions deux partys pour l'amener; c'est assavoir bateaux prestz pour le mener par eau, et lityere pour le mener par terre, et, pour ce qu'il le nous falloit mener en lityere jusques au dessus des faulxbourgs de la Tour-Fourgon, tant pour le mectre sur eau, que pour essaier comment il se porteroit en la ditte lityere, nous avons trouvé qu'il se portoit si bien que, par l'opinion des medecins et de nous tous, nous l'avons mené par terre en sa ditte lityere, ayant tousiours son bateau couste à couste de nous, avecq Claude dedans, afin que s'il se fust lassé en sa lityere, nous eussions eu le remedde pres de nous; mès il s'est si bien porté qu'il n'a esté besoing de luy changer sa ditte lityere, et est, Dieu mercy, en aussi bon point qu'il fust de cest an. Et, au partir du Plessys, le sont venu accompaigner tous les gens de bien de Tours, en voulenté de tousiours l'accompaigner, jusques ad ce que on les a fait retourner, et, avant, a baizé en la joue une jolie fille que luy a mené mon fils.— Sire, ce porteur nous a requis de vous porter ces lettres, esperant de vous douner nouvelles qui vous plaisent, et luy baille le visage de vostre Henrict en ung feuillet, afin que veiez sa mine. — Sire, nous pryons à Nostre Seigneur qu'il vous doint bonne vie et longue et tous vos desirs. — A Amboyse. — Vostre tres humble et tres obéissante servante,*

Helene de genh

(1) P. 79.

Le fait le plus curieux, mentionné dans cette lettre, est l'envoi à François Ier du portrait sur papier du jeune Henri. C'était à coup sûr un dessin aux trois crayons, analogue à ceux du précieux recueil, conservé au Cabinet des estampes de la Bibliothèque nationale, qu'on sait avoir appartenu à Mme de Boisy (1). Un passage du roman de la *Solitude*, de Charles Sorel (reproduit dans le *Trésor chronologique et historique* de Pierre de Saint-Romuald, et dont a fait usage M. Niel dans la notice sur Artus Gouffier, qui fait partie du texte de son recueil de *Portraits des personnages français les plus illustres du* xvie *siècle*), ferait même croire que l'image en question, aussi bien qu'un certain nombre de celles qu'elle avait réunies plus tard, étaient de sa main. Ce passage est conçu en ces termes : « *Le Roi (François Ier) ayant trouvé un livre de divers crayons chez Catherine (Hélène) de Hangest, femme d'Artus de Boisy, grand maître de France, qui se plaisait à la peinture, il fit des devises ou des vers pour chacun, et, entre autres, pour celui de la belle Agnès, qu'il écrivit de sa propre main, et se voit encore en ce livre, que l'on garde précieusement dans un cabinet curieux :*

> *Plus de louange et d'honneur tu mérite,*
> *La cause estant de France recouvrer,*
> *Que ce que peut dedans un cloistre ouvrer*
> *Close nonnain ou bien dévot hermite.* »

Quoi qu'il en soit, le goût des collections de portraits de personnages contemporains se perpétua dans la famille, comme on le verra lorsque nous serons rendus à la biographie de Claude Gouffier.

A partir de 1524, Hélène de Hangest résida assez souvent l'été au château d'Oiron, que son mari avait résolu de rebâtir, projet déjoué par une mort prématurée, mais qu'elle réalisa en partie avec le concours de l'aîné de ses enfants. Le reste du temps, elle le passait à Amboise et à la cour, où le charme de son esprit et sa grande fortune la rendirent, jusque dans un âge assez avancé, le point de mire de plus d'une recherche intéressée. — En 1533, elle avait la cinquantaine, lorsqu'un sieur de Saint-Félix, fils du baron de Beauvel, cadet de Languedoc âgé de vingt-trois ans, tenta, au moyen d'un scandale public, de se rendre maître de sa main. Mais l'entreprise avorta, et le coupable,

---

(1) *Renaissance des arts à la cour de France*, par M. le comte de Laborde; add. au t. I, p. 714, et *Portraits des personnages français les plus illustres du* xvie *siècle*, publiés par M. P. G. J. Niel; art. d'Artus Gouffier.

Le recueil de Castle-Howard, dans le Yorkshire (Angleterre), vient probablement de la même source. Il renferme les portraits de Jacqueline de la Tremouille, première femme de Claude Gouffier, et ceux de ce dernier et de son oncle Bonnivet. Le catalogue de vente de la collection Raifé (janvier 1864) mentionne, aux n°s 54 et 55, deux recueils de même nature. Parmi les portraits qu'il contient sont ceux d'Artus Gouffier, du sieur de Bressuire, de M. et Mme de la Vauguyon, seigneur et dame de Fontenay-le-Comte, de Mme de Bressuire, de Mme de Dampierre, femme d'un parent des Gouffier, qui régit longtemps la maison de Claude.

traduit devant le Grand-Conseil, alla expier, pendant cinq années, au château de Loches, sa criminelle tentative (1). Mme de Boisy mourut le 26 janvier 1537, et demanda d'être enterrée à Oiron, dans le même tombeau que son époux.

Les enfants nés de son mariage furent : 1° Claude Gouffier; 2° Hélène, mariée en premières noces, au mois d'août 1517, à Louis de Vendôme, vidame de Chartres, baron de Pouzauges et de Tiffauges, et, en secondes, par contrat du 16 septembre 1527, à François de Clermont, sieur de Traves et de Saint-Chéron; 3° Anne, religieuse de Fontevrault.

Claude Gouffier naquit au mois de décembre 1501 ou 1502 (2), et fut enfant d'honneur de François Ier, quand il n'était encore que duc de Valois. La lettre d'Hélène de Hangest, donnée plus haut, nous apprend qu'il fut, par la suite, attaché à la personne du duc d'Orléans. Le 24 février 1524, il combattit à Pavie, à côté du roi, et partagea sa captivité (3). De retour en France, il fut atteint à Oiron d'une grave maladie, qui le conduisit aux portes du tombeau, et dont il fut quinze mois sans pouvoir guérir (4). Aussitôt hors de danger, il alla reprendre ses fonctions auprès du jeune prince dont il avait eu mission de diriger les premiers pas dans la vie, et qui sortait, aussi lui, des prisons de Charles-Quint (1530).

François Ier n'avait pas attendu ces preuves d'attachement de la part de Claude, pour le combler de bienfaits. Dès l'époque de la mort du grand-maître, il lui avait donné la survivance des capitaineries d'Amboise et de Chinon, peut-être pour l'indemniser de ce qu'il avait fait rentrer au Trésor cent trente-deux mille écus en espèces, provenant de la succession de son père (5). Quatre ans après, il le fit bailly de Vermandois. Plus tard, à l'occasion du mariage du duc d'Orléans avec Catherine de Médicis, il le créa chevalier de son ordre (1533). Au mois de mars de l'année suivante, il le choisit pour remplacer La Barre, prévôt de Paris, dans les fonctions de premier gentilhomme de la Chambre. Plus tard encore, au mois d'août 1542, Maulévrier fut érigé pour lui en comté (6); le 9 octobre 1545, il eut le commandement de la première compagnie de cent gentilshommes de la maison du roi. Le 22 octobre 1546, enfin, il succéda à Genouillac dans la charge de grand écuyer de France.

L'avénement de Henri II au trône ne fit qu'accroître encore sa haute position à la cour.

---

(1) *Journal d'un bourgeois de Paris*, p. 433.

(2) Il y a incertitude entre les deux années; mais l'indication du mois est fournie par une note de famille, datant de la première moitié du xvie siècle.

(3) *Journal d'un bourgeois de Paris*, p. 232. Il fut l'un des témoins en présence desquels François Ier protesta contre les clauses du traité de Madrid, le 13 janvier 1526.

(4) Lettre de Guillaume Chevreau, médecin du château d'Oiron, à Hélène de Hangest, datée du 6 avril, sans désignation d'année. D'après certains détails, il semblerait que ce fut le mal de Naples.

(5) *Journal d'un domestique de Duprat*, f° 660.

(6) Ce fut à cette occasion que fut frappé le jeton gravé au n° 2 de la planche des *Origines* des faïences d'Oiron. Il en existe des exemplaires d'argent et de bronze.

Les prérogatives de grand écuyer furent élargies ; un don de cent mille écus lui fut octroyé pour l'indemniser de l'emprunt forcé que François Ier lui avait fait subir en 1520 ; divers autres présents lui furent faits. Charles IX se montra non moins libéral. Il érigea pour lui Boisy en marquisat, au mois de mai 1564 ; confirma, le 23 novembre 1568, l'érection du Roannez en duché, après lui avoir donné, le 2 mars précédent, une compagnie de cinquante hommes d'armes pour garder son château d'Oiron. Ces dernières faveurs, qui vinrent honorer sa vieillesse, furent la récompense de la prudente réserve avec laquelle il avait su se maintenir dans les bonnes grâces de Diane de Poitiers, sans s'écarter, comme tant d'autres, des égards dus à Catherine de Médicis. Nous retrouverons les traces visibles de cette sage conduite sur nos faïences et sur plusieurs points d'Oiron.

Malgré tant d'honneurs accumulés sur sa tête, Claude n'eut aucun rôle politique ; il ne se trouva mêlé qu'à des événements secondaires, à des fêtes. Son existence fut uniquement celle d'un homme de cour. Les guerres de religion troublèrent la paix de ses dernières années, sur lesquelles plusieurs mariages successifs, dans un âge avancé, ne contribuèrent pas peu à jeter une sombre teinte.

Il eut en effet cinq femmes :

1° Jacqueline de la Tremouille, fille de Georges de la Tremouille, sieur de Jonvelle, et de Madeleine d'Azay, qu'il épousa par contrat du 13 janvier 1526. Cette première union ne fut pas heureuse. La conduite criminelle de Jacqueline l'obligea de la faire enfermer d'abord à Vincennes, puis, après un accord passager, et à la suite de nouveaux scandales, arrivés pendant l'année 1544, au château de Chinon, où elle mourut quelques temps après. Sa belle-mère, femme de mœurs pires encore, avait tenté, en 1538, de le faire empoisonner par un prêtre, qui fut brûlé vif en place publique, tandis qu'un arrêt du Parlement, du 30 juin de cette année, la condamnait elle-même à une prison perpétuelle dans un monastère (1).

2° Françoise de Brosse, dite de Bretagne, sa parente, fille de René de Brosse et de Françoise Gouffier. Le contrat fut signé au Louvre le 13 décembre 1545. Elle mourut en couches, à Oiron, le 26 novembre 1558.

3° Marie de Gaignon, avec laquelle il se maria à Blois, le 25 juin 1559. Elle mourut le 15 mars 1565, et fut enterrée dans le cimetière de Saint-Maurice d'Oiron.

4° Claude de Beaune, dame d'honneur de Catherine de Médicis, veuve de Louis Burgensis, premier médecin du roi. Les noces se firent à Paris, en janvier 1567. Elle mourut quelques mois après et fut enterrée aux Célestins.

5° Antoinette de la Tour-Landry, autre dame d'honneur de la reine mère, qui avait déjà eu deux autres maris. Celle-ci lui survécut.

---

(1) *Journal d'un bourgeois de Paris*, p. 456. Jean Bouchet, le panégyriste en titre des La Tremouille, fait cependant l'éloge de Jacqueline dans l'épitaphe de Marie Herbert, sa demoiselle de compagnie. (N° 48 des *Épitaphes*.)

De ces divers mariages naquirent plusieurs enfants. Jacqueline de la Tremouille lui donna une seule fille, nommée Claude, qui épousa, en 1549, Léonor Chabot, fils de l'amiral de Brion, son successeur dans la charge de grand écuyer. Françoise de Brosse le rendit père de trois enfants, dont l'aîné fut Gilbert, qui continua la descendance des ducs de Roannez. Marie de Gaignon en eut six.

Claude Gouffier mourut à Villers-Cotterets en 1570, disent les uns; dans les premiers jours de janvier 1572, prétendent les autres. Je me rangerai d'autant plus volontiers à ce second avis, que l'inventaire des meubles de sa succession ne fut fait que le 13 janvier et le 3 juin de cette dernière année (1). Il laissait une immense fortune territoriale et mobilière, grevée pourtant de quelques dettes. Le titre de marquis de Caravaz, qu'il portait, est devenu proverbial. C'est le marquis de Carabas du dicton populaire. Pour payer les charges de la succession, partie des meubles fut vendue à la requête d'Artus de Cossé, maréchal de France, tuteur honoraire des enfants nés de Marie de Gaignon. La vente se fit aux enchères publiques, à l'hôtel de Boisy, en vertu d'un arrêt du Parlement du 8 août, et commença le jeudi 15 septembre, moins de trois semaines après la Saint-Barthélemy. Elle se continua, en diverses vacations, jusqu'au jeudi 30 octobre suivant, jour où furent vendus l'argenterie et les bijoux. Tout ce mobilier était d'une richesse prodigieuse, et des gens appartenant à toutes les positions sociales se le disputèrent à l'envi, depuis le frère du roi, les princes de la maison de Lorraine, l'escadron des filles d'honneur de la reine mère, les secrétaires du roi, gens du Parlement et des Comptes, financiers, hommes de guerre, jusqu'aux petits bourgeois, fripiers, revendeurs, maçons, pâtissiers, cordonniers, tailleurs, etc. — Les objets d'art avaient été réservés par la famille, ainsi que les livres. On ne vendit rien en ce genre qui eût du prix. Un seul manuscrit sur parchemin, les statuts de l'ordre de Saint-Michel, fut mis sur table, et adjugé au maître des comptes Lhuillier. Les portraits de Henri II et de Catherine de Médicis, ainsi que soixante autres peints sur bois, représentant des personnages de l'antiquité, des rois de France, des grands seigneurs français et étrangers, y compris celui du feu duc de Guise, furent adjugés au banquier italien Adjaceto (2). Le président d'Orsay en acquit huit autres de la même série. Tous ces tableaux figuraient à l'article 222 de l'inventaire de l'hôtel de Boisy, qui fournirait peut-être plus de détails (3). La pièce suivante apprend le nom de l'un des auteurs des portraits achetés par Adjaceto et d'Orsay.

---

(1) Ces inventaires mériteraient d'être recherchés par ceux qui s'occupent de l'histoire de l'art français ; car ils fourniraient un très grand nombre de détails intéressants. Celui de l'hôtel de Boisy, situé rue Saint-Antoine, fut fait, le 13 janvier 1572, par Jean et Claude Trouvé, notaires au Châtelet; celui des appartements de la capitainerie du château d'Amboise, le 3 juin de la même année, par François Froment, bailli dudit lieu.

(2) Ce personnage figura plus tard dans la Ligue avec Scipion Sardini, favori de Henri III.

(3) Copie du procès-verbal de la vente existe aux archives de la préfecture d'Angers. Elle m'a été signalée et communiquée avec beaucoup de bienveillance par M. Port.

Mémoire des pinctures que j'ay livrées et faict à monseigneur le Grand, depuis notre marché faict.

Premièrement, au département de monseigneur le Grand, quant il est allé trouver le Roy à Monceaux, je luy aye livrés deux tableaux; l'ung est de madame la Régent, mère du roy Françoys (1), et l'aultre est de madame Claude, mère du roy Henry, et sont du pris des aultres, qui est la somme de XII escuz,

Plus, par le commandement de mon dict seigneur, j'ay esté à Sainct-Mor-des-Fossez faire deux escussons dessus les deux portes de son logis. Pour le grand escusson, il y a quatre journées d'ommes, et, l'aultre, il y en a troys aultres, sans les dépances et étoffes, et les deux ensemble monte à troys escuz.

GUILLAUME JAQUIER (2).

Montent les deux parties cy-dessus arrestées par moy soubsigné à quinze livres quatre solz. Faict à Paris le dernier decembre 1566.

DAMPIERRE.

Claude avait remplacé les portraits aux trois crayons, que réunissait sa mère, par des peintures sur bois. Un autre peintre de Paris, appelé Robert Roussel, avait précédé Jaquier dans cette entreprise. Un fragment de compte de l'an 1558 constate qu'il reçut 38 écus, pour avoir peint les images de Françoise de Brosse, seconde femme du grand écuyer, du seigneur de Bressuire (3), et du connétable Anne de Montmorency. Le 17 juillet 1559, il donnait aussi lui quittance de la somme de dix livres, prix des armoiries et livrées exécutées pour le jour du mariage de Claude avec Marie de Gaignon.

Le grand écuyer employait habituellement, en outre, trois miniaturistes. Jean Lemaire, de Gien, l'un d'eux, demeurait à Paris, proche le Louvre. Il peignit pour lui un livre d'heures, en 1555, et reçut comme salaire 165 livres 10 sols (4). Les deux autres, nommés Charles Jourdain et Geoffroy Ballin, qualifiés enlumineurs, dans une quittance du 12 mai 1559, décorèrent les livres de prières qui servirent également à ses noces, moyennant 261 livres 8 sous 4 deniers tournois (5).

Mais tous ces individus sont de trop médiocres artistes, pour qu'on s'y arrête plus longtemps. D'ailleurs j'ai hâte d'introduire le lecteur dans le château d'Oiron.

---

(1) Louise de Savoie.

(2) Dans la quittance placée au dos du mémoire, en date du vendredi 28 février 1567, il se qualifie maître peintre à Paris.

(3) Parmi les crayons du cabinet des estampes et de celui de M. Raifé, figurent les portraits du seigneur et de la dame de Bressuire. Il sera question d u premier à l'article des faïences d'Oiron.

(4) Il ne peut s'agir ici du volume d'où sont extraites les deux miniatures que je possède; car elles sont de mains différentes, et l'une des deux est signée d'un P.

(5) Les renseignements sur ces divers artistes sont extraits de documents originaux provenant de Maulevrier, ancien domaine des Gouffier.

Michel Vascosan imprima en 1558, à la requète de Claude Gouffier, des *Heures à l'usage de Rome*. La Bibl. nat. en possède un exemplaire en vélin, avec initiales peintes et quatre miniatures. (Van Praet, *Livres sur vélin*, t. 1, p. 133-34.)

III

LE CHATEAU D'OIRON. ARTISTES QUI Y ONT TRAVAILLÉ. SON MOBILIER. SA COLLÉGIALE

Le château. — Le premier volume du terrier ou censif de la court et haute justice d'Oiron s'ouvre par une notice historique, que rédigea jadis le feudiste chargé de mettre un peu d'ordre dans le chartrier. Elle débute ainsi :

« *La seigneurie d'Oiron tire son nom d'une plaine considérable. En hiver, cette plaine est couverte d'oies sauvages, et comme ces animaux, en volant par bandes, forment des lettres, l'o ou le cercle est celle qui a paru la plus commune aux premiers habitants de ce pays; ce qui, joint à son local, l'ont fait nommer Rond d'oies, pays aux oies, d'où sont venus les mots d'Oiron et de pays oironnais (1).* »

Lorsque le pauvre feudiste enregistra consciencieusement, dans sa notice, cette belle étymologie, qui m'a tout l'air de dater du commencement du xvie siècle, il ne pouvait certes se douter de la joie que sa lecture me ferait éprouver un jour, aussi bien que la vue de la vieille enseigne, sur laquelle apparaissait, au-dessous de l'image de l'intéressant volatile, l'inscription traditionnelle : A L'OYE SAUVAGE, *chez Dudouyt, loge à pied et à cheval.* J'avais raison de me réjouir. Les oies placées sur le fragment de poterie verte, décrit à la page 54, et sur une des prétendues faïences de Henri II, avaient maintenant leur explication, leur raison d'être (2). C'était débuter, il faut l'avouer, par le côté le moins poétique du problème, dont j'étais venu chercher la solution en ces lieux ; mais, ayant couru d'abord au chartrier, la vérité ne devait m'apparaître que plus tard, sous un jour moins grotesque.

Nous avons vu que les Gouffier avaient, depuis la seconde moitié du xve siècle, choisi le château d'Oiron pour leur maison de plaisance. Philippe de Montmorency l'avait surtout eu en grande affection, et y avait fait de longs séjours. A son lit de mort, elle avait ordonné qu'on y transportât ses restes. Son fils Artus avait hérité de sa prédilection pour ce domaine, et l'avait singulièrement agrandi. Si sa fin n'eût pas été si prématurée, il se fût complu à y bâtir l'une des plus charmantes constructions du royaume. Louis de la Tremouille, le chevalier sans reproche, seigneur suzerain du lieu, en sa qualité de vicomte de Thouars, l'avait presque affranchi de tout vasselage, en lui accordant, le 1er mars 1514, droit de haute justice. Mais Artus eut à peine le temps de faire ériger, le

---

(1) Archives du château d'Oiron.
(2) Décoration intérieure de la coupe appartenant à M. James de Rothschild. L'une des coupes du Louvre est ornée d'oiseaux, que je suis tenté de prendre aussi pour des oies, mais qui peuvent bien être intentionnellement des aigles. Nous les retrouverons encore sur les faïences de la dernière période.

10 mars 1518, l'église du bourg, dédiée à saint Maurice, en collégiale, fondation approuvée de nouveau, au mois de septembre 1518, et, le 13 mai 1519, par le pape Léon X, à la sollicitation de Bembo, son ami personnel (1), et de Sadolet, qui rédigea lui-même l'une des bulles, et la contre-signa. Sa femme et son fils se chargèrent d'accomplir ses dernières volontés. C'était le moment des grandes bâtisses. Guillaume, l'amiral, frère du grand-maître, était occupé à celle du château de Bonnivet (2), dont le but principal était d'éclipser Champigny, résidence du comte de Montpensier, et de Châtellerault, apanage du connétable de Bourbon, son redoutable rival. Les Gouffier, comme tous les nouveaux venus à la richesse, avaient à cœur de mettre au jour leur fortune de fraîche date, de faire échec aux plus vieilles maisons. En élevant Oiron au rang des palais, le sage Boisy songeait, lui aussi, à rivaliser avec les La Tremouille, qui venaient de commencer la réédification de château de Thouars, par celle de sa jolie chapelle.

Un fragment de sculpture encore gothique, portant la date de 1530, jeté sur un coin de la terrasse du château d'Oiron, et provenant, selon toute apparence, de l'habitation bâtie ou restaurée par Hélène de Hangest, indique l'époque où furent exécutés les premiers travaux, fondus plus tard par Claude dans un plus vaste plan. La bâtisse de l'église collégiale une fois achevée, afin de se conformer aux ordres de son père, et de placer sa sépulture dans un lieu digne d'elle, celui-ci, qu'une mission politique avait tenu loin de la cour pendant les années 1544 et 1545 (3), se mit à la reconstruction de sa propre demeure, qui ne fut achevée qu'en 1559 (4). Il fit bâtir un grand corps de logis, avec pavillon central, contenant l'escalier en spirale, et flanqué de pavillons latéraux, auxquels venaient se souder, en angle droit, deux longues ailes, terminées chacune par de grosses tours rondes. Il ne reste plus aujourd'hui que l'aile gauche, le pavillon latéral du même côté, contenant la chapelle et l'escalier central, encore a-t-il été englobé dans les remaniements que firent opérer, au XVIIe siècle, Louis Gouffier et le duc de la Feuillade. La grosse tour de l'aile droite est du fait du premier. Le reste doit être imputé au second. Le tout était entouré de douves profondes, fermant la grande cour qu'enceignait l'édifice, et laissant autour des murailles une large terrasse, où les habitants du château pouvaient circuler à l'aise. L'ensemble des bâtiments avait, en un mot, des proportions plus vastes

---

(1) Les relations d'Artus avec Bembo sont attestées par une lettre de ce dernier, dans laquelle il le traite d'*ami cher à son cœur*.

(2) *Notice sur le château de Bonnivet*, par M. Lecointre-Dupont, dans les *Mémoires de la société des antiquaires de l'Ouest*, 1836, p. 220. — V., sur Champigny-sur-Veude, les articles publiés par M. Ch. de Chergé, dans le même recueil, 1837, p. 147, et 1839, p. 85.

(3) Le *Journal de Michel le Riche*, de Saint-Maixent, publié par la Fontenelle de Vaudoré, mentionne la part qu'il prit, pendant ces années, à la brutale répression des troubles causés en Saintonge par l'établissement de la Gabelle.

(4) Nicolas Deschamps, prêtre d'Oiron, reçut, le 19 avril 1559, la somme de dix livres tournois, pour avoir fait la copie de cinq volumes en papier, « *on quel estoit la despense des bastiments faicte par les mains de maître François Turreau (ou Tarreau), recepteur du lieu d'Oiron.* »

que celles du palais du Luxembourg, tel qu'il avait été fait pour Marie de Médicis.

Nous n'avons pas à nous occuper ici de tout ce qui est postérieur à Claude. Il ne conserva de l'édifice de sa mère qu'une galerie ouverte, encore inachevée en 1537, dont il forma le rez-de-chaussée de l'aile gauche. Les arcades de cette galerie, en forme de cloître, s'appuient sur des piliers en spirales, qui font saillie extérieure pour former la base d'élégants contre-forts. Le style gothique et celui de la Renaissance se marient heureusement dans la décoration. Les voûtes à vives arêtes ont été refaites en 1546, et ont leurs clefs ornées des écussons, chiffres et emblèmes des Gouffier, d'Hélène de Hangest, de Françoise de Bretagne, etc., entourés de couronnes de fruits. Le n° 17 de la planche qui a pour titre : *Faïences d'Oiron (Origines)*, reproduit le monogramme de la veuve d'Artus. Sur les parois du mur sont les noms et les *marques* (1) des grands chevaux possédés par le roi Henri II, lors de son avénement à la couronne.

Au-dessus règne une autre galerie, achevée en 1548, dont les murs sont décorés à l'intérieur de fresques en grisaille, représentant des sujets de l'Enéide. Au bas de ces grandes peintures se voient, plusieurs fois répétés, le croissant seul ou enlacé à l'initiale du nom de Henri II, surmontée de la couronne royale; des arcs, des flèches, des palmes géminées, etc.; enfin, tous les emblèmes du nouveau règne, avec la devise : DONEC TOTVM IMPLEAT ORBEM. A l'extrémité, est une grande cheminée sculptée et peinte, dont le manteau est divisé en compartiments par des termes barbus, vêtus de draperies bleues, qui supportent la corniche (V. le n° 8 de la planche des *Origines*), et où se montre le monogramme, formé des initiales enlacées du roi et de Catherine de Médicis, et celui de Claude et de Françoise de Brosse, sa seconde femme. La devise du propriétaire du château : HIC TERMINVS HÆRET, complète l'ornementation, qui est d'une médiocre facture. Nous retrouverons les termes à draperies bleues à longues oreilles exactement reproduits sur les faïences. La devise de Claude a besoin d'une explication.

Elle est tirée du 614ᵉ vers, livre IV, de l'Enéide, mis dans la bouche de Didon délaissée :

> . . . . *Si tangere portus*
> *Infandum caput ac terris adnare necesse est,*
> *Et sic fata Jovis poscunt, hic terminus hæret* (2),
> . . . .

Il est assez difficile de déterminer le sens attribué par Claude à cette devise, d'autant plus qu'elle n'eût pas été bien choisie, si elle n'en eût présenté plusieurs. Je croirais

---

(1) Ce mot, inscrit sur le mur de la galerie, s'applique aux marques imprimées sur la cuisse de chacun des chevaux du roi.

(2) Les mots *hærere* et *terminus* se trouvent trois fois rapprochés l'un de l'autre dans Lucrèce : *liv.* I, *vers 76-78, vers 595-8; liv.* VI, *vers 65*. — Avant Claude Gouffier, Erasme avait pris le terme pour emblème. V. *les Emblèmes* de Paul Jove, et le beau portrait en pied de cet homme illustre, gravé sur bois par un artiste français.

volontiers, avec M. A. de Montaiglon (1), qu'elle signifie, lorsqu'elle accompagne le terme, emblème personnel de celui qui l'avait prise : *Ma maison est immobile comme un terme; indestructible comme lui; rendue à son apogée, elle s'y tiendra.* Lorsqu'elle entoure, au contraire, le monogramme de Henri II, elle prend le langage d'un homme passé maître dans l'art du courtisan : *C'est là que je m'arrête; que je me fixe; que je reste attaché.* Telle doit être sa valeur sur le jeton gravé au n° 2 de la planche des *Origines* des faïences d'Oiron. Quand enfin on la trouve sur la porte d'entrée de la collégiale, ou sur le tombeau que le grand-maître s'était fait préparer, elle a un sens plus religieux ou plus philosophique. (N° 16 de la même planche.)

L'extérieur de la galerie, élevée au-dessus de celle d'Hélène de Hangest, est pareillement décoré de beaux termes en terre cuite rouge, posés dans les niches des contre-forts. Entre chacun d'eux sont, dans des encadrements sculptés, des médaillons d'empereurs romains en marbre blanc. L'un de ces médaillons offre seul les insignes du grand écuyer (2). Un autre, placé à l'angle du bâtiment, nous montre les traits du *soltan Mahomet*. Une note informe, trouvée dans les archives, m'a paru fournir les noms de tous les personnages dont les portraits étaient incrustés dans les façades de la cour, lorsqu'elles étaient toutes trois debout. Je la transcris :

« *Julius Cesar, Pompeus Magnus, Augustus pater, imperator Tiberius, imperator Caius, imperator Claudius, imperator Nero, imperator Galba, Otho, Vitellus, imperator Vespasianus, Titus imperator, imperator Domitian, imperator Nerva, imperator Traianus, imperator Adrian, imperator Aelius, Divus Antoninus, Divus Aurelius, Verus imperator, imperator Comodus, Pertinax, imperator Julius, Pescen. Niger, Albinus imperator, Septimus Aug., Alexander, Gordian Aug., imperator Philipus, Caustantinus Cesar Aug., Carolus imperator, Arturus rex, le sultan Mahumet, Franciscus rex.* » Total : trente-quatre bustes ; décoration bien en rapport avec la prédilection de Claude pour les portraits. La présence du fabuleux roi Artur des romans de chevalerie donne encore plus de poids à mon hypothèse, puisque c'était le patron que s'était donné Boisy, le grand-maître. Il ne reste plus maintenant en place que onze de ces médaillons. L'indication fournie par la liste est précieuse, en ce qu'elle prouve que l'ensemble d'Oiron avait été construit d'une façon uniforme, qu'on peut très bien reconstituer par la pensée.

La galerie supérieure s'ouvrait sur un vaste vestibule donnant accès dans la chapelle privée du château, qui était de petite dimension. Sa décoration intérieure a presque

---

(1) Lettre du 26 octobre 1863.

(2) Ils sont gravés sur un autre jeton de Claude, dont voici la description : † G. GOVFFIER. CONTE. DE. CARVAS. ET. MAVLEV. — Ecu des Gouffier, surmonté de la couronne de comte et entouré du collier de l'ordre de Saint-Michel. — R|. GRAND. ESCVIER. DE. FRANCE. † SEIGNEVR. DE BOYSY. — Epée munie du fourreau et du baudrier fleurdelisés. *(Coll. de la Soc. de statistique de Niort.)*

entièrement disparu, de même que ses vitraux peints. On voit seulement, sur les clefs de la voûte, les armes des Gouffier, le monogramme de Henri II et la devise: *Hic terminus hæret*. Sur le mur se lit cette inscription tracée en noir :

SI. DESOVLX. EST

PHILIPPES.	CHARLES. FILS.
FILS. DE.	DE. PHILIPPES.
JEHAN.	DERNIER.
DVC. DE.	DVC. DE.
BOVRGONGNE.	BOVRGONGNE.

FET. M. IIIIe LX. ET VI.

Il s'agit évidemment, encore là, de portraits originaux de Philippe le Bon et de Charles le Téméraire. Celui de Claude, peint sur bois à la détrempe, était placé sur l'un des panneaux du retable ; mais on l'a transporté depuis dans la sacristie de l'église Saint-Maurice. Il est représenté à genoux à côté de son patron, et revêtu des insignes de grand écuyer. Ce portrait a été gravé, en supprimant le fond de paysage, sur la pl. XLVI du t. IV, p. 360, des *Monuments de la monarchie française* de Montfaucon. Gaignières en a aussi fait prendre un dessin. (T. VIII, f° 30, de son recueil) (1).

Le pavé de la chapelle sera décrit plus loin, au n° 40 des faïences d'Oiron. Au-dessous est la chambre du Trésor.

L'escalier, dont les marches, formées d'une seule pierre, ont trois mètres de longueur, s'enroule autour d'un faisceau de quatre colonnes étagées, et a dû, dans le principe, être surmonté d'une élégante lanterne, plus élevée que les tours latérales. Sur les frises courantes, et en maints autres endroits, apparaissent le monogramme de Henri, alors dauphin, la devise de Claude et les initiales de son nom et de celui de Jacqueline. La date 1544, inscrite sur un chapiteau, rappelle la réconciliation passagère des deux époux, au commencement de cette année.

Lorsqu'on sortait du château par la porte principale, donnant sur la cour d'honneur, on avait devant soi la statue équestre en bronze de Henri II, comme nous l'apprend l'inventaire dressé en 1559, à l'occasion du troisième mariage du grand écuyer :

« *Item, nous sommes transportez de la ditte gallerye en la cour devant le chasteau, où estant avons trouvé* LA STATUE DU FEU ROY EN VICTORIEUX A CHEVAL, *laquelle est de layton et, de là en avant, soubz un appentif, la fontayne de pierre de marbre, que ledict seigneur de Boisy a ordonné faire cest an présent.* »

De quel artiste pouvait être cette image de Henri II en *victorieux*, c'est-à-dire tenant une palme à la main ? Le Rustici avait fait le cheval d'une statue équestre de François Ier, qui ne fut probablement pas terminée. Il était en cuivre gris, ce qui était peut-être la

---

(1) Gaignières prétend que ce portrait était placé au retable de Saint-Maurice. Une note d'un ancien curé de cette église semble pourtant dire qu'il était, au contraire, posé dans la chapelle du château.

même chose que le laiton dont parle l'inventaire. Or, comme Catherine de Médicis n'utilisa pas ce cheval lorsqu'elle songea à une représentation équestre de son époux, et qu'elle eut recours à Daniel de Volterre, on en conclut naturellement que le premier n'existait plus alors, ou qu'il était sorti des mains royales. Si la seconde supposition est la vraie, il n'y aurait rien d'impossible à ce qu'il eût été abandonné à Claude Gouffier, qui s'en serait servi pour la statue placée dans la cour d'honneur de son habitation.

Un autre fait vient corroborer cette assertion : c'est qu'il existe probablement au Louvre une reproduction fidèle et contemporaine de la statue d'Oiron, dans l'émail inscrit sous le numéro 238 du catalogue rédigé par M. de Laborde, émail qui nous montre Henri II en costume antique, à cheval, portant une palme à la main. Pour toute personne habituée aux œuvres d'art, cette belle grisaille est faite d'après une sculpture, et les formes du cheval, imitées de l'antique, dénotent une main italienne.

La vasque de la fontaine en marbre existe encore. Séparée de son pied, elle sert de bénitier à l'ancienne collégiale de Saint-Maurice, devenue église paroissiale depuis 1801. Le style de ses sculptures me la fait attribuer à Jean Juste, de Tours, qui a beaucoup travaillé pour les Gouffier.

ARTISTES QUI ONT TRAVAILLÉ AU CHATEAU D'OIRON. — Le Rustici et Jean Juste ouvrent dignement la liste des artistes qui ont concouru à l'embellissement d'Oiron. Le second était sans doute fils d'un autre sculpteur du même nom.

Voici le texte d'une quittance autographe de lui, qui ne manque pas d'intérêt :

« *J'ay, Jehan Juste, sculteur en marbre, confesse avoir aeu et receu comptant de monseigneur le Grand, par les mains de Loys Perrinet, son argentier, la somme de vingt cincq livres tournois, pour mes vacations d'avoir achevé de pollir et assir la sepulture de mon dict seigneur et de deffuncte madame La Grand, de laquelle somme je me tiens contant, tesmoing mon sing manuel cy-mis, le xe de feuvrier mil cincq cent cinquante et huit (1559), et en quicte ledict seigneur et tous aultres.*

Un fragment de compte de dépenses de l'année 1557 mentionne une somme de 177 livres tournois, à lui payée pour un mortier de marbre blanc, un grand bassin et le buste de *Cornelia, dame romaine*, sortis de son atelier.

Un autre sculpteur établi à Tours, Mathurin Bonberault (1), surnommé *l'Orléanais*, avait fait, en 1551, huit têtes de haut relief. C'est peut-être à lui qu'on doit les médaillons d'empereur signalés plus haut.

On ne peut attribuer à aucun de ces artistes les magnifiques tombeaux de Philippe de Montmorency et d'Artus Gouffier, placés dans la collégiale, qui datent de 1539. Souvent on a dit qu'ils étaient l'œuvre de sculpteurs italiens, et M. E. de Fréville l'a répété dans son article sur les Clouet (2). Je les considère, au contraire, comme ayant une origine très française, et je ne doute pas qu'on ne trouve, tôt ou tard, le nom de leur auteur.

Voilà pour les sculpteurs. — Les peintres sont moins nombreux. Deux seulement sont connus. Le premier en date est Pierre Foulon, que Claude Gouffier avait pris à son service et fait naturaliser par lettres du 18 décembre 1538; vient ensuite Noël Jallier, qui peignit, en 1549, moyennant 482 livres tournois, quatorze grandes histoires (3), dans lesquelles je crois reconnaître les sujets en grisaille, tirés de l'Enéide, qui couvrent les murs de la galerie supérieure.

Pour ce qui est des architectes, les recherches les plus minutieuses ne m'ont pas fourni un seul nom. Je formulerai plus tard une simple conjecture relativement à celui qui a donné le plan de la collégiale. On sait que Philibert Delorme eut avec le grand écuyer quelques relations sur la fin de sa vie (4). Rien ne prouve, toutefois, qu'il ait travaillé pour lui.

Mobilier du château d'Oiron. — Le recueil des dessins, éxécutés par ordre de Gaignières, renferme ceux de deux tapisseries d'Oiron. L'inventaire du mobilier et de celui de Maulevrier, qui me vient de ce dernier château, décrit ces mêmes tapisseries et donne, en outre, la description de plus de cent autres meubles, étoffes et broderies qui ne lui cèdent en rien à celles-ci par la richesse. Qu'il me suffise de citer les articles suivants :

« *Douze pièces de tapisserie de veloux cramoisy de haulte couleur, tant grandes que petites, chargées de broderies et entretailleries de toile d'or et d'argent, aux armoiries de mon dict seigneur et de ses alliances, tymbrées à chiffres d'argent; les dictes douze pièces bordées par le hault d'une broderie de mesme frange de soye cramoisy et crespine d'or;*

» *Quatorze pièces de tapisserie de veloux noir, tant grandes que petites, semées*

---

(1) Benoît Bonberault, sculpteur d'Orléans, fut chargé, en 1525, d'achever le tombeau de Guillaume de Montmorency, commencé par Martin Claustre.
(2) *Archives de l'art français*, t. III, p. 97 et suiv.
(3) Quittance du 12 juin 1550, signée de Pelisson, notaire à Oyron.
(4) Philibert de l'Orme avait pris à ferme de Claude l'hôtel d'Etampes, à Paris.

d'escussons aux armes du Roy et de fleurs de lys, en onze desquelles y a en chascune une espee royale au mylieu ; la dicte tapisserie bordée d'escriteaux et chiffres de toile d'argent et d'escussons aux armoiries de mon dict seigneur et de madame ;

» Huit pieces de tapisserie neufve à grands feuillages et escussons aux armoiries de mon dict seigneur et en chascune piece une espee royale, laquelle tapisserie mon dict seigneur fait porter avec luy à la cour ;

» Neuf pieces de tapisserie de laine, figurée de gris et noir, sur laquelle y a des arbres avec des tourterelles et pennes (plumes) de broderie, et aux dicts arbres plusieurs escussons de diverses armoiries ;

» Un grand ciel de lit my party de toile d'or trait, noir et veloux violet (1), semé de lis d'or, et ladicte toile d'escussons aux armoiries de mon dict seigneur et de madame, d'espees royales et chiffres, avec fond, dossiers et bas de mesme, garny de franges de soye violette, crespine d'or fin, et trois rideaux de damas violet à petite frange d'or. »

Une vingtaine d'autres garnitures de lits étaient aussi riches, et les couchettes non moins somptueusement accomodées :

« Un ciel de couchette my party de toile d'or noire et toile d'argent figurée à escussons des armoiries du Roy, semé des chiffres et devises dudict seigneur. Le dossier et bas de lict de mesme et le fond de satin blanc et noir, frangé de soye noire, crespine d'argent, garny de trois rideaux de damas blanc et noir sans frange. »

Oiron renfermait en outre une fort belle bibliothèque, remplie de livres portant sur leur reliure le terme et la devise : HIC TERMINVS HAERET. Le recueil de Gaignières a conservé le croquis du principal motif de l'une de ces reliures, qui couvrait un volume de Jean Bouchet.

A côté de la chambre à coucher du grand écuyer était aussi un cabinet vitré, où se trouvait renfermée une quantité considérable de bijoux, camées, pierreries et curiosités de toutes sortes. Faute d'espace, j'en choisis seulement quelques-uns :

« Camahieu d'une femme assise dans une chaire et devant elle une victoire ; — autre petit camahieu d'une femme portée sur ung monstre marin, esmaillé au bord de blanc et rouge ; — pendant cerclé d'or dedans lequel est le ravissement d'Hélène ; — coupe d'or à deux anses, avec trois fleurs de lys au dedans ; — pot de cristal garni d'or esmaillé de blanc et violet ; — grand vase de chrysolite garny d'or esmaillé de blanc et verd ; — plat d'or où il y a un petit sainct Jehan assis et portant la croix ; — roy antique d'agathe sur pied d'or ; — enseigne garnye d'or où y a une Cérès d'agathe ; — enseigne d'or où y a une cornalyne avec ung homme à cheval de relief ; — Bacchus et bacchanales ; — Cérès d'argent antique ; — cassidoyne gravée d'ung Mars et Vénus prins en adultère ; — petite poire façon d'Ainde (Inde), garnye de petits rubis, saphirs

---

(1) Or et noir étaient les couleurs des Gouffier, et le violet celle de la troisième femme de Claude.

— 78 —

et perles ; — dix-huict tableaux de pourcellayne (coquilles) ; — *deux tableaux d'esmail de basse taille sur or et sur un fond de toile d'argent garny d'or; — quatorze petits tableaux d'or esmaillez de basse taille; — drageouer d'or; — coupe de jaspe garnye d'or; — esventail garny d'or; — gaine de cousteau enchassée sur ung pied d'argent où il y a des salyères; — teste de mort de cristal garnye d'or esmaillé de noir et blanc; — mirouer garny d'or et de perles, esmaillé de blanc et bleu; — huict paires d'heures painctes et garnyes or et argent; — grand camahieu garny d'or d'une femme sur un cheval maryn et de quatre enfants à la mer; — grand camahieu dans sa boeste d'une teste d'impérière; — coupe de jacynthe et d'or esmaillé de rouge et vert; — teste de jaspe de l'empereur Cæsar garnye de onze diamans, et onze pierres verdes; — barils d'agathe, coquille de jacynthe, etc.* »

Qu'on joigne à cela tout ce que renfermaient les appartements de la capitainerie d'Amboise, l'hôtel de Boisy à Paris, on se fera une idée de ce que le marquis de Carabas avait amoncelé de merveilles artistiques.

COLLÉGIALE D'OIRON. — Rien n'est moins religieux que cette église. Les derniers restes de gothique que la Renaissance a mêlés aux fines découpures, répandues à profusion sur le dessus des portes, sur la surface des voûtes, à l'extérieur aussi bien qu'à l'intérieur des chapelles, sur le retable des autels, ajoutent sans doute à la délicatesse des détails ; mais ils font ressembler toutes ces frivolités charmantes au voile de dentelle qui couvre la madone de la femme du monde sceptique et railleuse. Il suffit d'entrer dans le sanctuaire pour être convaincu qu'Hélène de Hangest et son fils s'étaient avant tout nourris des doctrines païennes, et que le Christ du moyen-âge n'était point leur Dieu. Léon X et Bembo, ces pontifes des divinités profanes, n'avaient pas été en vain les parrains de l'édifice.

Ces réserves faites, la collégiale d'Oiron est digne, en tous points, de la visite de l'artiste et de l'archéologue. Aucun autre monument du Poitou, à moins que ce ne soit son aînée, la chapelle du château de Thouars, ne donne une idée aussi favorable du talent des architectes et des sculpteurs du premier tiers du XVIe siècle, originaires de nos contrées. Un assez long intervalle sépare ces deux constructions ; mais on a tout lieu de penser qu'André Amy, le maître maçon de l'édifice élevé aux frais de Gabrielle de Bourbon, entre 1503 et 1512 (1), fournit, en 1528, le plan de celui bâti sous les auspices des Gouffier (2).

Il fallut une quinzaine d'années pour conduire l'entreprise à bonne fin. Certaines parties ne furent même terminées qu'en 1550. — Hélène de Hangest, qui s'était chargée de la direction des travaux, mourut avant leur achèvement. La perte de cette mère tendrement

---

(1) Léon X érigea la chapelle de Thouars en collégiale en 1515.

(2) La quittance qui va suivre fait connaître le nom de l'artiste auquel est due la chapelle du château de Thouars :

« *Je, Alexandre Guenyveau, prebstre demeurant à Doué* (Anjou), *confesse avoir receu de André Amy,*

aimée, arrivée en 1537, fut très douloureuse à Claude. Son premier soin fut donc de faire achever le tombeau du grand-maître, mis en place en 1539, afin de la déposer, selon son désir, à côté de l'époux dont elle avait toujours porté le deuil. Par un sentiment d'humilité assez rare de son temps, elle avait ordonné qu'on ne lui fît point de statue, et qu'une simple plaque de bronze, scellée dans le pavé à côté du mausolée d'Artus, rappelât seule sa mémoire. On y lisait cette touchante épitaphe :

CI. GIST. DAME. HELENE. DE. HANGEST. VEFVE.
M^r. LE. GRAND. MAISTRE. DE. BOISY. QV'ELLE.
AYMA. VNIQVEMENT. EN. SA. VIE. ET. PLOVRA.
DIX-HVIT. ANNEES. PRIEZ. DIEV. POVR. ELLE.

Lorsque Claude prit l'œuvre en main, il n'y avait guère d'achevés, en fait de sculptures, que le retable du maître-autel et la chapelle ornée des emblèmes de François Ier. Ce fut lui qui veilla à l'exécution de la chapelle Saint-Jérôme et de celle dédiée à saint Jean, qu'il avait fondée, et où il fit mettre les chiffres du Dauphin et de Jacqueline de la Tremouille. Le style de cette dernière diffère sensiblement de celui de la plupart des autres parties de l'édifice, où l'élément gothique a été maintenu, conformément au plan primitif, tandis que la Renaissance pure règne ici en souveraine. Un grand pupitre de bronze, en forme d'ange supportant un livre, prit place au milieu du chœur, et trois bénitiers de même métal furent posés à côté de chacune des entrées (1). La porte latérale, communiquant du château avec l'église, fut terminée en 1540. Les monogrammes d'Artus et de sa femme, et les insignes de grand-maître y tiennent la première place. Le clocher et la porte principale sont les deux portions les plus récentes. Cinq cloches, dont une fort grosse, appelaient les fidèles aux cérémonies religieuses. Si l'on en croit la teneur d'une fondation d'anniversaire, en date du 8 juin 1542, faite par le grand écuyer, les chanoines chargés du service de la collégiale auraient trop souvent abusé du privilége de faire entendre leur carillon ; car le droit d'empêcher de sonner, quand bon leur semblerait, y est expressément réservé au fondateur et à ses descendants (2).

Je ne décrirai point ici les tombeaux de marbre, avec statues couchées, de Philippe

---

maistre maczon de l'ouvrage de l'esglise Notre-Dame ou château de Thouars, la somme de cinquante-cinq livres dix sols tournois, à cause et par raison de la vendicion des ymages d'une Annonciation ; c'est assavoir d'une ymage de Nostre-Dame et d'une ymage de saint Gabriel, que j'ay baillez pour mestre en ladite esglise, qui ont esté marchandez par Madame de ladicte somme ; de laquelle somme de LV l. x s. t. je me tiens content par les présentes, lesquelles j'ay signées de ma main, le xiiij jour de décembre, l'an mil cinq cens douze. » GUENYVEAU. »

Guenyveau était vraisemblablement sculpteur. Cette quittance a été publiée par P. Marchegay, dans la Rev. des Soc. savantes de 1863.

(1) Extrait de la plainte portée à l'évêque de Poitiers par les chanoines d'Oiron, à la suite de la dévastation de leur église par les protestants.

(2) Revue des sociétés savantes des départements, 1863, p. 194.

de Montmorency, d'Artus Gouffier, de Bonnivet et de Claude, où celui-ci s'est fait représenter à l'état de cadavre. Les deux derniers sont de la main de Jean Juste, qui avait fait aussi, ainsi que le constate la quittance déjà reproduite, le mausolée de Françoise de Brosse, aujourd'hui disparu. François de Vendôme, ce magnifique vidame de Chartres, mort le 7 décembre 1562, dont parlent si souvent les historiens du temps, voulut aussi, en qualité de fils d'une Gouffier (1), reposer à côté de ses ancêtres maternels. Son testament, du 13 juillet 1544, retrouvé dans les archives du château, par M. Imbert, de Thouars, qui a bien voulu m'en faire une copie, porte cette clause : « *Ytem veult et ordonne le dict seigneur testateur estre employée la somme de mil escus d'or sol, pour luy faire une sépulture en la dicte église d'Oiron. Item, le dict seigneur testateur donne et laisse au seigneur de Boisy, son oncle, la somme de dix mil écus d'or sol, une fois poiés, le requérant que soit son plaisir voulloir permettre et souffrir son corps estre inhumé en la dicte église et y estre faicte la dicte sépulture.* » Les guerres de religion empêchèrent l'exécution de cette clause testamentaire.

Des épitaphes, gravées également sur marbre ou sur des plaques de bronze, étaient çà et là encastrées dans les murs de l'édifice. Elles avaient été composées par Salmon Macrin, Clément Marot, Jean Lascaris, Jacques Amyot et autres poètes ou savants du XVIe siècle (2).

Parlerai-je maintenant des tableaux, dont la plupart ont du prix, et qui pourrissent dans leurs cadres vermoulus ? Toutes ces richesses mériteraient une description étendue, avec gravures, reproduisant tout ce qui a une valeur artistique ou historique. J'entreprendrai quelque jour cette tâche délicate, avec la collaboration efficace de M. Octave de Rochebrune. Une série de planches, exécutées par lui d'après de pareils modèles, sera une véritable bonne fortune pour ceux qui savent apprécier tout ce que la Renaissance française a de profondément original. A l'heure qu'il est, je ne demanderai à toutes ces belles choses que ce dont j'aurai besoin, pour m'aider à dérouler la série des nombreux emprunts faits, par les auteurs de nos faïences, aux peintures et sculptures ornementales de l'église et du château d'Oiron. Malheureusement l'œuvre d'Hélène et de Claude nous est parvenue mutilée par les guerres civiles et les rapetassages de quelques-uns de ses possesseurs. Le premier désastre qu'elle ait eu à subir est raconté en ces termes par deux contemporains :

« *Le 19 septembre 1568, le sieur de Coulombiers entra, sous ombre d'amitié, à Oiron, appartenant à M. le grand écuyer, et se voyant maistre au dit logis, prit le dit sieur le Grand prisonnier, ses serviteurs et chanoines; vola et pilla sadite maison, armes, meubles, grands chevaux du Roy, et eut X mille écus pour les meubles qu'il ne put emporter; bref ils firent dommage audict seigneur de L ou LX mille écus, avec*

---

(1) Hélène, fille d'Artus et d'Hélène de Hangest.
(2) V. le texte de ces épitaphes dans la notice de M. Ch. de Chergé sur Oiron.

dix mille cruautés, et l'emmenèrent avec ses dits chanoines prisonniers à la Rochelle. Ils gastèrent toute l'église dudit lieu et les tombeaux de marbre, bronze, et autres choses excellentes qui y étoient (1). »

Écoutons maintenant La Popellinière :

« *Pendant le séjour à Thouars* (occupé alors par les bandes protestantes de d'Andelot), *Colombières, gentilhomme normand, fut à Oiron, où résidait le duc de Roannois, de la maison des Gouffier, grand escuyer de France, et y entra comme amy, au moyen de quoy le duc, or que le bruit des harquebuzades et cliquetis des harnois s'entendist de tous costez, ne se put douter de la trousse que ceux qui s'invitoient à son logis luy jouèrent, le menant prisonnier à la Rochelle, pour luy faire payer rançon digne de son estat. Ce qui n'avint toutefois; car avoit despuis resmontré, le décez de sa femme avenu* (2), *qu'il ne pouvoit, serré comme il estoit de tous endroits, trouver moyen de faire argent, s'il n'estoit relaché, sous la promesse et foy de gentilhomme de retourner ou payer, pour aller es cour pourvoir aux affaires domestiques que sa femme luy avoit laissé, et fust mis hors. Mais, depuis, semond d'effect à sa promesse, respond qu'il n'estoit obligé qu'au Prince de Condé, qui jà estoit décédé, et, conséquamment, affranchi de toutes obligations, nyant aussi subtilement sa rançon qu'avoit esté fin et ingénieux le chef qui l'avoit prins en sa maison* (3). »

Après les vandales du calvinisme vinrent les vandales patentés, les architectes du XVIIe siècle, employés par Louis Gouffier, petit-fils de Claude, qui les chargea, à partir de 1625, de défigurer le château tout entier. C'est à ce dernier qu'on doit les méchants plafonds surchargés d'ornements de la galerie haute et du grand salon, dont il confia l'exécution au pinceau de maître Jacques Despicy, peintre-vitrier, et de son collègue Vincent Mercier. Un troisième artiste, un peu plus habile que ses devanciers, le maniériste Belange, passe pour avoir fait les peintures d'une autre pièce.

Artur, deuxième du nom, petit-fils et héritier de Louis Gouffier, quittait volontiers les jouissances artistiques pour les controverses religieuses du jansénisme. Il laissa du moins Oiron en repos; mais il n'en fut pas de même de Louis d'Aubusson, duc de la Feuillade, son beau-frère. C'est lui qui bâtit la fastueuse habitation achevée par son fils Louis entre les années 1691 et 1693. Madame de Pompadour, qui l'acquit bientôt après et qui s'y réfugia en abandonnant la cour, se contenta de quelques réparations intérieures, dont l'une, celle des pavés émaillés de sa propre chambre à coucher, nous arrêtera plus tard un instant. Depuis, la demeure mutilée de Claude a subi le sort réservé aux choses disproportionnées. Le vide s'est fait dans ses appartements, devenus trop vastes pour

---

(1) *Journal ms. de Généroux, notaire à Parthenay*, communiqué par M. Ledain.
(2) Claude de Beaune, sa quatrième femme.
(3) *Histoire de France*, La Rochelle, Haultin, 1581, in-fo, t. I, liv. XIV, p. 67.

notre époque de nivellement social, et l'archéologue qui la visite aujourd'hui éprouverait, malgré le soin apporté à sa conservation par son propriétaire actuel, ce sentiment, mêlé de dégoût et de tristesse, qu'inspirent toujours les ruines où l'art n'a pas laissé son empreinte sacrée, s'il ne la retrouvait dans les restes de l'édifice primitif échappés à tant de désastres.

IV.

LE GARDIEN DE LIBRAIRIE ET LE POTIER D'HÉLÈNE DE HANGEST.

J'ai omis intentionnellement deux noms sur la liste des artistes qui ont travaillé à Oiron. Ils sont fournis par divers documents extraits des archives de la châtellenie. Le premier de ces documents est une lettre de Claude Gouffier :

« *Recepveur d'Oyron, vendez les fornitures de blez de vostre recepte, pour poier les coutz de mes gentz du terme de la Sainct Jehan prouchaine, et vendez les bois du cousté de Montpalet et dix tounaulx de vin de ceste annee, le plus cher que pourrez, et m'envoirez ceans le prix. Le porteur vous mettra es mains la confirmation de l'acte de la maison Gruyet, proche la halle, passé le* xve *jour de l'an* XXIX *(1529), par feu madame et mere, au prouffict de* FRANÇOYS CHERPENTIER, *potyer de ma dite dame, et* JEHAN BERNART, *son segrettayre et gardyen de lybrairie, et du vergier où est basty le four et appentifz d'iceulx, aux quelx mandons le faire registrer à Méry. Rapportez, Recepveur, la présente, avec certification de Laurens Chevreau de la dite vente, et tiendrez pour vous compte des deniers déboursez vendredy. Escript à Maulevrier, l* XIe *jour de décembre* (1). »

Claude Gouffier [signature]

Deux choses ressortent du document qui précède : c'est que Mme de Boisy avait, en 1529, à Oiron, un potier spécialement attaché à sa personne, et que son bibliothécaire était associé à la fabrication des vases qui se faisaient dans l'officine privilégiée. Une

---

(1) Cette lettre est signée : Boisy ; mais j'ai préféré reproduire la signature officielle de Claude Gouffier.

seconde missive, également sans indication d'année, mais antérieure au 26 janvier 1537, puisqu'elle est adressée à Hélène de Hangest elle-même par son homme d'affaires, montre Cherpentier travaillant à l'église :

« *Madame, tres humblement me recomande à vostre bonne grace. Vous plaise savoir, Madame, que vostre maison est en bonne santé et attend en grand joye sa bonne mestresse, et n'y trouverez à reprendre ne blasmer. Jehannot sera gentil compaignon à vostre revenue, estant desmeshuy quipte de ses fiebvres.* CHERPENTIER *a besoigné à vos ordres dedans la chapelle de senestre, qui ne sera faicte de ce moys, mès à la fin de l'aultre, aidant nostre Seigneur, ausquel je prie, Madame, vous bailler santé et ce que désirez en ce monde. Escrit à Oiron le* vi^e *jour d'apvril.*

» LAURENS CHEVREAU. »

Il ne peut être question, dans cette lettre, de la chapelle du château, qui n'était pas encore construite, mais bien de l'une de celles placées dans la partie gauche du transept de l'église, peut-être de la chapelle dite de François Ier.

Le dernier document est un extrait de l'état de la maison d'Oiron pour l'année 1538 :

« *Item, sera délivré par le recepveur, par chascune sepmaine, à maistre* JEHAN BERNART, *les deux painctres et le vallet de paine, ung boisseau froment, et demy mestail; seize fagots pour faire cuire la viande; laquelle sera par jour : piece de bœuf vallant troys solz troys deniers; demy cartier de mouton, vallant deux solz, livre de lard vallant deux solz, ou poule ou poulet de la ferme; demy livre chandelle; pour troys deniers sel, et une demy pipe vin vieil, par chascun moys. Pour le repas des jours maigres, sera livré, tant en beurre qu'en œufs et poisson, jusques à la somme de cinquante solz par semaine.* » Ici, le garde de librairie a sous ses ordres deux peintres et un valet de peine, qu'il employait on ne sait trop à quels travaux. Douze années plus tard, il n'est plus question de Bernart dans l'état de la maison. Sans parler des nombreux serviteurs qui accompagnaient partout les maîtres dans leurs changements de domicile, il se composait, en ce moment, du concierge Léonard, le gros bonnet de la domesticité ; de son valet ; de Jehannot, déjà connu de nous, qui lui aussi avait un valet ; du jardinier Jacques, dit le Génevois ; *de deux peintres* et du charretier (1). Le rang donné aux deux artistes ne semble pas indiquer qu'ils eussent beaucoup de talent et qu'on eût grande considération pour eux. Un seul individu m'intéresse : c'est ce Jehannot, dont les fonctions ne sont pas définies, et que Laurens Chevreau cite en même temps que Cherpentier, comme s'il y eût eu quelque lien entre eux. Peut-être était-il alors l'apprenti du potier et le remplaça-t-il plus tard. Tout ce personnel était, par conséquent, composé en grande partie de gens étrangers au pays. Il n'en était pas ainsi de Jean Bernart et de François Cherpentier, qui y avaient indubitablement pris naissance. Le nom du premier est encore porté par une foule de familles de la contrée ; celui du second est oironnais. Il se lit sur

---

(1) Etat dressé le 20 octobre 1550 et signé de Françoise de Brosse.

une tombe placée dans le pavé de la collégiale, et se rencontre souvent dans les registres d'état civil de la paroisse.

En résumé, ce fait capital nous est désormais acquis, à savoir : que le bibliothécaire de Mme de Boisy était sinon un artiste, du moins un homme fort entendu dans les questions d'art. Nous savons, en outre, que le potier en titre de la châtelaine d'Oiron était, aussi lui, sous la direction de ce personnage. Il ne s'agit plus maintenant que de chercher quelles ont pu être les poteries produites par une association aussi anormale ; poteries qui doivent révéler dans leurs formes, et plus encore dans le choix de leurs décors, l'intervention délicate d'une femme distinguée et celle d'un lettré doublé d'un artiste, que la pratique des livres a initié à tout ce qui concerne l'ornementation typographique. Or ne sont-ce pas là précisément les caractères distinctifs des prétendues faïences d'Henri II? Existe-t-il, même dans la céramique, je ne dis pas contemporaine, mais de tous les temps et de tous les pays, d'autres spécimens qui puissent, de près ou de loin, revendiquer une telle origine? A dater du moment où j'eus découvert les documents que je viens de produire, j'ai considéré la démonstration comme complète, et j'ai restitué aux faïences, exécutées sous l'inspiration des Gouffier, leur véritable nom, le seul qui leur convienne : celui du lieu où elles ont été fabriquées (1).

V

CLASSEMENT DES FAIENCES D'OIRON PAR ORDRE CHRONOLOGIQUE

Quand on embrasse d'un seul coup d'œil l'ensemble des faïences, figurées dans la publication de M. Delange, on est frappé d'abord de la notable différence de style que présentent entre elles la plupart des pièces ; mais on ne tarde pas à reconnaître qu'elles se divisent en deux classes principales. Un examen plus scrupuleux, uniquement basé sur la donnée artistique, permet ensuite d'établir des subdivisions dans ces deux premières catégories, et d'y mettre un certain ordre chronologique, sans avoir même recours aux renseignements multiples, fournis par les blasons, chiffres, emblèmes et sigles divers mêlés à la décoration de plusieurs des vases. Dans le classement qui va suivre, j'introduirai quatre nouveaux éléments de critique :

1° Les indications historiques puisées dans l'étude précédente sur le lieu de la fabrication de nos faïences, sur ceux qui l'ont patronnée et sur ses auteurs ;

2° La confrontation de beaucoup de détails d'ornements avec ceux peints ou sculptés

---

(1) M. Delange avait très bien compris déjà que deux artistes de métiers différents s'étaient associés pour faire les poteries d'Oiron, qu'il a attribuées à Girolamo della Robba et à Geoffroy Tory, à la p. 26 de son *Recueil*.

en divers endroits de la collégiale et du château ; confrontation qui démontrera jusqu'à l'évidence que Bernart et Cherpentier, à défaut de l'inspiration nécessaire pour créer des œuvres originales, se sont approprié, dans ce qu'ils avaient sous les yeux, tout ce qu'ils ont cru de nature à entrer dans leurs compositions ;

3° Le carrelage émaillé, encore à peu près intact, de la chapelle du château, fabriqué avec la terre des faïences ;

4° Une troisième série de pièces, postérieures à celles-déjà connues, mais sorties du même endroit, où il s'en trouve deux de la plus haute importance dans la question, car l'une porte les armes de Claude Gouffier et l'autre sa devise.

Pour plus de clarté, j'ai divisé les faïences d'Oiron en trois classes. Je vais passer successivement en revue les pièces qui composent chacune d'elles.

VI

FAIENCES DE LA PREMIÈRE PÉRIODE.

Je range dans cette première catégorie toutes les pièces dont les ornements incrustés sont d'une seule couleur, et celles qui, sans être conçues dans un sentiment aussi sobre, n'ont qu'un petit nombre de parties colorées autrement qu'en brun noir, en brun plus clair ou en rouge d'œillet. Ce sont, selon moi, les plus parfaites ; celles que je préfère entre toutes. Le recueil de M. Delange en reproduit seulement douze. Un fragment d'une autre m'a été signalé. Chacun de ces beaux vases mérite une attention particulière.

1° *Coupe sans couvercle* (collection de M. le duc d'Uzès ; *Recueil Delange*, n° 1) (1).

Ornements bleus avec reliefs.

— Sa forme a été servilement copiée sur celle de certains vases chinois appelés, inexactement peut-être, brûle-parfums. J'en possède un, décoré en bleu à l'intérieur et à l'extérieur, dont les profils sont identiques *(vignette ci-jointe)*. Son couvercle est pareil à celui des coupes qui vont tout à l'heure nous passer sous les yeux. Un autre m'a été montré, ayant la marque de la période Houng-tchi (1488-1506) sous le pied, qui est encore plus exactement semblable. La disposition générale des ornements est surtout d'une ressemblance frappante. Il est donc à présumer que les potiers

---

(1) Les planches de ce recueil ne sont pas numérotées ; mais, les faïences y étant décrites dans un certain ordre, le chiffre que j'indique marque la place de chacune d'elles dans la nomenclature de M. Delange.

d'Oiron avaient vu chez les Gouffier quelques porcelaines orientales lorsqu'ils ont adopté ce modèle, porcelaines qui ne furent pas sans influence sur leur façon de comprendre la décoration des faïences. Au fond de la coupe sont les armes de Gilles de Laval, vicomte de Brosse, seigneur de Bressuire, Maillé, la Roche-Corbon, Pont-Château et la Mothe-Saint-Héray, qui portait : *de Laval brisé d'un franc quartier d'azur au lion d'or, semé de fleurs de lis de même,* qui est Beaumont-le-Vicomte. (N° 18 de la planche des *Origines*.) Ce seigneur faisait sa résidence au château de Bressuire, ville éloignée de quelques lieues d'Oiron, et avait été le compagnon d'armes et l'ami personnel d'Artus Gouffier. Son sceau privé, attaché à une pièce du 11 novembre 1523, porte le même écusson. Onze ans plus tard, les armes pleines des Laval apparaissent sur celui de la châtellenie de Bressuire.

2° *Pot à l'eau à couvercle* (collection de M. Alphonse de Rothschild ; *Recueil Delange*, n° 4). — Cette fois, la forme a été empruntée à celle des vases d'étain contemporains. Sur le dessous sont les armes de Gilles de Laval. La forme de ce pot s'est conservée, jusqu'au xviii° siècle, dans les faïences poitevines.

3° *Gourde* (collection de M. le duc d'Uzès ; *Recueil Delange*, n° 3). — Sur l'un de ses flancs se voient encore les armes du seigneur de Bressuire. Elle porte aussi en relief un médaillon où est représenté saint Jean et qui a l'air d'avoir été moulé sur le fond d'une patère d'église ou d'un plat de métal, analogue à celui qui faisait partie du trésor déposé dans le cabinet joignant la chambre à coucher de Claude. (V. plus haut, p. 77.) On sait aussi que la collégiale d'Oiron renfermait une chapelle dédiée au précurseur du Christ. Autour du col est un cercle de cœurs percés de flèches, emblème reproduit dans une autre chapelle, dédiée d'abord au *Chapelet de Notre-Seigneur*, et plus tard au *Rosaire*, et que nous retrouvons, deux fois répété, sur la bannière gravée au n° 9 de la planche intitulée : *Faïences d'Oiron, Origines.* — Cette bannière mérite, sous plusieurs rapports, qu'on s'y arrête. Ce n'est plus aujourd'hui qu'un morceau d'une épaisse toile de lin, employée autrefois comme doublure d'une étoffe plus précieuse. Les dessins des broderies sont demeurés parfaitement visibles, parce qu'ayant été faits en applique, leurs contours se trouvent tracés par les fils d'or, d'argent et de soie de couleurs variées, qui les fixaient jadis sur le fond. M. O. de Rochebrune a donc pu les restituer avec une exactitude parfaite. Au milieu se trouve le monogramme du Christ, mêlé à celui de la Vierge, avec un cœur percé d'une flèche au-dessous, et ayant autour le chapelet, dit de Notre-Seigneur, composé de trente-trois oraisons dominicales et de cinq *Ave,* qui fut inventé ou plutôt régularisé, au commencement du xvi° siècle, par le camaldule florentin Michel. La forme de la croix a cela de particulier que ses bras sont terminés par des fleurs de lis. Les Gouffier l'avaient importée dans leur collégiale, où une chapelle existait déjà en son honneur en 1535. Plus tard, lorsque Pie V eut établi la fête du *Rosaire,* en commémoration de la victoire de Lépante, le chapelet fut remplacé à Oiron par la nouvelle institution papale. Une banderole sur laquelle est la devise : HIC TERMINVS HAERET, voltige au-dessus; tandis que les quatre coins sont remplis par autant d'écussons. A droite, dans le haut, est celui de François Ier, surmonté de la couronne royale; le second est chargé de trois croissants enlacés, emblèmes de son fils Henri, dont le monogramme occupe le milieu de la partie inférieure de la bannière; au bas sont les blasons de Claude Gouffier, décoré du collier de l'ordre, et d'Hélène de Hangest, qu'entoure un chapelet et que surmonte, en signe de veuvage, le cœur percé d'une flèche. Les fils d'or, d'argent et de soie, encore visibles, permettent de reconnaître la couleur de chaque partie de l'ensemble. Les armes étaient figurées au naturel, la banderole était bleue; les chapelets noirs, ainsi que les flèches perçant les cœurs rouges et que les arabesques de la frise, qu'on dirait prises sur l'une des faïences. Ce qui reste de cette bannière sert à couvrir un banc de pied. La doublure d'un dais magnifique, datant aussi du XVIe siècle, gît à quelque distance, dans un coin du clocher. Il serait bon de relever le dessin de ces anciennes broderies, avant qu'elles s'en aillent tout à fait en poussière.

La chapelle du Chapelet, devenue ensuite celle du Rosaire, a conservé quelques traces de peintures, figurant un rideau, dont les ornements jaune, brun et gris, ont un lien étroit de parenté avec ceux employés par Bernart et Cherpentier.

4° *Couvercle de coupe* (collection de M. le duc d'Uzès; *Recueil Delange*, n° 2).

5° *Fragment de coupe* (possédé autrefois par Mme de la Sayette). — Il n'y avait absolument que le fond de la coupe, où se voyaient les armes des La Trémouille, vicomtes de Thouars et suzerains d'Oiron, dans une couronne de feuillage, tout à fait semblable à celle qui encadre ailleurs l'écu de Gilles de Laval. Trois cercles concentriques et une rangée de fleurons d'un brun presque noir complétaient la décoration de ce précieux débris.

6° Autre *couvercle* presque semblable, mais dont les incrustations sont rouge-œillet (collection de M. Antony de Rothschild; *Recueil Delange*, n° 5).

7° *Coupe sans couvercle* (appartenant à M. H. Delange, n° 9 de son *Recueil*).

8° *Biberon* (collection Sauvageot; *Recueil Delange*, n° 6). — Imitation des buies d'étain fabriquées en Poitou. Sur le devant est la croix du chapelet dit de *Notre-Seigneur*. Peut-être doit-on y voir, au contraire, celle de l'abbaye royale de Fontevrault, où était religieuse l'une des filles de Mme de Boisy. Les écussons fleurdelisés ont été ajoutés par M. Rondel en refaisant les anses. M. A. de Montaiglon croit que ce vase était destiné à transporter de l'eau bénite.

9° *Coupe avec son couvercle* (musée de Cluny; *Recueil Delange*, n° 7). — A l'intérieur

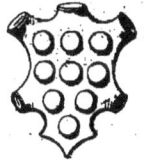

sont les armes de Guillaume Bodin, seigneur de la Martinière, maître d'hôtel du sire de Boisy. Elles étaient *d'azur à neuf besants d'or, posés 3, 3, 2, 1*. Comme terme de comparaison, voici l'écusson de la famille de ce personnage, qui tenait un rang distingué dans la noblesse du pays. C'est la reproduction de celui sculpté sur la porte du petit manoir de Revroc, qui appartenait, sous François Ier, à l'un des cousins de Guillaume.

10° *Buie* imitée, comme la précédente (n° 8), de celles d'étain (collection de M. Lionel de Rothschild ; *Recueil Delange,* supplément). — A la jonction des anses sont des écussons chargés de cœurs percés de flèches. Le devant est orné d'un ange long-vêtu, en haut relief, portant une banderole. Cette figure, copiée sur quelqu'une des sculptures de la collégiale, est tout à fait dans le style du premier tiers du xvi° siècle. L'introduction de couleurs étrangères au noir, au brun et au rouge, se présente ici pour la première fois.

11° *Plat* (musée Kensington ; *Recueil Delange,* n° 8). — Le blason, placé au centre dans une gloire de rayons, est celui de Guillaume Gouffier, troisième fils de l'amiral de Bonnivet, alors qu'il était chevalier de Malte. Le petit cachet privé, dont l'empreinte se trouve sur une lettre de ce personnage écrite le 19 janvier 1542, en présente un semblable (N° 23 de la planche des *Origines*). Avant de connaître ce cachet, j'avais d'abord cru y voir les armes d'une maison alliée, par les femmes, aux Gouffier; mais un archéologue versé dans les questions héraldiques m'a appris depuis que, dans l'ordre de Malte, les dignitaires et les chevaliers pourvus de bénéfices avaient souvent eu, au xvi° siècle, la coutume d'écarteler leur écu des armes particulières de l'ordre, de celles des grands-prieurés ou commanderies, lesquels y tenaient la place d'honneur. La forme de ce plat est imitée de celle d'un bassin de verre. Au revers est une marque demeurée inexpliquée. On a voulu y reconnaître un monogramme; mais j'y verrais plutôt une sorte de fleur ou de fruit sur sa tige.

12° *Réchaud* (collection de M. Andrew Fountaine ; *Recueil Delange,* n° 10). — Je ne sais trop pourquoi on a donné à ce vase, dont la destination est suffisamment indiquée par sa forme, le nom de mortier à cire. Un tableau, peint sur bois par un artiste français inconnu du milieu du xvi° siècle, et représentant les noces de Cana, que possède l'un de mes amis, en montre deux tout semblables, mais d'un travail infiniment moins délicat. Ils sont placés sur la table du festin. La fumée qui s'échappe de l'un d'eux me porte à penser qu'ils étaient remplis d'eau chaude, et qu'ils avaient pour but de conserver la chaleur des mets posés dessus dans leurs vases. Sur celui-ci, les plats ou autres récipients contenant les mets étaient maintenus en place par les chapiteaux des pilastres qui s'élèvent au-dessus des rebords du bassin. Le n° 19 de la planche des *Origines* donne la gravure réduite d'un second réchaud, fabriqué à Oiron à une époque bien postérieure, et sur lequel je reviendrai plus loin. On en rencontre également faits de fer ou de cuivre.

13° *Chandelier* (collection de M. Antony de Rothschild; *Recueil Delange,* n° 21). — Nous sommes arrivés, à l'heure qu'il est, à la transition d'un style à un autre. Par certaines parties, surtout par sa base, cette jolie pièce tient encore à la première période, tandis que d'autres la rangent dans la seconde. J'ai même eu souvent la pensée, en la considérant, qu'elle a été composée, par quelque habile restaurateur moderne, avec les débris de deux fragments de vases incomplets. Je préfère donc ne pas m'y arrêter davantage, et renvoyer à des monuments moins incertains les observations que me suggèrent divers ornements.

Il n'y a en réalité que les numéros 1 à 10 qui appartiennent à la première période. Les trois suivants n'ont été placés ici que pour relier cette période à la seconde.

Des hommes pour la science desquels je professe la plus entière estime, préoccupés surtout du côté pratique, et frappés de la rare perfection des pièces monochromes et de l'incroyable habileté de main qu'elles annoncent chez leurs auteurs, les ont crues postérieures à certaines autres qui décèlent une pratique moins grande de l'art de terre. Or l'une des objections les plus sérieuses à faire à leur système est la présence, sur trois d'entre elles, des armes des Montmorency-Laval, avec le franc-quartier de Beaumont-le-Vicomte, dont les seigneurs de Bressuire ne faisaient déjà plus usage en 1533, ainsi que je l'ai constaté en décrivant la coupe n° 1. J'ajouterai que leur style est plus simple et plus conforme à celui employé pendant la première partie du règne de François Ier; que leur couleur et le choix de certains ornements significatifs conviennent parfaitement à la position de veuve de Mme de Boisy, qui les a employés ailleurs ; qu'il y a enfin unité parfaite dans leur série, ce qui n'a plus lieu par la suite : d'où je conclus qu'une inspiration unique a présidé à leur fabrication. Les vases multicolores portent, du reste, presque tous des écussons, chiffres et sigles divers, qui leur assignent une date plus récente, comme je n'aurai pas de peine à le démontrer bientôt.

Il est une autre méthode à suivre pour percer ce mystère. Infaillible en numismatique, elle doit avoir également son application dans la circonstance. C'est de soumettre l'ensemble des faïences d'Oiron à la loi de la dégénérescence des types. Or, si l'on ne place pas en tête de la série les vases monochromes, il y a aussitôt désordre et confusion dans toutes ses parties ; impossibilité de saisir les traces de la marche régulière que présentent, sans exception, les œuvres humaines aux yeux de l'observateur. Si celui-ci leur restitue au contraire le rang qui leur appartient, tout s'enchaîne, tout se lie ; la lumière se fait jusque dans les moindres détails. Il lui reste seulement démontré que ce ne sont pas là les débuts de Bernart et de Cherpentier dans la céramique, et qu'ils ont dû faire plus d'un essai avant d'arriver à ce degré de perfection, essais dont quelques spécimens sortiront peut-être un jour de recoins ignorés.

Mais, en procédant à cette enquête artistique, il ne faut pas surtout oublier que les faïences d'Oiron furent le résultat de l'association de trois intelligences : Bernart y mit son talent d'ornemaniste ; Cherpentier, son habileté à façonner la terre ; Hélène de Hangest, son goût très fin, mais un peu minutieux et chargé de tristesse, note sombre qui tranche fortement sur les autres productions de la joyeuse Renaissance. Tant qu'ils vécurent tous les trois, il y eut unité dans la création des œuvres. Un moment arriva où la mort vint successivement les enlever à l'association, et, chaque fois que l'un d'eux disparut, il y eut amoindrissement dans la valeur des produits de l'officine. La lettre de Claude Gouffier, reproduite à la page 82, lettre écrite après janvier 1537, apprend que la veuve d'Artus fit défaut la première, et qu'au moment où se passa ce triste événement la petite fabrique avait au moins huit années d'existence. L'état du personnel de la maison pour 1538 constate aussi que Bernart était vivant à cette date, tandis qu'il n'en est plus question dans le document de même nature dressé en 1550. Cherpentier ne figure pas dans ces états, par la raison fort simple qu'il habitait sans aucun doute la maison du bourg où était l'atelier. Malgré cette lacune, les faïences de la seconde période disent, aussi clairement que le premier écrit venu, que le potier survécut à son associé. Remplacé à son tour, au commencement du règne de Henri II, par Jehannot ou tout autre, il lui légua ses procédés, ses poinçons, ses moules; mais il ne put lui transmettre le feu sacré qui l'animait. Une dernière observation me reste à faire avant de passer au chapitre suivant. Si le goût d'une femme, qui ne peut être autre qu'Hélène de Hangest, s'est fait sentir dans les pièces de la première catégorie et a laissé une trace très marquée dans celles de la seconde, il est une autre intervention qui y est non moins apparente, celle d'un homme aimant les livres, connaissant aussi bien les pratiques de leur exécution matérielle que leur contenu. Mes devanciers ont depuis longtemps remarqué l'analogie frappante de la plupart des arabesques, entrelacs, fleurons et grotesques, incrustés dans la pâte des faïences d'Oiron, avec ceux employés par les imprimeurs et relieurs contemporains, pour décorer leurs œuvres respectives. Indépendamment des motifs courants, puisés simultanément alors, par bon nombre d'industries, dans les recueils faits pour elles, tels qu'ils s'en imprimait, en 1534, à Augsbourg, chez J. Schwartzemberger et chez certains éditeurs de France et d'Italie, nos potiers ont copié jusqu'à des marques de libraires et des figures de frontispice. Le pélican du poitevin Jean de Marnef occupe le fond du godet d'une salière de la collection Sauvageot. Les singuliers combattants, moitié hommes moitié limaçons, de la grande buie de M. Lionel de Rothschild, et sa zone de tête d'anges, me font, d'un autre côté, l'effet d'être extraits de frontispices d'ouvrages sortis des presses italiennes; tandis que la vieille femme de l'une des salières de M. Calixte de Tusseau vient, je le suppose, d'un volume suisse ou allemand. Je n'émets en ce moment que de simples conjectures. Les ressources dont je dispose en Vendée sont trop restreintes pour rien affirmer. Un séjour de quelques semaines, fait l'an dernier, à Paris, dans des conditions peu favorables aux recherches bibliographiques, ne m'a fourni non plus que des notes à l'état de croquis. A d'autres le soin de creuser cette question et d'en tirer la moëlle.

VII

FAIENCES DE LA SECONDE PÉRIODE

Les restaurations nombreuses, qu'ont subies la plupart des faïences d'Oiron de la première période, n'empêchent pas de se rendre un compte assez exact de ce qu'elles étaient dans leur état primitif. Il n'en est pas ainsi des pièces de la seconde. Plus compliquées de détails, plus susceptibles, en raison de la multiplicité de leurs reliefs, d'éprouver des avaries, la restauration des parties disparues offrait des difficultés beaucoup plus grandes. Aussi, quelle qu'ait été l'habileté de ceux chargés de cette opération, il en est résulté l'introduction d'éléments hétérogènes qui dénaturent les formes et déroutent l'observateur, surtout quand il n'a, comme moi, à sa disposition, que les planches de M. Delange. Combien ne devons-nous pas regretter, en présence de ce déplorable résultat, qu'on ne les ait pas conservées telles qu'elles ont été retrouvées? Mais il fallait les remettre à neuf pour paraître sur l'étalage de l'hôtel des ventes ou derrière la vitre du marchand de curiosités. L'appellation erronée de faïences de Henri II y a fait ajouter plus d'un monogramme de ce prince, plus d'un croissant, plus d'un écusson fleurdelisé. C'était le moyen d'augmenter de quelques milliers de francs leur valeur. M. Rondel, l'intelligent artiste qui a refait leur toilette, regrettait lui-même, dans une conversation que nous eûmes ensemble, les erreurs involontaires qu'il a dû commettre. Il eût été bon, tout au moins, d'indiquer sur leurs reproductions lithographiées les parties ajoutées après coup : le classement chronologique fût devenu plus facile.

On comprendra maintenant quelle doit être ma réserve en mettant le pied sur ce terrain scabreux. Je me contenterai donc de signaler les caractères généraux des vases et de ne toucher qu'aux points essentiels; encore ne suis-je pas certain de ne pas me heurter à quelque sophistication.

14° *Salière triangulaire* (collection de M. Addington (Angleterre) ; *Recueil Delange,* n° 14). — Elle se distingue par sa forme architecturale. Le milieu de chacun des côtés est occupé par une fenêtre gothique calquée sur celles de la collégiale, et les angles ont pour contre-forts trois termes semblables en tout à ceux de la cheminée de la grande galerie du château. Le n° 8 de la planche des *Origines* reproduit l'un de ceux-ci. La draperie des uns et des autres est bleue. — Les parois sont couvertes de petits dessins brun noir imitant un carrelage. Le godet me paraît avoir été refait.

15° *Autre salière triangulaire* (collection de M. d'Yvon ; *Recueil Delange,* n° 13). — Même forme que la précédente, avec quelques modifications. La décoration de la partie inférieure des parois est copiée sur des vitraux peints, dont les panneaux carrés représentent le monogramme du Christ dans une gloire. Je dirai au n° 17 où étaient les vitraux qui ont servi de modèle.

16° *Salière* (collection de M. Lionel de Rothschild; *Recueil Delange,* n° 37). — Les fenêtres gothiques apparaissent de nouveau sur cette pièce. Par exception, les termes ont des figures d'enfants.

17° *Salière* (collection Sauvageot ; *Recueil Delange*, n° 23). — Ce qui la rend surtout intéressante, c'est la marque de Jean de Marnef placée dans son godet, extérieurement couvert de niellures qui reproduisent une verrière, avec l'écu de France maintes fois répété. — Etant entré par hasard dans les écuries du château, j'aperçus, à travers d'autres débris, ceux d'un panneau de vitrail peint, enlevé à l'une des fenêtres. Il est gravé au n° 6 de la planche des *Origines*, et indique, mieux que tous les commentaires, où a été puisé ce motif d'ornement employé sur plusieurs autres faïences. L'imitation de verrière du n° 15 n'a pas d'autre origine. Un masque semblable à un maillet de porte tient, sur la salière, le milieu des côtés. Les pilastres ont des reliefs blancs sur fond bleu, comme ceux du retable du maître-autel de la collégiale.

18° *Chandelier* (collection de M. Antony de Rothschild ; *Recueil Delange*, n° 19). — Sur l'une des sections inférieures de la tige est un treillis rappelant celui des siéges de bambou, dont les vides sont remplis par des H, initiale du dauphin Henri. La frise du pied est aussi décorée de petits dauphins, pareils à ceux du fragment de vitrail trouvé dans l'écurie du château, et du carrelage gravé au n° 13 de la planche des *Origines*.

19° *Chandelier* (ancienne collection de Mme de la Sayette, aujourd'hui chez M. Eugène Norzy ; *Recueil Delange*, n° 21). — Voir aux planches la gravure sur bois de ce chandelier, qui m'a été communiquée par l'administration du *Magasin pittoresque*.

20° *Salière* (collection de M. Georges Field (Angleterre) ; *Recueil Delange*, n° 11). — Dans le godet est la salamandre de François Ier.

21° *Salière hexagone* (collection Sauvageot ; *Recueil Delange*, n° 12). — Dans le godet, les trois croissants enlacés, encadrés dans une couronne de fruits ; autour, un rang de grains de chapelet, motif répété sur un grand nombre de pièces, et qui se voit autour de la rosace de la façade de la collégiale (planche des *Origines*, n° 7). Les jours pratiqués dans les parois sont imités des fenêtres du clocher. Il y en a de semblables sur diverses autres salières.

22° *Salière hexagone avec godet rond* (collection de M. Calixte de Tusseau ; *Recueil Delange*, n° 16). — Le dessous est orné de cette tête de vieille empruntée aux illustrations d'un livre. M. Delange a eu l'excellente idée d'indiquer, sur la planche, ce qui manque à la base.

23° *Salière hexagone* (collection Sauvageot ; *Recueil Delange*, n° 24).

24° *Salière hexagone avec godet rond* (collection de M. Calixte de Tusseau ; *Recueil Delange*, n° 17). — Sur les pilastres sont appliqués des écussons royaux.

25° *Salière hexagone* (collection de M. le duc d'Hamilton (Angleterre) ; *Recueil Delange*, n° 27). — Les armes de France sont remplacées, sur les pilastres de celle-ci, par le monogramme du Christ dans une gloire.

26° *Salière hexagone à godet rond* (collection de M. Calixte de Tusseau ; *Recueil Delange*, n° 18).

27° *Salière hexagone* (collection de M. le prince Soltikoff ; *Recueil Delange*, n° 26).

28° *Chandelier* (collection de M. Andrew Fountaine (Angleterre) ; *Recueil Delange*, n° 20). — Il présente trois particularités bonnes à noter : 1° les armes qu'il porte sous la base, et qui sont celles d'Anne de Montmorency, oncle à la mode de Bretagne de Claude Gouffier ; car ils avaient pour aïeul commun Jean de Montmorency, père de Guillaume, dont le connétable était fils, et de Philippe, femme de Guillaume Gouffier, grand'mère du seigneur d'Oiron ; 2° la lettre A, initiale du prénom du connétable, souvent répétée dans le treillis de la section inférieure de la tige (N° 14 de la planche des *Origines*) ; 3° les entrelacs noirs de la base, calqués sur ceux de l'oreiller de la statue couchée sur le tombeau de Philippe de Montmorency (*Id.*, n° 10).

Les entrelacs, placés au-dessous de ceux-ci, sont disposés de façon à s'enlever en blanc sur le fond noir formant la lettre H, initiale du nom d'Henri.

29° *Chandelier* (collection de M. Gustave de Rothschild ; *Recueil Delange*, n° 22).

30° *Grande salière triangulaire avec godet rond* (collection de M. Alphonse de Rothschild ; *Recueil Delange*, n° 49). — D'un goût douteux. Bien que je la place à ce numéro, en raison de la nature de son ornementation, je la crois fabriquée postérieurement à certains des autres vases mentionnés plus loin.

Les dix-sept faïences de la seconde période, décrites jusqu'à présent, ont toutes, à l'exception de la dernière, un air de famille très marqué ; mais il m'est presque impossible de dire dans quel ordre plusieurs d'entre elles ont été modelées. Il y aura toujours incertitude à cet égard, tant qu'on ne pourra pas les étudier toutes à la fois sur nature.

Ce qui distingue cette série, c'est la forme architecturale employée dans l'ordonnance de presque toutes les pièces. Il est évident que les faïenciers d'Oiron ont été portés à leur donner cet aspect par la vue des grandes bâtisses qui se sont faites en ce lieu après la mort d'Hélène de Hangest. La plupart des motifs leur furent même empruntés. Mais, hélas ! cette femme d'élite avait emporté avec elle, dans la tombe, la meilleure partie de l'œuvre. Claude tenait bien de ses parents le goût des arts ; seulement il n'en comprenait pas, comme eux, le grand côté ; sans s'attacher à la pureté des formes, il allait d'instinct à ce qui étonne les regards. L'opulence lui semblait préférable à la beauté simple et sévère, tendance ordinaire des esprits médiocres, dont nous avons vu les fâcheux effets dans l'une des plus fastueuses constructions des temps modernes. Les faïences précédentes accusent on ne peut mieux cette déviation. Leurs détails captivent d'abord l'œil ; mais, dès qu'on se prend à chercher les lignes, on se trouve en présence d'un amalgame d'éléments disparates faiblement agencés. L'architecture et l'ornementation des édifices d'Oiron sont pourtant mieux comprises.

Jusqu'ici Bernart et Cherpentier avaient procédé, pour exécuter les niellures des fonds, à la façon des relieurs, qui ne se servent que de petits fers. Plus tard, ils ont trouvé moyen d'imprimer d'un seul coup dans la pâte, sur de plus larges surfaces, les creux destinés à recevoir la terre colorée. Cette idée leur fut suggérée par le désir de mêler à la décoration de leurs œuvres les entrelacs, universellement employés, à partir de la fin du règne de François Ier, dans l'imprimerie, la broderie, la reliure, l'orfévrerie, la ferronnerie et autres métiers. Une coupe d'étain, trouvée dans le lit de la Vendée et recueillie par M. de Rochebrune, gravée au n° 4 de la planche des *Faïences d'Oiron de la dernière période*, montre que les métaux les moins riches en étaient également ornés. L'art n'avait pas, en ces temps, les allures aristocratiques qu'il se donne aujourd'hui. Les peintres, les sculpteurs, les graveurs les plus illustres ne dédaignaient pas de consacrer leur talent à la composition de patrons, qui, de leur atelier, descendaient jusque dans les plus humbles boutiques. Cette touchante confraternité de l'art avec l'industrie avait pour résultat de le faire pénétrer partout; tandis que l'isolement absurde dans lequel il se complaît de nos jours, tout en abaissant le niveau du goût public, a, par un juste contre-coup, singulièrement amoindri le réservoir commun d'où il tire sa propre substance. Aussi est-il réduit maintenant à demander, à son tour, des modèles ou simples ouvriers de la Renaissance. De ce grand fleuve qui, au XVI° siècle, coulait à pleins bords à travers l'Europe régénérée, il reste à peine cette source indolente que M. Ingres a fait descendre de la façade de l'hôtel de Béthune, pour la poser sur la cuve du vestibule de M. Duchâtel. Mais tel est l'empire des saines traditions, qu'à défaut d'originalité, il suffit à une œuvre d'un lointain air de parenté avec les créations magistrales de l'antiquité et de la Renaissance, pour imposer le respect, même à une génération qui a des retours si passionnés vers les mignonnes marionnettes du XVIII° siècle, et les fanfreluches peintes à l'essence de cantharide de ses boudoirs.

Je continue ma nomenclature.

31° *Coupe* (collection Sauvageot; *Recueil Delange*, n° 28). — Ses tons très sobres la placent tout à fait en tête de ce genre de décoration. La forme est encore assez simple, mais elle est évidemment empruntée à l'orfèvrerie. Dans l'intérieur est l'écu de France surmonté de la couronne de marquis, confondue souvent, à cette époque, avec celle de duc. Le pied porte, à sa partie la plus mince, quatre petites fenêtres gothiques.

32° *Autre coupe* (collection de M. Hutteau d'Origny; *Recueil Delange*, n° 29). — Les trois croissants enlacés décorent l'intérieur.

33° *Biberon* (collection de M. Andrew Fountaine; *Recueil Delange*, n° 30). — Sur la partie supérieure est un monogramme, plusieurs fois répété, que je crois être celui d'Anne de Montmorency. (Planche des *Origines*, n° 15.)

34° *Biberon* (collection de M. de Pourtalès-Gorgier; *Recueil Delange*, n° 31). — Si cette pièce n'a pas subi quelques restaurations, le barbet placé au sommet de l'anse a été copié sur celui, aujourd'hui mutilé, qu'on voit aux pieds de la statue de Philippe de Montmorency, dans l'église d'Oiron. La lithographie me fait toutefois supposer les anses refaites.

35° *Hanap* (collection de M. Antony de Rothschild ; *Recueil Delange*, n° 34). — Le satyre et le dragon, qui lui servent d'anse et de goulot, sont du plus mauvais goût et annoncent que la fabrication est entrée dans une période de décadence déjà avancée, dont les traces seront désormais de jour en jour plus visibles. Les arabesques des deux zones principales du vase sont calquées sur celles employées de préférence par la typographie lyonnaise. Le n° 3 de la planche des *Origines* reproduit un fragment d'une vignette, tirée du *Songe de Polyphile*, qui est conçue dans une donnée à peu près semblable.

36° *Aiguière* (collection de M. Magnac (Angleterre); *Recueil Delange*, n° 25). —

C'est cette pièce qui a fait croire à M. Delange que nos faïences étaient dues à Girolamo della Robbia, à cause du G qui occupe les vides du treillis de la partie inférieure de la panse. M. L. de Laborde a répondu avec raison que cette lettre devait rappeler le nom du personnage pour lequel l'aiguière avait été exécutée. Maintenant que les questions d'origine sont apurées, nous y trouvons tout bonnement l'initiale du nom des Gouffier. L'exécution du vase est encore remarquable; mais que de mal nos pauvres artistes se sont donné pour arriver à l'absurde!

37° *Coupe sans couvercle* imitée d'une pièce d'orfèvrerie (musée du Louvre; *Recueil Delange*, n° 39). — Les dauphins, rangés à l'intérieur autour des trois croissants, indiquent que François Ier était encore vivant lorsqu'elle fut fabriquée. Les termes de Claude figurent aussi dans cette partie de la décoration.

38° *Coupe sans couvercle* (collection de M. le duc d'Hamilton; *Recueil Delange*, n° 42). — Même observation que pour la pièce précédente.

39° *Coupe sans couvercle* (collection de M. James de Rothschild; *Recueil Delange*, n° 40). — L'écu de France a pris, ici, la place des croissants enlacés; mais les dauphins n'ont pas encore disparu.

Ce qui donne à ce vase un intérêt exceptionnel, ce sont les oies symboliques placées autour des fleurs de lis, et les quatre petits lézards, figurés au naturel, qui le décorent à l'extérieur. Ces derniers animaux nous fourniront un jalon précieux lorsque nous serons arrivés à l'invention des rustiques figulines. Constatons seulement, à l'heure qu'il est, qu'on a fait usage, sur les faïences d'Oiron, de reptiles en relief antérieurement à l'avénement de Henri II, qui eut lieu le 31 mars 1547.

40° *Pavé de la chapelle privée* du château. — Rien ne démontre mieux que les prétendues faïences de Henri II sont sorties de la petite manufacture seigneuriale d'Oiron, que l'existence de ce passé. Il est composé de carreaux de 0^m 11 de côté, qui s'ajustent ensemble dans un ordre convenu. Chacun porte une lettre, un monogramme ou un écusson. Chaque caractère, peint en brun violet, repose sur un lit d'arabesques bleues, à la façon des lettres grises employées en typographie, et est disposé de manière à contribuer à la formation de la devise : HIC TERMINVS HAERET. Un encadrement de quatre filets verts les entoure. Les monogrammes, de même couleur que les lettres, sont ceux de Claude Gouffier et de Henri II, non encore roi de France; car des dessins emblématiques bleus, semblables en tout, comme forme, à ceux incrustés dans la pâte des trois coupes décrites aux n°s 37, 38 et 39, se jouent dans les petits compartiments formés par la réunion des angles de chaque carreau. Les blasons sont aux armes des Gouffier, réunies à celles des Montmorency et des Hangest-Genlis, en souvenir des alliances les plus chères à celui qui a présidé à l'exécution de ce beau carrelage. Des échantillons de carreaux isolés ou assemblés sont reproduits aux n°s 12 et 13 de la planche des *Origines*. Mais ce qui rend la démonstration sans réplique, c'est la composition de la terre dont le pavé est formé. L'analyse faite par M. Salvetat, le savant chimiste de Sèvres, a fait voir qu'elle contenait les mêmes éléments que celles des faïences; seulement elle a été moins épurée. Je reviendrai plus tard sur cette analyse.

Il est bien entendu qu'une place a été assignée ici à ce carrelage, en raison de sa date de fabrication et du sentiment artistique qui a présidé au choix de ses ornements, et non comme appartenant à la même classe que nos faïences. L'élément terreux a la même base chez les uns et les autres ; mais les glaçures n'ont aucun rapport entre elles. Dans les vases, cette glaçure est simplement plombifère, tandis qu'elle est stannifère pour les pavés. D'un autre côté, les carreaux sont peints et non incrustés. Seulement on a eu soin, avant d'exécuter les chiffres et arabesques, d'appliquer à l'état de barbotine, sur le côté à décorer, comme sur la surface des vases, une couche très mince de terre fine. Malgré ces différences radicales, on sent d'instinct que le dessinateur des faïences a fourni les patrons à l'ouvrier auquel est dû le pavé de la chapelle. Il est possible que cet ouvrier n'ait fait qu'un séjour passager dans la fabrique ; mais il n'y a pas moins solidarité complète entre ces œuvres contemporaines, fabriquées dans un lieu unique.

41° *Grande salière triangulaire* (musée du Louvre ; *Recueil Delange*, n° 48). — Elle est de la même époque que le n° 30. Leur ornementation seule les a fait séparer.

42° *Coupe sans couvercle* (musée céramique de Sèvres ; *Recueil Delange*, n° 44). — Par les armes qu'elle porte à l'intérieur, cette coupe se rapproche de celle du n° 31 ; mais elle est d'une époque moins ancienne.

43° *Couvercle de coupe ovale* (musée céramique de Sèvres ; *Recueil Delange*, n° 43). — J'en dirai autant de ce fragment brisé, qui a permis à MM. Brongniart, Riocreux et Salvetat d'en étudier la fabrication jusque dans ses moindres détails, et de faire l'analyse de la terre.

44° *Coupe sans couvercle* (collection de M. Antony de Rothschild ; *Recueil Delange*, n° 41). — Certes ce vase est loin d'être l'un des plus beaux de l'œuvre, mais il est, à coup sûr, l'un de ceux qui me font le plus de plaisir à rencontrer sur ma route. Il porte sa date dans l'écusson, incrusté à l'intérieur. Les trois croissants sont, cette fois, surmontés de la couronne royale, d'où je tire la conséquence qu'elle a été fabriquée après le 31 mars 1547; époque à laquelle Henri II monta sur le trône.

Les trois derniers numéros et ceux qui suivent n'ont plus aussi bon aspect que les pièces plus anciennes. Les couleurs en sont moins harmonieuses. La cause doit, selon moi, en être attribuée à la mort de Bernart, et à ce que Cherpentier était parvenu à un âge avancé, et n'avait plus la même sûreté dans la main. Il est vrai que nous sommes arrivés au milieu du xvi° siècle. Le potier d'Hélène de Hangest, qui, pour faire de si charmants ouvrages de 1529 à 1537, devait être, alors, un homme dans l'âge mûr, était vieux, par conséquent, sous Henri II. On peut recourir, d'un autre côté, à ce que j'ai dit plus haut (page 90), sur la date présumée de la mort de Jean Bernart.

45° *Coupe ovale ayant son couvercle* (collection de M. le prince Soltikoff; *Recueil Delange*, n° 45). — A l'intérieur est un écusson carré, chargé de trois fleurs de lis, posées dans un ordre anormal (1 et 2). Ce sont les armes d'une famille poitevine du nom de Papin, originaire de Parthenay, à quelques lieues d'Oiron, qui a fourni, au xv° siècle, un conseiller au Parlement de Paris. Je les ai trouvées empreintes sur le sceau de la châtellenie de l'Aubonnière-des-Champs, non loin de Sainte-Hermine (Vendée). Elles étaient de *sable à trois fleurs de lis d'argent posées 1 et 2*. Guillaume Papin, seigneur de la Coumaillère, paroisse de la Pérate, conseiller au Parlement, avait épousé Marguerite Boutaud, sœur de Nicolas Boutaud, évêque de Luçon (1462-1490), et devint ainsi seigneur de l'Aubonnière, qu'il ne conserva que fort peu de temps et qu'il céda bientôt après à un autre frère de sa femme. Ces mêmes armes sont aussi empreintes sur des carreaux avec ornements en relief, provenant de Mallièvre (Vendée). L'un de ces carreaux est au musée de Sèvres. Il est gravé au n° 22 de la planche des *Origines*.

Sous le couvercle de la coupe, est une tête de femme, copiée, ainsi que l'écusson, sur quelque vitrail peint, comme l'indique la façon dont les traits sont tracés et les teintes sont posées. Si les armes des Papin n'étaient pas là, on serait tenté de voir dans cette tête le portrait de Mme de Boisy. Peut-être est-ce simplement une figure de fantaisie.

46° *Panse d'Aiguière* (collection de M. Hope, de Londres; *Recueil Delange*, n° 35). — Les reliefs figurent des bouquets de fleurs et de fruits, rattachés entre eux par des cordons. Ils sont fort intéressants : c'est du style précieux jouant le rustique. Les incrustations ont été faites au moyen d'un moule composé de quatre morceaux, dont les sutures sont très visibles; autre preuve d'une exécution moins soignée.

47° *Aiguière* (collection de M. Antony de Rothschild; *Recueil Delange*, n° 32). — Entre l'aiguière mentionnée au n° 36 et celle-ci, la décadence a fait des progrès assez rapides. La forme et l'ornementation sont encore plus défectueuses; les couleurs des incrustations et des émaux manquent d'harmonie ; l'exécution a perdu, elle aussi, de sa précision et de sa finesse.

48° *Aiguière* (collection de M. Antony de Rothschild; *Recueil Delange*, n° 33). — Les deux font la paire. On a choisi, pour décorer cette seconde aiguière, ce que les pièces antérieures présentaient de moins heureux, notamment les mascarons de vieillard, coiffés d'un bonnet en forme de pain de Savoie, de la salière n° 26, appartenant à M. de Tusseau. Avec la meilleure volonté du monde, je ne puis admirer ce vase. Un céramiste de profession y trouvera sans doute des sujets précieux d'étude ; mais mon goût répudie ces tours de force d'une imagination malsaine ou vieillie.

49° *Couvercle de coupe ronde* (collection de M. Benjamin Delessert; *Recueil Delange*, n° 46). — Le petit musicien, à part la différence de style, a l'air d'avoir été inspiré par la vue de quelque figure tracée sur une faïence italienne.

Il n'est pas bien certain que Cherpentier ne fût pas mort lorsque les n°^{s} 47, 48 et 49 ont été faits ; mais, dans tous les cas, on ne pourra jamais lui attribuer les pièces dont je vais m'occuper maintenant. Celui qui les a exécutées avait encore à sa disposition les moules, les poinçons, tout le matériel de la fabrication de ses devanciers ; mais le senti-

ment qui les avait guidés n'était assurément pas en lui. Jamais ils n'eussent appliqué sur leurs œuvres, comme il l'a fait sur l'aiguière suivante, ce cœur moulé sur une amulette d'étain, représentant le *Corbeau et le Chien de Pierre* en train de chasser pour leur maître, tels que nous les montre le conte populaire poitevin, où sont racontées les aventures d'un homme, devenu impotent des jambes, que nourrissaient ses deux animaux favoris.

50° *Aiguière* (collection de M. Hope, de Londres ; *Recueil Delange*, n° 50).

51° *Aiguière* (collection de M. Webb, de Londres ; *Recueil Delange*, n° 47).

L'influence des œuvres de Palisssy, visible depuis longtemps, s'affirme ici d'une manière encore plus marquée ; mais, en revanche, la forme a perdu ce qui lui restait de la tradition de l'ancienne école d'Oiron.

52° *Aiguière* (collection de M. J. Martin Smith, de Londres ; *Recueil Delange*, n° 51). — Même observation que pour la précédente.

53° *Hanap* (collection de M. Gustave de Rothschild ; *Recueil Delange*, n° 52). — La fabrication des faïences de la seconde période ne peut plus déchoir sur cette pente. L'exécution matérielle avait conservé jusqu'ici trace des soins qu'on y apportait jadis. Aujourd'hui, elle est au niveau de la forme. Ses moules ne donnent plus que des estampages imparfaits, recouverts d'un émail inégalement étendu et rempli de coulures.

VIII

SIGNIFICATION DU MONOGRAMME ET DE L'EMBLÈME DE HENRI II SUR LES FAIENCES DE LA SECONDE PÉRIODE.

Charles Lenormant, cet archéologue d'une imagination aventureuse, mais néanmoins très perspicace et toujours ennemie des banalités, Charles Lenormant a publié dans la *Revue numismatique*, 1841, page 424, un mémoire sur une médaille de Catherine de Médicis, frappée après son veuvage, qui lui a donné occasion d'établir d'une manière irrécusable que le monogramme composé des lettres H et C enlacées, vulgairement considéré comme rappelant les amours de Diane de Poitiers et de Henri II, était, au contraire, formé des initiales du nom de ce prince et de celui de sa femme légitime. Il a également restitué à l'emblème du croissant son origine politique. Sans accepter quelques-unes des opinions historiques émises, à ce propos, par le savant antiquaire, je considère sa démonstration comme sans réplique. La reprendre en sous-œuvre serait chose superflu, d'autant que Catherine a eu soin elle-même de constater son droit de propriété sur ces créations des premières années de son mariage. Mentionner quelques témoignages de ce droit est tout ce que j'ai à faire dans le présent travail.

La petite fille des marchands florentins, appelée à s'asseoir sur le trône de France, avait apporté de sa patrie le jargon des littérateurs au milieu desquels s'était passée une partie de sa jeunesse. Naturellement douée d'un esprit délié, elle ne contribua pas peu à répandre davantage à la cour de son beau-père, déjà atteinte d'un commencement de cette fâcheuse maladie, l'amour des mots à double sens et de toutes les subtilités du langage. Ce fut à qui composerait des chiffres, des rébus, des emblèmes accompagnés de galantes devises. A elle appartient, à coup sûr, l'invention de ceux adoptés par son époux. Des initiales de son nom et de celui du taciturne Henri elle forma le monogramme si connu, et lui donna pour emblème le croissant de Diane, auquel son goût emporté pour l'exercice du cheval et pour la chasse la fit songer. Quant à la devise DONEC TOTUM IMPLEAT (ou COMPLEAT) ORBEM, elle accuse l'intervention d'un esprit supérieur à celui d'une enfant de quinze ans. J'y verrais, par exemple, celle du pape Clément VII, oncle de la jeune Italienne, qui aurait pris soin d'y cacher, sous des dehors séduisants, les rêves ambitieux des Médicis. On peut consulter, à cet égard, le *Dialogue des devises d'armes et d'amour du S. Paulo Jovio* (Lyon, Guillaume Rouille, 1561, p. 25). Paul Jove se trompe en disant que Henri ne prit cette devise qu'après être devenu dauphin; mais il explique bien le sens de l'emblème.

La bannière d'Oiron (n° 9 de la planche des *Origines*) est l'un des plus anciens monuments connus où se trouvent ce monogramme et cet emblème. Ayant été faite du vivant d'Hélène de Hangest, morte le 26 janvier 1537 (1), elle date d'une époque antérieure à l'intervention de Diane de Poitiers dans la vie du fils de son premier amant, et trancherait la question en faveur de Catherine, à défaut d'autres preuves. La façon dont les C sont soudés à la lettre H est caractéristique. Elle prouve qu'avant la venue de l'intruse, Catherine la chasseresse avait mis là son estampille. Comment aussi interpréter la devise grecque qu'elle adopta et qui se traduisait ainsi : *Elle apporte la lumière et un temps serein?* N'est-ce pas dire nettement qu'elle se comparait elle-même à l'astre des nuits et qu'elle l'avait pris pour emblème? Cette devise, nous la lisons sur la reliure de l'admirable exemplaire de l'*Astronomique discours* de l'écossais Jacques Bassantin, imprimé à Lyon chez Jean de Tournes, en 1557, et qui lui est dédié par son auteur. *(Bibliothèque nationale.)* On remarquera que ce livre a été imprimé du vivant de Henri II.

Parmi les monuments qui datent de son veuvage, je citerai son triptyque, déposé aujourd'hui au musée de Cluny; la reliure de l'opuscule versifié de l'avocat Jean de la Haize, dont il est question plus loin à propos de l'entrée de Charles IX et de sa mère à la Rochelle; un miroir avec garniture de vermeil et d'émail noir, semé de

---

(1) La seule objection sérieuse qui s'offre à mon esprit, à propos de l'âge de cette bannière, est celle-ci : bien que portant les armes d'Hélène de Hangest, elle a pu être fabriquée à une époque postérieure à janvier 1537, et les armes de la mère de Claude Gouffier peuvent n'y figurer qu'à titre de souvenir d'une fondation faite par elle. Le style général du monument me laisse, il faut l'avouer, quelque doute à ce sujet.

larmes blanches, de chiffres et d'emblèmes dorés ; la statue enfin de son tombeau, qui la représente vêtue d'un manteau brodé du monogramme ordinaire. Peu importe maintenant que la maîtresse de Henri II ait cherché à s'approprier, au moment de sa faveur, ce qui appartenait légitimement à l'épouse ; que le public ait pris le change sur la signification de ces deux symboles d'amour conjugal, devenus, dans son esprit, ceux d'un amour adultère. Le *Diario* de Giovanni Capello, ambassadeur vénitien à la cour de France, publié par M. Armand Baschet, dit positivement que telle était, en 1551, l'opinion de la cour : « *Sa Majesté se tenait près d'une fenêtre, debout, vêtue d'un pourpoint de damas noir, bordé de velours blanc et brodé sur champ de deux croissants d'or, accommodés de manière à sembler être entre deux* D. *Dans cet enlacement des* D, *on voit d'abord un* H, *initiale du nom de Sa Majesté; on voit aussi un* E, *seconde lettre du même nom de Henri ; on peut y voir aussi deux* D, *lesquels sont la double initiale de la duchesse de Valentinois, appelée madame la Sénéchale. Son vrai nom est Diane, et l'allusion est bien manifeste dans ces deux croissants réunis et si joints par l'embrassement des deux* D. *Sa Majesté portait au cou une chaîne d'or travaillé, et sur la tête une toque de velours noir avec plume blanche.* » — Que prouve ce passage, invoqué en faveur de l'opinion contraire à celle que je soutiens, sinon que le croissant et le monogramme royal, pour prêter aux malins commentaires, n'en gardaient pas moins ostensiblement leur caractère officiel ? Il en fut de même sur tous les monuments du règne, à quelque catégorie qu'ils appartinssent... Les courtisans de Henri II, prosternés devant la dispensatrice des dons de la fortune, pouvaient se livrer à des interprétations intéressées ; la favorite pouvait, avec ou sans la connivence de son royal amant, se donner le plaisir passager de supplanter en toutes choses sa patiente rivale ; les symboles consacrés ne perdaient rien en réalité, pour cela, de leur signification première.

Diane de Poitiers avait, du reste, son emblème propre : une flèche entourée d'une banderole, avec la devise SOLA VIVIT IN ILLA, ou bien avec cette autre plus ambitieuse : CONSEQVITVR QVODCVNQVE *(sic)* PETIT. La première se lit sur l'un des plats de la merveilleuse reliure gravée par M. Oct. de Rochebrune, d'après l'original in-f° conservé à la bibliothèque de Poitiers (*V.* la planche). Là le doute n'est plus possible; car, sur le côté principal, sont les armes de Diane. La seconde apparaît partout sur les murs d'Anet. (Voir les *Devises ou emblèmes héroïques et morales inventées par le sieur Gabriel Symeon;* Lyon, Guillaume Rouille, 1561.)

Indépendamment des monuments publics et des meubles ayant appartenu à la personne royale, il en est encore beaucoup d'autres sur lesquels se voient l'emblème et le chiffre de Henri II, comme sur les reliures de la bibliothèque de Mme de Brézé. A toutes les époques, les emblèmes des rois sont tombés dans le domaine public et ont été placés par les particuliers soit sur des édifices privés, soit sur des objets parfois sans importance. Il est peu de villes qui ne renferment encore dans leur sein quelques maisons décorées de ceux de François Ier ou de son fils. Nos régions de l'Ouest en ont conservé quelques-unes des plus intéressantes ; mais, après Oiron, la plus belle est, sans contredit, celle bâtie à la Rochelle par le procureur du roi Hugues Pontard (1).

La planche ci-jointe reproduit quelques-unes des sculptures de cette maison. Le n° 1 est l'un des caissons de la galerie basse ; les nos 4 et 5 en sont aussi tirés ; le n° 2 rachète l'arête du dernier étage du pavillon de gauche. Quant à la petite figure assise du n° 3, elle ne m'a été donnée qu'en raison de son originalité. Elle est placée à la base du contre-fort butant l'arête de ce même pavillon.

La description de l'église et du château d'Oiron a montré quelle profusion de chiffres est répandue sur toutes leurs parties. L'attachement particulier que portait Claude Gouffier au monarque dont il avait entouré de soins l'enfance ne contribua pas peu à cette exubérance. Il a fait surtout un emploi excessif du monogramme. La reliure des livres de sa bibliothèque, ses jetons, son tombeau, le portent aussi bien que sa demeure et son église privilégiée. Il est dès lors naturel de le retrouver, en compagnie des croissants, sur les faïences que Bernart et de Cherpentier exécutèrent chez lui du vivant de Henri II.

Dans ma lettre à M. Riocreux, j'ai avancé que le grand écuyer avait eu pour but, en se servant du monogramme en question, de réunir l'initiale du nom de sa mère à celle du sien propre. Il est possible que, indépendamment du désir de faire sa cour au roi, cela soit entré pour quelque chose dans le choix du chiffre. J'avais été conduit à adopter cet avis par la présence du même sigle sur le sceau privé du poitevin Charles Goulard, seigneur de Massigny, et de Henriette de la Rochefaton, qui vivaient dans la première moitié du xvie siècle.

Si je me demande, à cette heure, quelle signification le monogramme et l'emblème de Henri II peuvent avoir sur les faïences d'Oiron, n'ai-je pas le droit d'affirmer qu'ils s'y trouvent au même titre que sur le jeton du grand écuyer et sur la plupart de ses meubles, que sur les murs de l'hôtel de Hugues Pontard, ou sur ceux des châteaux d'Oiron et d'Anet. Ils y figurent comme date, comme témoignage de respect ou d'affection de la part de ceux qui les y ont fait placer. Si quelqu'un est encore tenté d'y voir la constatation d'une propriété réelle ou fictive, autant vaudrait prétendre que tous les objets décorés des fleurs de lis de l'ancienne famille royale, du bonnet rouge et du niveau de la République, de l'aigle des Bonaparte, de la charte constitutionnelle de la monarchie de Juillet, ont appartenu aux chefs des gouvernements qui se sont succédé en France depuis moins d'un siècle.

La dénomination de *Faïence de Henri II et de Diane de Poitiers*, appliquée aux produits de la fabrique patronnée par les Gouffier, est donc erronée, à quelque point de vue qu'on l'envisage. Il serait convenable, dans l'intérêt de la vérité historique, de la supprimer désormais.

---

(1) V. dans la *Revue de l'Aulnis*, décembre 1863, p. 102, un fort curieux article de M. Jourdan, juge au tribunal civil de la Rochelle, sur cette maison.

IX

FAIENCES DE LA TROISIÈME PÉRIODE

Les premiers troubles religieux firent abandonner ce qui constituait l'originalité des anciens procédés, pour adopter ceux qu'on employait alors dans la plupart des autres manufactures. Comment, d'ailleurs, une fabrication aussi exceptionnelle, ayant pour but unique de meubler les chapelles et les dressoirs des membres d'une famille, ceux de leurs parents, voisins ou amis, se fût-elle maintenue dans les conditions ordinaires de l'industrie? Elle dut tomber ou se modifier du moment où elle ne fut plus soutenue par une protection soigneuse de sa conservation. Le grand écuyer, qui avait fait exécuter de nouveaux travaux en 1559, à l'occasion de son mariage avec Marie de Gaignon, fut bientôt obligé d'abandonner sa résidence favorite, menacée par les protestants, au moment de la prise d'armes de 1562. Il n'y rentra qu'après l'édit de pacification du 22 mars 1563, pour l'habiter encore durant quelques mois. Il y revint ensuite avec l'espoir de trouver le repos qu'exigeait un âge déjà avancé; mais sa troisième femme mourut bientôt à la suite de la naissance de son sixième enfant. Cet événement eut lieu le 15 mars 1565. Le 22 septembre suivant, Catherine de Médicis et Charles IX vinrent lui rendre visite en revenant de la Rochelle. Quatre ans plus tard, Oiron fut saccagé par les calvinistes. C'est donc entre la rentrée de Claude, à la suite de la paix d'Amboise du 22 mars 1563, et la dévastation du château et de la collégiale, le 19 septembre 1568, que se place la fabrication des faïences dont il me reste à parler. Elles ont probablement été faites par quelque industriel, à qui on aura abandonné le matériel de la fabrique, puisqu'on voit, sur les pièces sorties de son four, des estampages tirés des anciens moules, et qu'on y a maintenu la tradition des formes des périodes précédentes.

54° *Fontaine de table.* La gravure de M. O. de Rochebrune dispense d'une description détaillée. Destinée à être vue sur ses quatre faces, cette fontaine, qui a l'aspect d'un clocher d'église de campagne, dont la flèche circulaire est aujourd'hui brisée, porte partout des reliefs. Sur le côté du robinet et sur le côté opposé se lit la devise : HIC TERMINVS HAERET. La grenouille du bas est absente sur la seconde face, ce qui permet de voir le croissant, dont les extrémités sont enlacées aux rubans du cartouche, cantonné de deux termes emblématiques, qui encadre la devise. Des médaillons occupent les pignons de deux des quatre maisonnettes, imitées des constructions en bois du temps, et posées comme faîtages à la partie supérieure de l'édifice. Sur l'un des médaillons est un lion armé d'une épée, emblème de force, et peut-être aussi de la charge de grand écuyer. Sur l'autre est une licorne, emblème de prudence. Les gravures allégoriques de Jean Duvet, ayant trait à l'histoire de Henri II, font supposer que cet animal a été placé là en souvenir de ce prince. Des lézards, de grandeur naturelle, grimpent le long des quatre angles, qui se terminent en clochetons, et d'autres animaux et coquillages, parmi lesquels figurent des oies mortes et plumées pour être mises à la broche, sont disséminés sur diverses parties de la surface. La plupart de ces détails sont d'une exécution très médiocre, mais il en est d'autres d'un travail bien préférable. Ce sont ceux copiés sur des gravures du temps, c'est-à-dire les cartouches occupant les quatre côtés; le cercle de fruits et de fleurs qui encadre le médaillon du lion armé, et les petites têtes en haut relief du même animal, posées devant les pieds de la fontaine et dans les portes des faces latérales du faîtage. Ces têtes sont sorties du moule qui a fourni celles de la coupe ovale, à l'intérieur de laquelle sont les armes des Papin (n° 45). — Certaines salières en ont d'analogues, mais plus petites.

Une grande rosace, pareille quant à la forme à celles des petits côtés, couvre le dessous de cette bizarre pièce, qui mesure 0^m 41 de hauteur sur 0^m 20 au carré. Quant à l'émail, il est jaune, brun et vert, et d'un aspect onctueux.

Cette fontaine appartient à M. Guilbaud, ancien juge au tribunal civil de Saintes, dont la famille a longtemps habité Thouars. (Pl. des *Faïences d'Oiron de la dernière période*, n° 1.)

55° *Fontaine de table* (coll. Meixmoron, à Dijon). — M. Teinturier mentionne, dans son *Catalogue des terres émaillées de Palissy* (n° 221), cette seconde fontaine, dont les dimensions sont presque identiques à celles de la précédente, puisqu'elle mesure 0^m 42 sur 0^m 23. A défaut de renseignements plus détaillés, voici la description qu'en donne notre collègue, qui y avait vu l'œuvre d'un continuateur de Palissy et non celle d'un de ses contemporains :

« Fontaine de forme monumentale, figurant un pavillon carré, surmonté d'un clocheton et flanquée à chaque angle d'un petit bâtiment à pignon, à travers les ouvertures duquel on aperçoit des figurines placées à l'intérieur. Chacune des faces principales est chargée de reliefs différents, parmi lesquels on remarque des mascarons, des singes, des écureuils, une licorne, des écrevisses, des grenouilles, des têtes de bélier, des lézards et des serpents. On y voit encore les armoiries, quatre fois répétées, de la famille de Rambures, l'écu entouré du collier de Saint-Michel et surmonté d'une couronne de comte. »

Lorsque cette description me passa sous les yeux, je n'eus pas de peine à reconnaître une faïence d'Oiron de la dernière période, d'autant plus que les armoiries données par M. Teinturier à la maison de Rambures, qui portait *fascé d'or et de gueules*, sont celles des Gouffier : *d'or à trois jumelles de sable*. La confusion entre les deux écus était facile à faire dès lors qu'on n'avait que de simples lignes, assez irrégulièrement tracées, pour se guider dans la lecture de ce blason. La couronne comtale qui le surmonte a son importance, car elle équivaut à une date. — Claude Gouffier, dont le roi avait érigé en 1542 la terre de Maulevrier en comté, ne fut marquis de Boisy qu'en mai 1564, et duc de Roannez en novembre 1566. Or les sceaux et cachets, dont il a fait usage, montrent qu'il modifia sa couronne héraldique chaque fois qu'il monta un degré de la hiérarchie féodale. Celle de comte atteste dès lors que la fontaine de la collection Meixmoron, et probablement celle qui précède, ont été exécutées pour lui entre mars 1563 et mai 1564. Une inscription avec indication d'année et nom de personne ne nous fournirait rien de beaucoup plus précis.

56° *Plat rond* (musée de Sèvres). — Au milieu se voit un grand lézard qu'on dirait sorti du même moule que ceux placés aux angles de la fontaine n° 54. Il porte également, mêlés à d'autres estampages, le lion armé et la grenouille, ainsi qu'une multitude d'empreintes du même poinçon carré. Sur le marli, sont, deux fois répétées, les armes de France, entourées seulement du collier de Saint-Michel, indice d'une fabrication antérieure à 1578, année de la création de l'ordre du Saint-Esprit, dont le collier accompagna toujours depuis l'écusson royal.

57° *Plaque ovale armoriée* (elle fait partie de ma collection). — Dans une couronne de fruits, comme celles qui entourent, à la voûte de la galerie basse du château d'Oiron, les monogrammes, emblèmes, insignes et armoiries de la famille Gouffier, est un blason inconnu. L'émail est le même que celui de la fontaine n° 54. La terre est moins bien triturée. Cette plaque, percée de quatre trous faits avant la cuisson, était probablement destinée à être clouée au-dessus d'une porte. Elle vient du département des Deux-Sèvres. Je l'ai fait graver au n° 3 de la planche des *Faïences de la dernière période.* Si l'on compare son entourage avec celui du monogramme d'Hélène de Hangest, reproduit au n° 17 de la planche des *Origines*, on voit que l'un et l'autre ont été copiés sur le même modèle.

Les numéros qui viennent ensuite, à partir du n° 58, sont d'une époque encore plus basse. Je les crois du temps de Gilbert, fils de Claude.

58° *Réchaud* (collection de M. Roux, à Tours; n° 19 de la planche des *Origines*). — J'ai déjà indiqué l'existence de cette pièce à propos du n° 12. A ses trois contre-forts sont adossés des termes barbus mal modelés. Il est également couvert d'un émail agatisé, tirant sur le bleu violacé. M. Roux a bien voulu m'en envoyer un dessin colorié, qui m'en a donné une idée très exacte.

59° *Salière quadrangulaire* (appartient à M. Saboureau, d'Auzay, près de Fontenay-le-Comte). — Malgré la grossièreté de son travail, cette salière rappelle, par sa forme architecturale, les proportions de celles de la seconde période. Le type a subi la loi de la dégénérescence, voilà tout. Au lieu d'une élégante fenêtre d'église ou de chapelle, on a devant soi la façade de l'une de ces maisons de bois, comme il y en avait tant, au xvie siècle, en nos contrées. Des masques, grossièrement exécutés, sont au sommet et à la base des angles. L'émail est identique à celui du réchaud de M. Roux. (Voir le n° 2 de la planche des *Faïences de la dernière période.*)

60° *Salière.* — Celle-ci, si mes souvenirs sont fidèles, est au musée de Cluny, où elle passe pour une pièce allemande ou flamande.

61° Deux *Maisons rustiques émaillées de bleu agatisé.* — M. Gabriel de Fontaine, qui m'en a signalé l'existence, les a vues, il y a quelques années, chez un marchand d'antiquités de Nantes, nommé Mendès.

62° *Coupe ronde*, émaillée de bleu violacé et agatisé. Son couvercle se termine par une tête de vieillard barbu qu'on dirait appartenir à un terme. Sur le pourtour sont quatre médaillons en relief représentant, le premier un oiseau, le second un lion, le troisième un masque d'enfant de meilleur travail que le reste, le quatrième une sorte de Mélusine. Des animaux plus petits, tels que poulets, cochons, poissons, crabes, sont placés dans les intervalles et sont reliés aux médaillons par des courants de trèfles imprimés en creux. Le couvercle est décoré de la même façon. Le pied, renflé au milieu, est orné d'entrelacs mal disposés et formés à l'aide de petits trèfles; il se termine en triangle à sa base, où sont appliqués *trois* mascarons en relief.

Les quatre pièces, que j'ai maintenant à examiner, sont peut-être étrangères à la fabrique d'Oiron ; mais, comme elles ont un air de famille très caractérisé avec les faïences décrites dans le catalogue, à partir du n° 54, je ne puis me dispenser de les signaler. Elles sortent, dans tous les cas, d'une manufacture voisine.

63° *Plat rond* (appartient à M. Eugène Imbert, greffier de la justice de paix de Thouars). — Au centre est une tête de séraphin, munie de ses trois paires d'ailes; au-dessus et au-dessous, sur le pourtour du fond, deux mascarons de vieillards; à droite le soleil; à gauche un génie porté par un aigle; entre ces quatre dernières figures, deux dauphins couronnés et deux crabes ; à la partie supérieure du rebord, un guerrier à cheval ; en bas, un mascaron grimaçant; à droite, un H couronné ; à gauche, la lettre F également couronnée; dans les intervalles, deux syrènes, un mascaron, un cheval marin, deux turbots et une grenouille. Tous ces reliefs, obtenus au moyen d'une pression exercée avec le doigt sur le dessous de la pâte, sont entremêlés de petits dessins en creux, provenant de sept poinçons différents. La terre est blanche avec émaux agatisés jaunes, bruns et verts, comme sur les fontaines. Les initiales H et F doivent être celles de Henri III et de son frère François, duc d'Alençon, mort en 1584.

64° *Baril* (collection de M. Gaillard de la Dionnerie, procureur impérial à Civray). — Sur l'un des bouts est la tête de séraphin du plat n° 63. Un mascaron est au-dessous du goulot. Sa terre et son émail vert, brun et jaune sont grossiers.

65° *Buie* (collection de M. Calixte de Tusseau). — Le génie monté sur un aigle, du plat de M. Imbert, se voit sur la panse. Mêmes émaux. Je connais un autre exemplaire de cette buie, portant une tête d'enfant, qui n'est pas sur celle de M. de Tusseau.

66° *Petit plat ovale* (ma collection). — Ses bords sont dentelés par un cercle de fleurs de lis en relief qui s'appuient sur un autre cercle de gaufrures. Le vernis est jaune et brun, mêlé d'un peu de vert. La terre est grossière.

67° *Buie*. — Quatre termes et quatre mascarons décorent le bas de la panse. Email agatisé vert, jaune et brun. Cette pièce, si elle est sortie de la faïencerie d'Oiron, est la moins ancienne que je connaisse. (N° 23 de la planche des *Poteries poitevines*.)

X

INFLUENCE DES ŒUVRES RUSTIQUES DE PALISSY SUR LES FAIENCIERS D'OIRON

Lorsque, il y a un an, j'émettais à l'état d'hypothèse, dans ma *Lettre* à M. Riocreux, l'idée que les faïenciers d'Oiron, après avoir cessé de façonner des faïences incrustées, en avaient fabriqué d'autres faites à l'imitation de celles de Palissy, j'étais loin de me douter que les preuves se presseraient si nombreuses dans le travail promis alors aux céramistes; mais ma conviction n'en était pas moins faite. Les numismatistes tant soit peu au courant des types monétaires du moyen-âge et de leur filiation savent tous combien il est facile, à la seule inspection des pièces connues d'un même atelier, de dire quelle a dû être l'empreinte de celles qui manquent encore à l'appel. Souvent M. Faustin Poëy d'Avant et moi nous nous sommes plu à ces jeux numismatiques, et souvent, aussi, nos prévisions ont été confirmées par des découvertes subséquentes. C'est en appliquant ce procédé si simple à l'étude de l'ensemble des faïences d'Oiron que je suis arrivé à regarder d'avance comme probable, pour ne pas dire comme certaine, la découverte de spécimens analogues aux deux fontaines de Claude Gouffier. On remarquera que tous ces spécimens, à l'exception de la pièce du cabinet Meixmoron, dont j'ignore la provenance, ont été trouvés en Poitou.

Indépendamment des difficultés d'exécution, deux motifs avaient engagé les nouveaux faïenciers d'Oiron à ne plus demander de modèles à l'architecture de l'église et du château de leur patrie. Le premier fut la prédilection du public pour les poteries rustiques, depuis que Palissy avait obtenu, en ce genre, un incontestable succès. D'une autre part, les populations, harcelées par les troubles religieux, aspiraient à la paix, qu'elles ne devaient obtenir qu'au prix de quarante années de luttes intestines. Lasses des agitations incessantes des villes, elles s'étaient prises d'un bel amour pour la vie tranquille des champs, vantée chaque jour par les prosateurs et les poètes. De même qu'au seuil de la Révolution française on ne rêvait que bergeries, de même les hommes du règne de Charles IX se complaisaient aux pastorales imitées de l'antique et brûlaient d'y introduire la réalité. L'art et l'industrie durent se conformer à cette évolution du goût public, remplacée à son tour par des tendances moins énergiquement exprimées, après l'avénement du dernier des Valois. L'officine d'Oiron suivit le mouvement général, et se mit à produire des vases rustiques, tout en conservant, autant que possible, ses formes traditionnelles, surtout celles empruntées à l'architecture. Les motifs pris à la collégiale firent place à d'autres, copiés sur l'église du village voisin, ou sur la première maison de bois venue, comme le bourg natal en présentait un grand nombre. Aux termes placés aux angles des salières succédèrent les têtes grimaçantes des madriers servant de piliers. La splendide façade de la résidence seigneuriale céda le pas à la devanture de l'humble cabane de l'ouvrier campagnard ou du paysan. La vue des grès allemands contribua peut-être aussi à faire adopter certains types à nos ouvriers.

Quant à ce qui est de l'influence directe de Palissy, la question vaut la peine d'être approfondie, et c'est avec plaisir que je profiterai de la lumière nouvelle, fournie par des renseignements plus précis, pour réparer une injuste assertion qui m'est échappée.

En décrivant la coupe n° 39, fabriquée avant le 31 mars 1547, époque de l'avénement de Henri II, puisqu'elle porte encore les dauphins qui disparurent ensuite, j'ai fait remarquer la présence des quatre lézards en relief posés sur le pourtour. Si petits qu'ils soient, leur importance est extrême dans le débat, puisqu'ils assignent une date précise à l'introduction de l'élément rustique dans l'ornementation de nos faïences. D'abord simple accessoire, cet élément élargit peu à peu sa place, puis finit par envahir la surface entière des vases. Coïncidence remarquable ! c'est précisément vers 1547 que Palissy conçut lui-même, pour la première fois, la pensée de façonner des rustiques figulines, fait qui ressort clairement d'un passage du texte de son *Art de terre*. Or, pour que cet emploi, à peu près simultané, de motifs aussi anormaux ait eu lieu sur deux points différents, éloignés de trente lieues l'un de l'autre, il faut admettre ou que les potiers d'Oiron aient joué, vis-à-vis du peintre verrier de Saintes, soit le rôle d'initiateurs, soit celui d'initiés ; ou bien que l'idée première leur soit venue à tous d'une source commune, mais étrangère. De ces trois hypothèses la dernière est la vraie. Tous, ils ont reçu l'initiation d'un livre propre à semer, dans leurs imaginations avides de nouveautés, le germe qui a produit chez chacune d'elles des fruits si différents.

Ce livre, tous les amateurs de gravures françaises le connaissent : c'est la traduction en notre langue du *Songe de Polyphile*, imprimée en 1546, œuvre qui a eu une influence plus considérable qu'on ne se l'imagine sur le goût français, et où se lisent précisément ces passages :

« *Le pavé du fond au-dessoubz de l'eau estoit de mosaïque assemblé de menues pierres fines, desquelles estoient exprimées toutes sortes et manières de poissons. L'eau estoit... si nette et si claire que, en regardant dedans icelle, vous eussiez jugé ces poissons se mouvoir et froyer tout au long des siéges où ils estoient portraits au vif; savoir est : carpes, brochetz, anguilles, tanches, lamproies, aloses, perches, turbotz, solles, raies, truictes, saulmons, muges, plyes, escrevisses, et infinix autres, qui sembloient remuer au mouvement de l'eau, tant approchait l'œuvre de la nature...* » (Ed. de Paris, 1561, f° v° 26.)

« *Là estoit un petit espace, et, après, une autre courtine plus jolie que la première, diversifiée de toutes sortes de coleurs, et de toutes manières de bestes, de plantes, d'herbes et de fleurs...* » (Id., f° v° 30.)

« *La vigne emplissait toute la concavité de la voulte par beaux entrelacx et entortillements de ses branches, feuilles et raisins, parmi lesquels estoient faits des petits enfans, comme pour les cueillir, et des oiseaux voletans à l'entour*, AVEC DES LÉZARDS ET COULEUVRES MOULÉS SUR LE NATUREL. » (Id., f° 71 v°.)

D'autres passages n'expriment pas moins nettement la même idée.

Après la lecture de ces textes, Cherpentier et Bernart, si ce dernier n'était pas mort alors, guidés encore par le génie si féminin de leur protectrice, et resserrés dans leurs fins détails, déposèrent timidement quelques petits lézards et quelques grenouilles aussi exiguës sur les arabesques brunes et feuillues de leurs faïences, comme sur un lit d'herbes sèches. Palissy, esprit autrement viril, saisit la nature sur le fait et se mit à reproduire ses œuvres au vif avec la terre émaillée. Chez l'un, l'animal ne fut qu'un mince accessoire; chez l'autre, il régna en maître et prit à l'aise ses ébats à travers les mousses et les fougères vivantes.

Cette explication si naturelle me permet de demander pardon à l'auteur des rustiques figulines d'avoir, dans la *Lettre à M. Riocreux*, chargé sa mémoire d'un plagiat imaginaire. Il importe assez peu désormais qu'il ait, oui ou non, connu les vases de la manufacture d'Oiron: ils n'ont influencé en rien ses premiers travaux.

Lorsque, rendu plus tard à Paris, il se mit, à son tour, à demander des modèles à l'orfévrerie, il n'eut pas besoin, pour les trouver, de revenir en Poitou. Il se pourrait cependant que la vue de quelques spécimens de la faïencerie des Gouffier n'ait pas été tout à fait étrangère au changement radical qui s'opéra alors dans sa manière. — Les choses se passèrent autrement à Oiron. Les faïences de la dernière période sont là pour témoigner d'une imitation peu intelligente, et parfois servile, des rustiques figulines.

XI

PROCÉDÉS EMPLOYÉS DANS LA FABRICATION DES FAIENCES D'OIRON.
TERRE QUI LES COMPOSE.

Lorsqu'il s'est agi de me rendre compte des procédés de fabrication, je me suis naturellement adressé à l'un des hommes les plus compétents dans la matière, puisqu'il exécute lui-même des imitations de nos faïences, c'est-à-dire à M. Avisseau, de Tours, fils de l'artiste qui a ressuscité, de nos jours, le genre rustique de Palissy (1). Voici la lettre qu'il m'écrivit de Tours, le 12 décembre 1862 :

« MONSIEUR,

» Je m'empresse, à mon retour de Londres, de répondre à votre lettre du 24 novem-
» bre. — Vous me jetez dans un certain embarras en me demandant quels procédés ont
» été employés dans la fabrication des faïences de Henri II. Il ne m'appartient peut-être

(1) *Lettre à M. de Montaiglon*, p. 88 et suiv.

» pas de prendre la parole après ceux que je considère comme mes maîtres; mais vous le
» voulez, je ferai mon possible pour vous satisfaire. Je ne puis rien de plus que vous dire
» le peu que je sais. Le modelé, quand il s'agit de figurines à mettre en place, est toujours
» mou. Il n'y a que les consoles et les petits masques qui aient conservé au surmoulage
» la pureté de l'original. Quant au travail d'incrustations, identique sur la plupart des
» pièces, comme je l'ai constaté moi-même, il rappelle celui des nielles sur métal. L'on
» suppose avec raison que l'auteur s'est servi de fers de reliure et même de petits bois
» gravés. Quelques arabesques, semblables à celles des *Heures de la Vierge*, imprimées
» par Simon de Colines en 1536, donnent du crédit à cette opinion. Du reste, je sais
» par expérience que la main seule n'a pu exécuter avec autant de symétrie l'ornemen-
» tation de ces pièces. — Si c'est là un des côtés du procédé, ce n'est pas toute la manière
» de faire. Chacun des bois laissait un vide qu'il fallait remplir de pâte colorée. On
» faisait disparaître ensuite les bavures avec une gradine ou d'une autre façon qui nous est
» inconnue, et qui, dévoilée, enlèverait peut-être en grande partie à ces petits chefs-
» d'œuvre le mérite de la difficulté vaincue. — Voilà, Monsieur, les seuls renseignements
» que je puisse vous fournir. Ce ne sont que des redites; mais j'ai ajouté la pratique à
» la théorie, en procédant comme ci-dessus, lorsque j'ai exécuté les spécimens de Henri II
» que vous connaissez.

» Recevez, Monsieur, etc. » Avisseau. »

Je compléterai ces indications à l'aide de celles fournies par Brongniart et par M. Delange.
Brongniart demandait toujours à la pratique, comme l'a fait plus tard M. Avisseau,
les éléments de la théorie. Il fit donc exécuter à Sèvres une copie de la jolie coupe de la
seconde période, n° 32 du catalogue, au moyen
des procédés suivants. On grava sur le modèle
en plâtre la place du liséré brun entourant
les entrelacs, et on moula ensuite ce modèle
afin d'obtenir le liséré en relief sur le moule.
Une couche mince de pâte blanche, pour faire
le fond, fut alors placée sur le moule, entre
toutes les lignes saillantes; puis on enleva la
portion de cette pâte, qui, entre les reliefs,
tenait la place des filets de couleur, et on la
remplaça par la pâte colorée destinée à les
former. Ce qui excédait les lignes saillantes
fut enlevé avec une lame. Cette première opération terminée, la couche de terre de faïence
du corps de la pièce fut étendue par croûte et
par tamponnage, et, le moule enlevé, on rem-

plit avec de la pâte brune, pour faire le liséré, les sillons laissés en creux par l'empreinte des lignes saillantes. La gradine fit enfin disparaître sur les surfaces l'excédant des diverses matières employées. Le vase achevé, on fit cuire en biscuit et on mit en vernis (1).

Ce procédé trop compliqué a le tort de ne pouvoir guère servir qu'à l'exécution d'un certain nombre de pièces. Il est insuffisant lorsqu'il s'agit de beaucoup d'autres. Le suivant, non moins hérissé de difficultés, proposé par M. H. Delange, est dans le même cas. Selon lui, le noyau une fois préparé et recouvert d'une couche de terre fine mise au pinceau à l'état de barbotine, on étendait, sur la surface, des plaques de terre colorée sorties d'une matrice ou moule qui leur avait imprimé en relief le lacis d'ornements. Cela fait, on remplissait les intervalles de terre blanche devant fournir la couche extérieure, sans couvrir en même temps le lacis; puis, après avoir égalisé les surfaces avec la gradine, on bordait des deux côtés le lacis d'un trait fortement enfoncé, et on imprimait également les petits dessins dans les intervalles. On remplissait enfin les divers creux de pâte colorée qu'on affleurait avec la gradine. Ces surfaces planes ainsi obtenues, on appliquait les reliefs (2).

Ce nouveau procédé ne convient guère, non plus, qu'aux faïences de la seconde période avec entrelacs. Les ouvriers d'Oiron en ont certainement employé un autre beaucoup plus simple, pour exécuter les pièces de toutes les catégories.

Indépendamment des arabesques et entrelacs incrustés, les faïences d'Oiron, surtout celles de la fin de la seconde période, présentent bon nombre de lacis, blasons ou autres motifs formés au moyen d'un trait enfoncé, rempli ensuite d'un simple vernis. A mesure que la fabrication fut de moins en moins soignée, cette pratique devint d'un usage plus fréquent.

La lettre adressée par Laurent Chevreau à Mme de Boisy (p. 83), en nous montrant le potier Cherpentier occupé à besogner dans l'une des chapelles de la collégiale, nous dit implicitement qu'il était aussi sculpteur et non orfèvre. C'est ce qui ressort, du reste, de la façon dont les figurines et autres reliefs sont modelés. Ceux qui le remplacèrent plus tard furent loin d'avoir son talent. A ce premier fonds artistique il ajouta le contingent fourni par Bernart, dont il reçut la connaissance de tout ce qui, dans la typographie et la reliure, pouvait servir à la décoration de ses œuvres. C'est ce qu'on ne doit pas perdre de vue, lorsqu'il s'agit de découvrir les procédés de fabrication employés dans l'officine.

Si je n'ai que des conjectures à présenter sur ces procédés, il n'en est pas ainsi pour ce qui concerne la nature de la terre dont sont composées les faïences oironnaises. Grâce à M. Salvetat, qui a bien voulu faire, à la demande de M. A. Brongniart, l'analyse d'un fragment de couvercle appartenant au musée céramique de Sèvres, et qui, à ma prière, a décomposé une petite volute enlevée par M. Rondel à l'une des salières, et deux parcelles des carreaux de la chapelle, je puis fournir, à cet égard, les renseignements les

---

(1) *Traité des Arts céramiques*, p. 176.
(2) *Recueil des faïences françaises dites de Henri II et de Diane de Poitiers*, p. 22.

plus précis. Dans le tableau suivant se trouvent réunis les résultats que vient de me communiquer le savant chimiste.

Matières entrant dans la composition des pâtes.	Fragment d'un couvercle de coupe conservé au musée de Sèvres.	Fragment de volute ou console enlevé à une salière par M. Rondel.	Carreau du pavé de la chapelle d'Oiron. Émail opaque, ornements bleus.	Autre carreau. Émail opaque; ornements bleus, chiffre en violet de manganèse.
Perte au feu.	0,00	0,00	2,35	0,00
Silice.	59,00	57,00	69,55	70,00
Alumine.	40,24	41,00	23,90	23,50
Oxyde de fer.	0,00	non dosé	2,90	3,00
Chaux.	0,00	0,67	0,50	1,00
Magnésie.	0,00	0,27	0,20	0,80
Alcalis.	0,00	1,00	traces	1,70
Acide titanique.	traces	traces	traces	traces
Acide phosphorique.	traces	traces	traces	traces
	99,24	99,94	99,30	100,00

Ces analyses sont instructives. Elles dénotent l'existence de deux sortes de pâtes, très régulièrement composées : l'une, plus fine, plus pure, réservée pour les objets d'art; l'autre, plus commune, exclusivement employée dans la fabrication des poteries plus grossières.

La composition de la pâte la plus fine est remarquable. Elle fait supposer, par sa richesse en alumine, que le kaolin entrait dans sa préparation. C'est de la véritable *faïence fine*, et, ce dont on ne peut douter, c'est l'emploi régulier qui fut fait dans la fabrique d'Oiron de cette terre alumineuse. Il reste à trouver le gisement de cette matière. Il est probable qu'on le découvrira à quelques lieues tout au plus d'Oiron, en poursuivant les recherches déjà commencées.

Il est à remarquer que le kaolin avait déjà été employé par les anciens, sur les poteries grecques, comme rehaut blanc, ainsi que cela résulte d'une analyse faite par M. Salvetat (*Arts céram.* de Brongniart, t. I, p. 553). Mais la nature de la terre était ignorée. L'application à la fois industrielle et artistique qui en fut faite à Oiron constitue un progrès important dans l'art de fabriquer les poteries. Elle est antérieure de beaucoup à la création des poteries dites *terre de pipe* et des pâtes qui ont fait la juste réputation de Wedgwood.

Les faïences de Bernard Palissy étaient faites avec une pâte contenant moins d'alumine. Sa composition comporte plutôt la présence d'une argile plastique que celle d'un véritable kaolin.

XII

VALEUR ARTISTIQUE ET PRIX VÉNAL DES FAIENCES D'OIRON.

Un riche amateur montrait un jour une peinture galante du xviiie siècle, récemment venue de l'hôtel des ventes, à un chercheur de province de passage à Paris. Après avoir inutilement appelé l'admiration de son visiteur sur sa nouvelle conquête : « Cela m'a
» coûté douze mille francs, lui dit-il; mais pouvait-on moins payer un chef-d'œuvre
» qui a décoré le salon de Mme de Pompadour ? — La quotité du prix, dans les moyennes
» régions de l'art, ne sert qu'à marquer le niveau du goût public, répondit le provin-
» cial. Celui donné à cette peinture prouve, tout au plus, que vous pouvez consacrer
» à la satisfaction d'une fantaisie un large superflu. »

L'opinion émise devant l'épave du mobilier de la maîtresse-artiste de Louis XV n'est-elle pas celle qu'ont eue, depuis dix ans, les hommes de goût, chaque fois qu'ils ont vu les amateurs se disputer à des prix ridicules les faïences d'Oiron des deux premières périodes, grâce à l'étiquette, beaucoup moins authentique, qui les faisait venir en droite ligne du dressoir de Diane de Poitiers? La nomenclature de ces prix disproportionnés, eu égard à l'importance artistique des objets, n'est pas une des pages les moins piquantes des annales de la curiosité.

A la vente de M. de Monville, l'un des plus fins connaisseurs de Paris, vente qui a eu lieu il y a déjà bien des années, l'aiguière n° 47 fut adjugée pour 3,500 fr. A la vente Rattier, la coupe n° 38 atteignit 7,000 fr.; le bassin de la vente Espaular, n° 11 : 3,500 fr.; le chandelier de la vente Préaux, n° 18 : 5,200 fr.; autre chandelier de la vente La Sayette, n° 19 : 16,000 fr.; coupe n° 39 : 12,000 fr.; coupe n° 45, vente Soltikoff : 12,600 fr.; pot à l'eau n° 2, acheté 20,000 fr. — M. Magnac refusait, enfin, lors de l'exposition de Londres, la somme fabuleuse de 25,000 fr. de la grande aiguière décrite au n° 36 ! Les vrais objets d'art atteignent souvent à peine la vingtième partie de ces prix. Des toiles du Poussin, de Lesueur, de Chardin, de Prudhon; des sculptures des grands maîtres du xvie siècle, ne peuvent entrer en concurrence avec les faïences de l'ouvrier poitevin. Au mois de décembre dernier, *la Famille Gérard*, par David, l'une des peintures les plus magistrales des temps modernes, était adjugée pour quelques centaines de francs, en présence d'une nombreuse assemblée de collectionneurs, qui s'arrachaient des Baudouin, des Pater et Lancret. La moindre salière des Gouffier, si elle se fût trouvée parmi les curiosités du même cabinet, se fût vendue le double d'un dessin capital de Raphaël.

Ces chiffres n'ont pas besoin de commentaires; mais les amateurs sont ainsi faits, qu'une fois la vérité connue et l'illusion tombée, *les sphynx de la curiosité*, dépouillés de l'attrait du mystère, vont déchoir de leur piédestal usurpé et prendre simplement la place très honorable qui leur appartient dans la céramique. Puisse-t-il en être de même un jour des produits de l'émaillerie, qui, eux aussi, ont obtenu dans l'estime du public un rang de beaucoup supérieur à leur mérite réel !

Après l'étude que je viens de faire des faïences d'Oiron, est-il besoin de discuter, en terminant, leur mérite à tous les points de vue, pour savoir si elles ont un seul côté qui puisse servir de prétexte à l'exagération des enchères ? Est-ce leur forme ? Non-seulement elle laisse presque toujours beaucoup à désirer, mais elle n'a rien d'original, puisqu'elle est empruntée, la plupart du temps, à l'orfévrerie, à l'architecture. — Est-ce la pureté du goût qui a présidé à leur ornementation ? On sait maintenant à quelles sources ces décors ont été puisés, sources trop souvent étrangères à l'art de terre. — Est-ce à l'intérêt historique qui s'y rattache ? Sous ce rapport encore, elles sont tout bonnement dans le cas des produits de beaucoup d'autres fabrications exceptionnelles créées sous le patronage de quelque grand seigneur. Reste leur exécution matérielle et leur rareté qui ne sauraient légitimer les folies commises pour arriver à les posséder. Qu'une découverte imprévue en jette maintenant un certain nombre dans le commerce : les amateurs, déjà à demi désillusionnés, demeureront froids devant ces mêmes vases qui, hier encore, troublaient leur sommeil. Palissy a vivement dépeint dans les lignes suivantes ces évolutions du caprice public : « *Il y a plusieurs gentilles inventions, lesquelles sont contaminées et mesprisées pour estre trop communes aux hommes. Aussi plusieurs choses sont exaltées aux maisons des princes, que, si elles estoient communes, l'on en feroit moins d'estime que de vieux chaudrons. Je te prie, considère un peu les verres qui, pour avoir esté trop communs entre les hommes, sont devenus à un prix si vil que la plupart de ceux qui les font vivent plus méchaniquement que ne font les crocheteurs de Paris....., et les verres sont venduz et criez, par les villages, par ceux mesmes qui crient les vieux chapeaux et les vieilles ferrailles..... As-tu pas veu aussi les esmailleurs de Limoges, lesquels, par faute d'avoir tenu leur invention secrète, leur art est devenu si vil, qu'il leur est difficile de gaigner leur vie au prix qu'ils donnent leurs œuvres. Je m'asseure avoir veu donner pour trois sols la douzaine des figures d'enseignes que l'on portoit au bonnet, lesquelles enseignes estoient si bien labourées et leurs émaux si bien parfondus sur le cuivre qu'il n'y avoit nulle peinture si plaisante. Et n'est pas cela advenu une fois, mais plus de cent mil, et non seulement esdites enseignes, mais aussi aux esguières, salières et toutes autres espèces de vaisseaux et autres histoires, lesquelles ils se sont advisés de faire : chose fort à regretter.* » — (*Art de terre*, p. 307.)

CHAPITRE X

I

PALISSY. — SA VIE, SES ORIGINES ARTISTIQUES ET INDUSTRIELLES; RANG QU'IL OCCUPE DANS LES ARTS.

Il est impossible de poursuivre l'étude des poteries poitevines sans rencontrer l'influence souveraine de Bernard Palissy, qui domine l'art de terre français dans la seconde moitié du xvie siècle (1). Nous venons déjà de voir celle qu'il exerça sur les derniers faïenciers d'Oiron. Les autres potiers du pays, moins intelligents et moins originaux, entrèrent plus avant encore dans sa manière. Pour bien comprendre les œuvres des disciples, il importe de savoir à quoi s'en tenir sur celles du maître.

M. Anatole de Montaiglon nous donnera bientôt une étude complète sur cet homme illustre, en tête de la nouvelle édition annotée de ses *Œuvres* qu'il fait imprimer en ce moment à Fontenay (2). Il nous montrera le penseur sous toutes ses faces. Moins bien partagé, je ne m'occupe ici que du praticien, de l'ouvrier, qui chez lui primèrent de beaucoup l'artiste.

Ses origines de famille sont restées enveloppées d'un voile dont personne n'a encore pu soulever le plus léger coin. M. de Montaiglon nous dira la plupart de ses origines scientifiques, si bien dissimulées, ses voyages, les relations qu'il eut avec ses contemporains. J'essaierai tout à l'heure de divulguer quelques-unes des sources artistiques et industrielles auxquelles il a puisé. Ce n'était pas non plus chose facile. Le géologue qui, devançant son siècle, sondait d'un œil si perçant les révolutions du globe; le philosophe chrétien qui savait s'élever au-dessus des passions misérables de son siècle si tourmenté, devenait un ouvrier jaloux chaque fois qu'il prenait en mains les instruments du potier ou les pinceaux de l'émailleur. Il est vrai de dire qu'au temps où il vivait, l'inventeur n'avait aucune garantie, et que le pain de ses enfants, acheté souvent au prix des plus grands sacrifices, dépendait du secret qui enveloppait la fabrication de ses œuvres et les empêchait de déchoir dans la vulgarité. Il est difficile de faire du désintéressement et de jeter au vulgaire les découvertes de son génie

---

(1) Il n'est question ici que de la poterie artistique, Palissy n'ayant eu à peu près aucune action sur la fabrication de la poterie usuelle.

(2) *Les OEuvres de maistre Bernard Palissy*, réimprimées d'après les éditions originales, avec études biographiques et historiques et notes nouvelles (2 vol. in-8°; imprimerie de Pierre Robuchon).

quand elles seules fournissent aux besoins des bouches affamées qu'on a derrière soi.

On a vainement cherché à savoir en quel lieu est né Palissy. Tout ce qui a été dit jusqu'ici, à cet égard, repose en réalité sur des assertions peu probantes, qui le font originaire du Périgord ou de l'Agenais. Je le tiendrais plutôt pour Saintongeois, en raison de son langage, qui est essentiellement celui des bords de la Charente. Le style de ses livres lui sert d'extrait de naissance, les expressions populaires du terroir étant trop profondément incrustées dans sa chair pour ne pas y être entrées avec le sang de ses pères.

Quoi qu'il en soit, aussi haut que nous puissions remonter, à l'aide de renseignements certains, dans sa vie, nous le trouvons, au retour de plusieurs voyages dans le midi, et après un séjour assez prolongé à Tarbes dans quelque verrerie, exerçant en Saintonge le double métier de peintre-verrier et d'arpenteur. Nous le voyons, vers la même époque, entrer en relations avec Antoine de Pons, son premier et l'un de ses derniers protecteurs (1). Ce seigneur arrivait alors de la cour de Ferrare, où il s'était rendu pour épouser, en 1533, Anne de Parthenay, fille de la douairière de Soubise, Michelle de Saubonne, première dame d'honneur de Renée de France, femme du duc Hercule d'Este (2). Il rapportait d'Italie les idées de la Réforme, qu'il enracina davantage chez Bernard, gagné dès ce moment sans doute aux mêmes idées, et, indubitablement aussi, cette coupe de terre tournée et esmaillée d'une telle beauté qu'à sa vue celui-ci entra en dispute avec sa propre pensée. Tous ceux qui ont porté leur attention sur ce point capital de l'histoire de la céramique française ont varié d'opinion sur la nature du vase dont l'examen révéla sa vraie vocation au pauvre verrier. Les uns y ont vu une porcelaine orientale ; les autres une poterie allemande ; ceux-ci, et j'ai été du nombre (3), une faïence d'Oiron ; ceux-là une majolique italienne.

Une étude plus minutieuse de diverses circonstances de la vie de Palissy, surtout de ses relations avec Antoine de Pons, entamées immédiatement après que ce dernier fut de retour de Ferrare, me démontre maintenant que je me suis trompé. Il s'agit décidément d'une faïence sortie de la fabrique de cette dernière ville, créée par Alphonse d'Este, beau-père de Renée de France, où l'émail blanc était en plus grande estime que dans toute autre fabrique de la péninsule. Les reliefs de certaines majoliques ferraraises eurent peut-être même une influence indirecte sur notre chercheur, qui fut certainement à portée d'en voir de nombreuses variétés ; car Mme de Soubise et son gendre rapportèrent, sans nul doute, dans leurs châteaux du Parc de Mouchamps et de Pons, quelques beaux spécimens d'une poterie que se disputaient les princes. J'ai, du reste, autre chose

---

(1) Thomas de Leu a gravé le portrait d'Antoine de Pons.

(2) Les relations qu'eut, dès cette époque, Palissy avec le sire de Pons sont constatées par un passage de la dédicace à ce seigneur des *Discours admirables* (éd. de Cap, p. 130).

Tous les renvois aux *OEuvres de Palissy* se rapportent à la pagination de l'édition de Cap, qui est provisoirement la plus répandue.

(3) *Les Faïences d'Oiron*, lettre à *M. Riocreux*, p. 7.

que de simples conjectures à offrir, sur ce point, aux curieux. Voici ce qu'on lit dans les *Mémoires de la vie de Jean L'Archevesque, sieur de Soubize*, par François Viète (manuscrit inédit de ma collection) (1) :

« *Elle* (la dame de Soubise) *demeura à Ferrare neuf ou dix ans (1528-1538)* (2), *et y fust autant aimée et honorée que jamais dame française qui y fust, mesme du duc Alphonse, qu'on tenoit pour le plus grand personnage d'Italie; lequel disoit n'avoir jamais parlé à une si sage et habile femme, et ne venoit de fois à la chambre de madame de Ferrare, qui estoit tous les jours, qu'il ne l'entretinst deux et trois heures, disant qu'il ne parloit jamais à elle qu'il n'y apprist quelque chose.* »

Le manuscrit, malheureusement incomplet, qu'a laissé sur sa propre famille Catherine de Parthenay, petite fille de Michelle de Saubonne, raconte, en outre, en ces termes la séparation de Renée et de sa première dame d'honneur : « *Ces pratiques hayneuses des méchants conseillers du duc, sous couleur de rayson d'Estat, n'empeschèrent pas madame la Duchesse de ne se pouvoir rézoudre au despartement de la dame de Soubize et de sa fille, madame de Pons, qu'elle n'envoya en France que les esquipages combles de présents et le cœur plein d'elle. Lui semblait-il encore, pauvre délaissée, la sienne patrie partir avec?* »

N'est-on pas autorisé par ces textes à croire que des vases sortis de la fabrique d'Alphonse prirent place, dans les bagages des amies de Renée, à côté du portrait de cette princesse, peint par Sébastien del Piombo, qui vint orner les appartements du Parc de Mouchamps (3)?

Les dates ont, en cette occasion, leur éloquence. Antoine de Pons quitta le palais du duc Hercule lorsque celui-ci eut ordonné à Mme de Soubise, fort attachée au protestantisme, de reprendre le chemin du Poitou, afin d'ôter au pape Paul III tout prétexte de lui refuser plus longtemps l'investiture de son duché, concédé à la maison d'Este par Alexandre VI. Or ce fut en 1539 que se vida ce différend. D'un autre côté, Palissy raconte, dans son *Art de terre* (p. 256 et 313), que ses premiers essais eurent lieu quelques années avant que le général des finances Boyer eut été chargé d'établir l'impôt détesté de la gabelle en Saintonge, mission qu'il accomplit en 1543, comme l'atteste une lettre de François Ier au sire de Jarnac, gouverneur de la province, qui fait partie de ma collection (4).

Une autre circonstance permit probablement encore à Palissy d'étudier bon nombre de

---

(1) François Viète, le grand mathématicien, fut le précepteur de Catherine de Parthenay et le conseiller de la maison de Soubise.

(2) Renée de France partit pour l'Italie au mois de septembre 1528. (*Journal d'un bourgeois de Paris*, p. 363.)

(3) *Lettres à M. A. de Montaiglon*, p. 56.

(4) Voir le texte de cette lettre dans l'édition des *OEuvres de Palissy*, donnée par M. A. de Montaiglon.

faïences italiennes, quelques mois avant de reprendre le métier d'arpenteur. Un vaisseau espagnol, chargé de poteries, fut pris par les corsaires de la Rochelle et conduit dans le port de cette ville, à l'époque où François Ier y fit un assez long séjour, c'est-à-dire en décembre 1542 et janvier 1543 : « *Il y avoit* (en ce vaisseau) *grand nombre de terre de Valence et plusieurs coupes de Venise*, dit Amos Barbot. *Le Roy commanda qu'on luy en apportast; ce qu'ayant fait, jusqu'au nombre de grands coffres pleins, il en donna à plusieurs dames, et, pour la grand beauté qu'il y trouvoit, il retint tout ce qui estoit de la dite vaisselle, qui estoit vingt grands coffres qu'il fit payer, et commanda qu'on les fist charger pour les porter à Rouën ou à Dieppe (1).* »

Nous savons à cette heure quand et comment vint la révélation qui assigna un but déterminé à la vie entière du verrier. N'ayant pu découvrir un émail aussi parfait que celui de la coupe ferraraise, il tourna la difficulté, après avoir tenté de la surmonter, et, par un de ces coups de génie qui ne sont pas rares dans la vie des inventeurs, il dota la céramique d'éléments nouveaux. Un passage de son *Art de terre*, auquel on n'a pas fait assez attention, le dit en propres termes : «... *Une espreuve se trouva blanche et polie, de sorte qu'elle me causa une joye telle que je pensois estre devenu nouvelle créature, et pensois dès lors avoir une perfection entière de l'émail blanc ; mais je fus fort eslongé de ma pensée. Ceste espreuve estoit fort heureuse d'une part, mais bien mal heureuse de l'autre* : HEUREUSE EN CE QU'ELLE ME DONNA ENTRÉE A CE QUE JE SUIS PARVENU, *et mal heureuse en ce qu'elle n'estoit mise en doze ou mesure requise.* » Ce fait une fois apuré, il en sort plusieurs autres traits de lumière. Et d'abord, l'*Art de terre* ayant été écrit, au dire de son auteur (p. 311), vingt-cinq ans après l'exhibition de la coupe que je viens de démontrer avoir eu lieu en 1538 ou 1539, on arrive à la date de 1564, année qui a suivi celle de l'impression de la *Recepte véritable*. Tous les traités de Palissy, réunis dans le second volume, donné au public en 1580, furent en effet composés longtemps avant leur publication, et l'on n'a tenu aucun compte de l'ordre dans lequel ils ont été rédigés. Je crois même que plusieurs le furent avant son départ pour Paris (2), et qu'il se contenta, par la suite, d'en remanier quelqus-uns avant de les livrer à l'imprimeur, et d'en faire disparaître des déclamations huguenotes, alors sans intérêt et sans but, et qui eussent été intempestives à la suite de sa dédicace à Antoine de Pons, devenu fervent catholique. Les premiers troubles, en renversant son atelier, avaient donné un autre cours à sa prodigieuse activité. Sa profession lui laissant des loisirs, il avait pris la plume, et, comme il avait l'esprit lucide, que les sujets qu'il traitait étaient fortement empreints dans son imagination, et que son récent ministère de prédicant l'avait préparé à formuler sa pensée, il s'improvisa écrivain. Une fois installé à Paris, le courant des affaires, les ardentes préoccupations de l'artiste et de l'ouvrier, ses

(1) *Hist. de la Rochelle*, par Arcère, t. II, p. 481.
(2) Voir ce qu'il dit à cet égard à la fin de la *Recepte véritable*.

études géologiques, ses nouveaux voyages, les événements politiques qui se succédèrent sans relâche autour de son four, lui laissèrent moins la liberté d'esprit nécessaire aux travaux du cabinet.

Ce n'est pas tout. Palissy dit, comme on l'a vu il y a un instant, qu'il trouva la composition de l'émail blanc, mais non le dosage exact des matières qui y entraient, deux ans après l'interruption momentanée de ses recherches, par suite des travaux d'arpentage que lui procura l'établissement de la gabelle; ce qui reporte sa découverte à 1545. L'année suivante, un ouvrier du métier lui fabriquait des pots, qu'il décorait ensuite d'appliques en relief, appelées par lui *médailles* (p. 316). Bientôt après, il trouva moyen de faire « *des vaisseaux de divers émaux entremêlés en manière de jaspe* » (p. 319). Un peu plus tard encore (même page), c'est-à-dire vers 1547, l'idée de modeler les rustiques figulines lui fut suggérée, ainsi que cela a été démontré plus haut (p. 107), par la lecture d'un passage du *Songe de Polyphile*. Mais ce ne fut qu'au bout de quinze ou seize ans d'héroïques efforts et de misères sans nom, supportées avec un courage indomptable *(id.)*, qu'il fut enfin maître de la matière, et que la gloire et la fortune commencèrent à ne plus se détourner de lui (1554).

On voit clair désormais dans la vie de Palissy ; seulement il s'agissait de saisir le fil conducteur pour se diriger dans ces ténèbres. Une fois ce fil en nos mains, l'*Art de terre* fournit les dates précises, conduit à chacune des stations du long martyre de son auteur.

Il ressort en outre de l'ensemble de ces détails :

1° Que Palissy n'était pas né dans une famille de potiers, puisqu'il ignorait jusqu'aux premiers éléments du métier, avant d'aller les apprendre à la Chapelle-des-Pots, dont il parle à la page 312 (1), et qu'il eut souvent recours, par la suite, à des ouvriers de cette bourgade, avant d'être complètement initié aux pratiques de leur industrie ;

2° Qu'il débuta par fabriquer, avec leur aide, des poteries à médaillons en reliefs analogues à celles de la Chapelle, où l'on en livrait depuis plus d'un siècle au commerce ; que ces reliefs étaient obtenus à l'aide de poinçons isolés, et qu'une couche d'émail blanc couvrait probablement quelques-unes des pièces sorties alors de son four (2);

3° Qu'à ce premier émail monochrome succédèrent ces glaçures jaspées, dont les vases de la Chapelle-des-Pots nous ont conservé les premières teintes sourdes (3) ;

---

(1) « *Je couvrai trois à quatre cent pièces d'émail et les envoyai à une poterie distante d'une lieue et demie de ma demeurance.* » C'est précisément cette distance qui sépare la Chapelle-des-Pots de Saintes.

(2) Palissy a fait, par la suite, quelques rares pièces à fond blanc. J'ai vu, par exemple, entre les mains de M. Sipowicz, marchand d'antiquités polonais, un fragment du *Baptême du Christ*, dont les figures sont seules de couleurs variées. Le fond du sujet et celui du rebord sont blancs. Or cette composition est certainement postérieure à 1575.

(3) Le but que se proposa Palissy en employant ce genre de glaçure paraît avoir été l'imitation de certains vases d'origine inconnue, fabriqués avec des baguettes d'émail de couleurs jaspées, juxtaposées les unes aux autres, et réduites ensuite à l'état malléable, pour être moulées selon la forme de la pièce qu'on

4° Qu'il faut considérer, comme fabriquées avant 1554, les pièces rustiques sur lesquelles sont répandues des teintes encore peu transparentes. L'essor une fois pris, il donna libre carrière à son esprit inventif et introduisit successivement plusieurs perfectionnements dans son art.

De quel secours lui fut la famille de Pons durant ces quinze années de combats sans cesse renouvelés contre la faim? La question est difficile à résoudre. Antoine avait senti son zèle huguenot se refroidir après la mort d'Anne de Parthenay, arrivée en 1549 (1) et ne devait plus voir d'un bon œil le prosélyte trop ardent qu'il avait fait à son retour de Ferrare. Un second mariage avec une catholique augmenta encore cet éloignement. Leurs relations ne se renouèrent qu'un peu plus tard, lorsque le succès eut gagné à Bernart d'autres protecteurs. Il semble pourtant qu'avant de mourir, Mme de Pons l'ait recommandé à sa propre famille et à ses coreligionnaires. Ce que n'eût peut-être pas obtenu l'homme de génie fut accordé au sectaire. J'en tire la preuve de la missive, en date du 22 décembre 1555, adressée par Jean d'Aubeterre à sa sœur Antoinette, mariée au sieur de Soubise, laquelle a été publiée dans les *Lettres écrites de la Vendée à M. Anatole de Montaiglon*, p. 46. On le dit, dans cette missive, chargé, avec Philebert Hamelin, l'apôtre du protestantisme en Saintonge, de régler un différend survenu entre le sieur de Soubise et ses vassaux. L'éloge qu'on y fait de sa droiture et de sa capacité indiquent assez qu'on ne le considérait pas, chez les L'Archevesque, commme un indifférent ou un inconnu. A propos du premier devis de la grotte des Tuileries, j'ai émis, du reste, dans la brochure qui vient d'être mentionnée (p. 53), l'opinion que notre potier avait connu Jean de Parthenay et avait été recommandé par lui à Catherine de Médicis.

Les persécutions contre les protestants et les troubles de l'an 1562 vinrent le soumettre à d'autres épreuves. Ses convictions protestantes, trop affichées au grand jour, lui attirèrent la haine des fanatiques du parti contraire, ayant à leur tête le doyen du chapitre de Saintes. Il eût infailliblement péri sur un bucher sans Anne de Montmorency, pour le compte duquel il était occupé à une grande œuvre rustique (2), dans un atelier bâti aux dépens du connétable, proche une tour des murailles de Saintes dont l'intérieur lui avait

---

voulait exécuter. M. Gaudin, avocat à Saintes, possède un de ces vases presque complet, qui a été retiré des sables de la Charente.

Palissy a continué, durant toute sa vie, la fabrication des poteries avec émaux uniquement jaspés ou agatisés. On les trouve assez rarement. Ce sont en général des pièces de petite dimension, et surtout des hanaps. On connaît les beaux plats de cette couleur avec bordures d'arabesques courantes. Ils sont plus communs que les pièces précédentes.

(1) « Il (Jean de Parthenay L'Archevesque, sieur de Soubise) *porta un merveilleux regret du décez de sa mère* (Michelle de Saubonne, dame d'honneur d'Anne de Bretagne et de Renée de France) *et d'abondant eut tout à un coup l'ennuy de la perte de madame de Pons, sa sœur, qui estoit morte à Paris d'un cancer, cinq jours avant sa mère, tellement qu'elles ne surent point la mort l'une de l'autre.* » — Mémoires de la vie de Jean de Parthenay L'Archevesque, sieur de Soubize, par François Viète.

(2) Cette œuvre était destinée au château d'Ecouen, maison de plaisance d'Anne de Montmorency.

été abandonné. Son nouveau protecteur, non plus qu'une sauvegarde accordée par le duc de Montpensier, et les recommandations des sires de Pons, de Burie (1), de la Rochefoucault et de Jarnac, ne purent l'empêcher d'être conduit devant le Parlement de Bordeaux, emprisonné et menacé de mort comme fauteur d'hérésie. Il fallut l'intervention directe de la reine mère pour le faire rendre à la liberté, tandis que le sire de Pons et sa nouvelle femme (2) sauvaient son atelier d'une ruine totale. La paix d'Amboise du 22 mai 1563 lui permit enfin de recommencer ses promenades solitaires sur les bords de la Charente et d'aller écouter les chants religieux des vierges sous les aubarées (3).

Quelques mois après, il fit imprimer à la Rochelle, chez Barthélemy Berton, sa *Recepte véritable par laquelle tous les hommes de la France pourront apprendre à multiplier leurs trésors,* opuscule écrit depuis un certain temps, mais évidemment retouché sous l'influence des persécutions qui venaient de le frapper. Il y intercala une rédaction plus étendue du projet de grotte présenté en 1561, dont j'ai retrouvé le manuscrit portant une note de la main de Catherine de Parthenay.

La marque placée sur le titre de cet ouvrage a donné lieu à une controverse, longtemps prolongée, sur l'origine de l'emblème qu'elle porte. Indépendamment de toutes autres

preuves, il en est deux de nature à en enlever l'invention et la propriété à Palissy, savoir : sa présence dans l'édition des *Emblêmes d'Alciat* de 1555; son emploi par l'imprimeur Berton, qui se l'était approprié, sur les titres de plusieurs autres volumes étrangers au potier de Saintes. On en fit plus tard fréquent usage. Je le donne tel qu'il est empreint sur un plat à reliefs de la fin du XVIe siècle, conservé au musée de Sèvres (4).

(1) Charles de Coucis, sieur de Burie, avait été chargé de prêter main-forte au Parlement de Bordeaux pour arrêter les progrès du calvinisme en Saintonge. (*Biographie saintongeoise*, par Rainguet.)
(2) Marie de Montchenu, dame de Guercheville.
(3) *Recepte véritable*, p. 13. — Une rue de Saintes porte encore ce nom d'Aubarée.
(4) Il vient de la collection de Mme de La Sayette.

L'imprimeur de l'*Histoire universelle* de d'Aubigné s'en est servi ; il apparaît, entouré de la devise : SPES SOLA DAT VIRES, au revers de la médaille de Jérôme de Villars, archevêque de Vienne.

De 1563 au mois d'octobre 1567, époque à laquelle sa présence à Paris est attestée par un document qu'a trouvé M. Jourdan, juge d'instruction à la Rochelle (1), il y a pénurie de renseignements sur Palissy. A peine si les comptes d'un bourgeois le montrent, en 1564, toujours besoigneux et faisant un emprunt (2). Il est seulement évident que le séjour passager de la cour à la Rochelle, au mois de septembre 1565, vint l'enlever à un milieu où il se trouvait désormais mal à l'aise, pour le conduire sur un plus vaste théâtre.

L'entrée de Charles IX dans la future capitale du protestantisme donna lieu à des fêtes, où l'on déploya, selon l'habitude du temps, un grand luxe d'allégories, destinées à prouver au monarque la fidélité de sujets qui n'attendaient qu'une occasion favorable pour entrer en pleine révolte contre lui. Il est assez probable que notre artiste prit part à la composition de cette mise en scène ; mais les renseignements, trop peu précis, fournis par Amos Barbot, ne permettent pas de l'affirmer. Ils donnent cependant un détail qui vient à l'appui de ce que j'ai dit précédemment de l'emploi du croissant, comme emblème de Catherine de Médicis, après la mort de Henri II. A l'un des carrefours de la ville, on avait dressé un théâtre paré de verdure et de rameaux fleuris, où étaient plusieurs jeunes filles richement vêtues. L'une d'elles représentait la déesse Diane et portait sur sa tête un large croissant. Ses compagnes, habillées en nymphes, avaient aussi des croissants sur le front. On y voyait de plus leurs armes peintes, entourées du même emblème, avec la devise : SIC CRESCANT IN DIES. Nous verrons plus loin des faïences, exécutées sous Henri III pour la reine mère, porter encore ces souvenirs du règne de l'époux de cette princesse.

Une plaquette in-4°, imprimée chez Barthélemy Berton, et ayant sur son titre la devise : POVRETÉ EMPECHE LES BONS ESPRITZ DE PARVENIR, nous a conservé les vers latins que l'avocat Jean de la Haize fit à l'occasion de la venue de Charles IX à la Rochelle. Il en existe un exemplaire relié en veau noir, avec un croissant couronné sur chacun des plats. Il a dû être présenté à Catherine de Médicis.

Quel qu'était le rôle de Palissy dans cette circonstance, il est hors de doute qu'alors eut lieu la présentation de sa personne au roi et à la reine par le connétable, et qu'il ne tarda pas à prendre le chemin de Paris. Il avait près de soixante ans lorsqu'il vit se réaliser le rêve de toute sa vie.

Le voyage des rives de la Charente à celles de la Seine ne dut pas être infructueux pour ses études géologiques. Jusque-là il n'avait visité que les régions méridionales de la

---

(5) *Lettres à M. A. de Montaiglon*, p. 54.
(6) *Id.*, même page.

France, où il était retourné encore une fois, postérieurement à 1555 (1), et celles situées au-dessous de la Loire, y compris Tours (2). Divers événements allaient survenir qui lui feraient connaître d'autres contrées. Le plus grave fut la Saint-Barthélemy, qui paraît l'avoir forcé de quitter momentanément Paris, où il courait des dangers. Il se rendit à Sédan, chez Henri-Robert de la Marck, duc de Bouillon, protecteur ostensible des protestants. Ce prince était gendre du duc de Montpensier, qui, lors des premiers troubles, avait déclaré inviolable son atelier de Saintes. A la même époque, eut incontestablement lieu son excursion sur les bords du Rhin, excursion placée par certains Allemands au début de la carrière de notre artiste, afin de se donner occasion de prétendre qu'il aurait emprunté une partie de ses procédés de potier et, qui plus est, son style à Hirschvogel de Nürnberg. Cette assertion, dénuée de tout fondement, comme l'établissent les dates (3), a surtout été ébruitée en ces derniers temps par le *Guide de l'amateur de faïences*, de M. A. Demmin.

Rendu à cette dernière phase de l'existence de Palissy, j'abandonne à un chercheur plus compétent et mieux placé que moi le soin de découvrir les documents propres à la bien faire connaître, et je me renferme plus étroitement dans les limites de mon sujet. Mais, avant d'arriver à la description de ses poteries, il importe de déterminer la place qu'il convient de lui assigner dans l'art. Sans m'arrêter aux idées reçues parmi les amateurs de faïences, j'oserai dire toute ma pensée.

Palissy ne fut, selon moi, qu'un très médiocre artiste. Son œuvre, réduit à ses véritables limites, offre assurément, au point de vue céramique, un intérêt considérable; certaines pièces, surtout les rustiques bien réussies, faites avant sa venue à Paris et qui lui appartiennent en propre, ont un côté d'originalité très tranché, un aspect plus mâle que les faïences d'Oiron; mais j'ai beau les regarder avec l'œil le moins prévenu, je n'y trouve rien du souffle puissant qui anima les grands maîtres de la Renaissance. L'ouvrier m'apparaît seul, ne cherchant même pas à franchir les limites qui le séparent de l'art véritable. On aura beau dire que ses compositions capitales sont détruites. Ce qu'il raconte de l'ordonnance de ses grottes ne nous en fait pas regretter la disparition pour sa gloire. En effet, qu'estime-t-il le plus, lui-même, dans ses ouvrages? N'est-ce pas l'invention de ses émaux? les difficultés vaincues pour arriver à la pondération complète des divers éléments employés? la conduite des fourneaux en praticien consommé? Demandez-lui sa profession, il répondra : *inventeur des rustiques figulines*; rien de plus. — Les exigences de la mode commandent-elles l'introduction de la figure humaine sur sa vaisselle de terre? Il s'adresse au premier venu, encastrant aujourd'hui, à travers *ses bestions*,

---

(1) *OEuvres de Palissy*, p. 91.
(2) *OEuvres de Palissy*, p. 47 et 58.
(3) Palissy parle maintes fois de Sédan et des contrées situées vers le Rhin, dans les traités publiés seulement en 1580. Il n'en est pas fait, au contraire, une seule fois mention dans son volume de 1563, où, citant les fleuves qu'il connaissait alors (p. 58), il ne donne les noms que de ceux situés en deçà de la Loire.

une admirable Madeleine repentie, prenant demain des surmoulés sur l'orfévrerie de de Briot, employant un autre jour je ne sais quelle médiocre copie d'une estampe ou d'un chef-d'œuvre renommé. — Si Palissy n'avait pas d'autres titres de gloire, et de plus grands, à l'estime de la postérité, j'éprouverais peut-être quelque hésitation à m'exprimer avec autant de liberté, surtout en présence de ses efforts surhumains pour arriver à produire celles de ses œuvres que je me permets de critiquer. Mais, avec un homme de cette taille, les réticences sont superflues. Je formule donc mon opinion sans rien celer. N'ai-je pas prouvé, du reste, que l'invention même des rustiques figulines est sortie d'un cerveau autre que le sien ? — Qu'on se donne la peine, je le répète, d'ouvrir le *Songe de Polyphile*, de François Colonne, imprimé pour la première fois à Venise par Alde Manuce, en 1499 : l'on y trouvera nettement exprimée l'idée de faire servir la représentation au naturel des animaux, plantes et coquilles, dont il a fait plus tard usage, à la décoration intérieure d'un édifice. Là, il a puisé l'ordonnance première de ses faïences, et tous les éléments de l'architecture de ses grottes. Une traduction française de ce livre parut en 1546, un an avant l'époque que *l'Art de terre* indique comme étant celle où il commença à produire des pièces rustiques. Or Palissy a connu le livre du littérateur-artiste italien ; il n'en fait pas mystère, puisqu'il le mentionne dans la dédicace de la *Recepte veritable* au maréchal de Montmorency (p. 4). Son rôle consista donc à exploiter, d'une façon originale, l'idée d'autrui ; à prendre son bien où il se trouvait. Les extraits du *Songe de Polyphile*, donnés au paragraphe X du chapitre consacré à la fabrique d'Oiron, fournissent la preuve irrécusable de ce que je me contente d'indiquer ici, afin d'arriver plus vite à l'examen des faïences du maître (1).

II

POTERIES DE PALISSY

On attribue généralement à Palissy beaucoup de faïences sigillées qui non-seulement ne sont pas sorties de son atelier, mais dont un certain nombre a vu le jour longtemps après sa mort. Afin de faciliter aux amateurs les moyens de se rendre un compte exact de l'ensemble de son œuvre véritable et d'élaguer, en connaissance de cause, les scories qui l'encombrent, je vais tenter d'en donner une classification, avec le secours des notions précises sur ses commencements, consignées dans le chapitre précédent, et des divers indices fournis par les pièces authentiques qui ont date à peu près certaine.

Il est inutile de revenir sur les essais antérieurs aux rustiques figulines : le lecteur est

(1) Le sujet du plat rond représentant le jeune Bacchus recevant les prémices des vendanges, quoique d'une date plus récente, semble avoir été emprunté, aussi lui, au *Songe de Polyphile* (f° 62).

suffisamment édifié sur ce qui les concerne. Le hasard seul peut en faire découvrir des échantillons à Saintes ou aux alentours de cette ville, encore seront-ils à l'état de débris.

A dater du moment où la lecture d'un passage du *Songe de Polyphile* lui eut ouvert une voie mieux appropriée que toute autre à son goût pour les curiosités naturelles, toutes les productions de Palissy, sans exception de formes et de genres, antérieures à son arrivée à Paris, ont été conçues dans la donnée rustique. La preuve en est tirée de ce qu'elles sont les seules dont il soit question dans les vers de l'apothicaire saintongeois Pierre Sanxay, insérés en tête de la *Recepte veritable*, imprimée en 1563, ainsi que dans l'*Art de terre*, rédigé l'année suivante. Ajoutons à cela que les imitations des vases rustiques d'origine saintongeoise et poitevine sont toutes d'un coloris très sobre et peu varié. La palette de nos ouvriers est demeurée aussi pauvre que l'était celle de Palissy à ses débuts.

Les copies des poteries à figures sont bien plus rares chez nous que les rustiques. A part le plat vert à l'*Andromède*, du musée de Sèvres, et un hanap à fond de même couleur, décoré de médaillons à sujets imitant le jaspe, je n'en ai jamais rencontré qui vinssent de l'ouest de la France, encore ces deux faïences sont-elles d'une date relativement assez récente, puisque les originaux, dont elles ne sont que des espèces de surmoulés, ont été mis au jour sous Henri III, comme on le verra tout à l'heure. Mais, avant d'aborder cette seconde question, il nous reste à classer chronologiquement les rustiques figulines que Palissy a continué de façonner, concurremment avec les vases à figures, lorsqu'il eut adopté ce dernier genre d'ornementation.

Les plus anciennes sont, on le sait, celles qui accusent peu de variété dans l'invention des émaux, et une entente encore incomplète des procédés de fabrication (1).

Viennent ensuite les pièces à fonds très garnis de reliefs, et souvent de couleurs foncées et profondes. Le musée de Lyon possède, dit-on, deux superbes spécimens de cette période, qui commence à l'époque où Bernard fut maître des secrets de son art et finit vers le temps où il fixa définitivement sa résidence à Paris. — Il est bon d'ajouter que les animaux, plantes et coquilles vivantes et fossiles, dont les représentations ou empreintes se voient sur ces deux premières classes de poteries, se trouvent tous en Saintonge. Plus tard, il ajouta quelques variétés du bassin de la Seine.

Le goût de Palissy subit quelques modifications au contact de la cour. Les fonds se dégarnirent de cette foule de petits détails qui les encombraient durant la période précédente. Ils ressemblent désormais à la terre des sillons, qui, sous l'influence du printemps, commence à se couvrir de plantes fraîchement nées ; les coquillages, placés avec symétrie,

---

(1) Mlle Benoist, des Sables-d'Olonne (Vendée), possède un grand plat ovale, de 0^m 55 sur 0^m 43, qui pourrait appartenir à cette catégorie. L'émail en est assez beau, mais fort peu transparent, et les reliefs n'ont pas la netteté qu'ils ont eue plus tard. Il est conservé depuis plusieurs générations dans la famille Benoist, originaire de Fontenay.

sont plus espacés, les animaux plus grêles. L'artiste n'est plus en contact perpétuel avec la nature; elle lui apparaît maintenant sous un aspect de convention. Bientôt une forme humaine se montre sur ces terrains proprets. Barthélemy Prieur y vient poser son élégante Madeleine repentie, qui ne court plus risque d'y blesser ses pieds délicats. Le nom de cet habile sculpteur n'avait pas besoin d'être inscrit sur la liste des auditeurs du cours de géologie professé par Palissy, pendant les années 1575 et 1576 (1), pour qu'on reconnût sa manière, si personnelle, dans cette belle figure, et qu'on sût qu'il a été un moment le collaborateur de l'illustre potier.

En quatrième lieu, c'est-à-dire postérieurement à 1576, les arabesques prennent, sur les rebords des bassins et des aiguières, la place des animaux et des plantes champêtres. A peine quelque pauvre lézard vert se trouve-t-il égaré dans le fond violacé d'un plat ou se tient-il piteusement accroché le long d'une anse enrichie des mascarons grimaçants. Il est bien plus maltraité encore par les faïenciers de la *Famille de Henri IV*, qui le relèguent, en compagnie d'une couleuvre ou d'une salamandre, sur un morceau de jaspe, semé de fraises, dont il parait faire fort peu de cas, tant il se trouve mal à l'aise dans sa cage de balustres ornés de fleurs artificielles ou de festons godronnés (2).

Mais une officine rivale de celle de Palissy s'était établie, quelques années après son installation à Paris, et lui faisait une concurrence dangereuse. Elle était sous la direction de l'orfèvre François Briot, et livrait au public des moulages en terre émaillée des œuvres de cet éminent artiste. M. Calixte de Tusseau possède un superbe exemplaire du bassin dit des *Quatre éléments* ou des *Sciences et des arts*, sur l'ombilic duquel est, aux pieds de la Tempérance, le monogramme 𝐹𝐵 imprimé sur la pâte avec une estampille. *(Voir la gravure sur bois de cette belle pièce.)* La collection Soltykoff en renfermait un autre ayant, au revers, la lettre F, initiale du prénom de François, gravée à la pointe avant la cuisson (3). Les émaux de ces bassins diffèrent tout à fait de ceux de Palissy; ils sont

---

(1) Voyez, p. 271 de l'édition de Cap : « *Maistre Bartolomé Prieur, homme expérimenté ès-arts.* » Le déplacement accidentel d'une virgule a empêché jusqu'ici de reconnaître ce nom important. C'est le 32e de la liste. M. Anatole de Montaiglon est de moitié dans la rectification. — Prieur pourrait bien être aussi l'auteur du portrait de vieille femme non émaillé, se détachant sur un médaillon bleu, qu'on voit au Louvre.

Trois Poitevins ont assisté aux cours de Palissy et sont nommés par lui : 1o Pierre Milon, le futur médecin de Henri IV, alors simple étudiant; 2o Denis Courtin, seigneur de Nermou en Nallières, près de Luçon, médecin calviniste; 3o François Mizière, natif de Fontenay, médecin également calviniste, qui a donné une édition des Psaumes de Marot.

(2) Les rustiques figulines eurent assez peu d'influence sur le goût public, et les ouvriers du temps leur empruntèrent peu de choses. Je ne connais guère que Du Cerceau, ce fin quêteur, H. Sambin et l'auteur du mortier de M. Rondel, dont il sera question plus loin, qui leur aient pris certains détails.—Un sculpteur en bois assez médiocre a aussi répandu des couleuvres, écrevisses, grenouilles et lézards sur un bahut que j'ai vu à Orléans, il y a quelques années.

(3) Il est aujourd'hui au château de Mello-sur-Oise, dans la collection de M. Sellière. La collection de M. H. Egmond-Massé, conservateur du musée de Strasbourg, renferme une canette d'étain, sortie de l'atelier de Briot, qui est marquée, sous sa base, d'un écusson couronné portant les mêmes lettres F. B.

plus transparents, plus vitreux, ressemblent, en un mot, à ceux des émailleurs sur métal. Les tons bleu de ciel et brun rouge de certaines parties ne se rencontrent que là. D'autres épreuves, en général moins pures, et par conséquent postérieures à celles-ci, sont au contraire colorées par les procédés de Bernard. Elles ne portent plus ni estampilles ni signatures tracées à la pointe, ce qui me ferait croire qu'après la mort de Briot, ou à la suite de quelque transaction, il y eut fusion des deux fabriques.

Le bassin des *Quatre éléments* est la plus belle pièce de cette série. Les rares exemplaires parvenus jusqu'à nous présentent quelques différences dans l'agencement des médaillons, copiés d'ailleurs sur les gravures d'Estienne de Laulne, parce qu'étant moulés par pièces, la fantaisie de l'ouvrier a eu libre carrière. Ce n'est pas seulement sur les épreuves de terre que cette variété se fait remarquer; il en est de même de celles d'étain qui ont servi à faire les matrices d'où l'on a tiré les premières. Je possède le médaillon de la Grammaire, fondu très finement en bronze, qui a fait partie de la décoration d'un coffret. Briot n'a pas posé sans motif la Tempérance à la place d'honneur, au centre de son bassin. Les artistes de la Renaissance, qui s'étaient peu à peu dégagés des buveries et goinfreries sans fin du moyen-âge, où s'était empâté l'esprit humain durant tant de siècles, n'avaient cessé de répéter dans leur langage, avec le philosophe et le poète, que « *tempérance était maistresse de modestie, chasteté, sobriété, vigilence et de tout ordre et moyen réglé en toute chose* (1). » Sa présence au milieu des images des sciences et des arts rendait l'enseignement encore plus complet.

On n'est pas d'accord sur l'époque à laquelle appartiennent l'aiguière et le bassin de Briot. Les uns les placent parmi les productions du règne de Henri II, les autres les font contemporains de Charles IX; quelques-uns enfin, et je suis de l'avis de ceux-là, les croient fondus durant les années qui suivirent immédiatement l'arrivée de Henri III au trône. Les fonds de paysages qui accompagnent les figures, le style de certains détails, rappelant celui des compositions ornementales de Jean Viedman, dit Vrièse, de Dietterlin et de Théodore de Bry, sont les motifs qui me font ranger à cette opinion. Ce serait, par conséquent, entre 1574 et 1580 qu'il faudrait placer l'introduction des figures et des arabesques sur les faïences de Palissy.

Une fois engagé dans cette voie par les exigences du public, tout en continuant à modeler des rustiques figulines, sur lesquelles il se contenta d'abord d'appliquer, à l'occasion, des figures isolées, telles que la Madeleine de Prieur, notre potier fut forcé de

---

(1) L'*Antihermaphrodite*, de Jonathas Petit (Paris, Jean Berjon, 1606, in-8°, p. 450). — V. également les *Lunettes des princes*, de Jean Meschinot, où cet auteur met en action la tempérance, la force, la prudence et la justice, qu'il fait conseillères des gouverneurs des peuples. Michel Colombe s'est inspiré d'un passage de ce livre, lorsqu'il a posé aux quatre angles du tombeau de François II, duc de Bretagne, placé aujourd'hui dans la cathédrale de Nantes, les personnifications de ces mêmes vertus. Jean Bouchet, dans son *Chapelet des princes*, a fait aussi de la tempérance la pierre angulaire de la bonne conduite des choses de ce monde.

s'adjoindre des artistes capables de fournir les patrons, et même les matrices des moules, pour les sujets qui décorèrent ses nouvelles productions. Six individualités bien tranchées s'y affirment par six faires différents, sans parler de ce qu'il convient d'attribuer au maître lui-même, c'est-à-dire l'agencement et la mise en œuvre. Le souvenir des faïences d'Oiron lui revint probablement alors quelque peu en mémoire. Tout porte même à croire qu'il lui passa sous les yeux des pièces du genre de notre fontaine, qui avaient précédé les siennes de plus de dix ans dans le système décoratif qu'il venait d'adopter. Le souvenir des têtes d'enfants, des mascarons grimaçants, des cariatides, des nymphes et satyres se courbant en façon d'anses le long des vases sortis du four patronné par Claude Gouffier, d'une foule d'autres détails non moins caractéristiques, lui traversa l'esprit et ne fut peut-être pas sans influence sur la seconde direction que prit son talent (1).

Parmi les faïences exécutées dans cette donnée, il faut ranger les corbeilles découpées à jour, où se voient le croissant et le monogramme composé des lettres H-C enlacées; emblème de Catherine de Médicis. Ces ornements ont fait croire les poteries qui les portent contemporaines de Henri II, tandis qu'elles ont été faites sous Henri III. Palissy, qui devait beaucoup à la reine mère, fut bien inspiré par la reconnaissance, car elles figurent au nombre de ses pièces les mieux réussies.

Il me serait difficile de dire, dans l'état actuel de la question, et avec l'unique secours du catalogue de M. Tainturier (2) et des planches de la Monographie, encore incomplète, de MM. Sauzay et Delange (3), quelle part revient dans l'œuvre collective à chacun de ceux qui s'y sont associés simultanément ou tour à tour. Quant à l'opinion qui conclut à n'y voir aucune différence de manière et à attribuer le tout à Palissy, qui n'a peut-être jamais modelé une figure humaine originale, elle ne vaut pas la peine d'être discutée. — Cinq noms sont seuls connus à l'heure qu'il est, savoir : ceux de Bernard Palissy ; de Nicolas et Mathurin, qui furent probablement ses fils; de Barthélemy Prieur, dénoncé par le style de sa Madeleine, et celui de François Briot, dont le monogramme et la signature révèlent la collaboration effective. J'attribuerais volontiers à ce dernier, ou bien à un orfèvre de son école, les deux médaillons de Vénus et d'Adonis, et quelques-unes des autres compositions qui décèlent l'ouvrier habitué à travailler les métaux. Il existe une certaine quantité de médaillons d'argent ou d'étain qui proviennent de cette source (4).

---

(1) Palissy a puisé la forme de l'une de ses aiguières de la seconde période dans le traité de Lazare de Baïf, intitulé : *De Vasculis* (Paris, Robert Etienne, 1536, in-4°). Il ne faut pas oublier non plus de noter que l'un des vases donnés par le même auteur porte un crabe sur ses flancs.

(2) *Les Terres émaillées de Bernard Palissy, étude sur les travaux du maître et de ses continuateurs, suivie du catalogue de leurs œuvres*, par A Tainturier. (Paris, librairie archéologique de V. Didron, 1864, in-8°).

(3) *Monographie de l'œuvre de Bernard Palissy*. Lithographies coloriées de MM. Carle Delange et C. Borneman, texte de MM. Sauzay, conservateur adjoint au Louvre, et Henri Delange. (Paris, 1862-1863, in-f°.)

(4) On a aussi une assez grande quantité de dessins à la plume et de gravures au trait de médaillons analogues.

M. Rondel, l'intelligent restaurateur des faïences d'Oiron, possède un mortier de bronze, orné de figures humaines, de lézards et autres animaux, et de plantes, qui est de nature à mettre sur la voie de la solution du problème. Il serait à désirer que cet intéressant objet prît place dans l'un des musées de Paris, où il serait livré à l'étude des chercheurs. Le caractère des figures diffère quelque peu de celui qu'on leur donnait dans l'atelier de Briot ; mais il y a parenté. L'homme qui a fait ce mortier a certainement travaillé la terre émaillée.

D'autres artistes se sont peut-être contentés de fournir des patrons, ainsi que cela se pratiquait dans les fabriques d'émaux de Limoges et dans les faïenceries italiennes. Sans sortir de l'école française, je suis convaincu qu'avec un peu de peine on découvrirait à Paris des cartons analogues à ceux que Baptiste Franco livrait aux ouvriers de son pays, ou bien à ceux qu'un élève d'Estienne de Laulne dessinait à la plume et au bistre pour les émailleurs du sien (1).

---

(1) Une série de douze cartons ovales de cet artiste inconnu, représentant l'histoire de Joseph, et qui ont incontestablement été fournis à des émailleurs de la seconde moitié du XVIe siècle, fait partie de ma collection.

CHAPITRE XI

I

ÉLÈVES IMMÉDIATS ET CONTINUATEURS DE PALISSY

Palissy mort, ses élèves conservèrent les principaux éléments de sa manière. Ils continuèrent aussi à se servir de ses moules, jusqu'à ce qu'ils fussent presque complètement effacés. De là vient l'impossibilité de soumettre à un classement chronologique et méthodique l'œuvre du maître, à moins d'avoir beaucoup étudié la matière, beaucoup vu de pièces originales. Tel plat de ses continuateurs, dont le sujet du fond a été fait, par exemple, avec un moule remontant à 1576 ou 1578, peut avoir reçu d'eux une bordure à marguerites, postérieure de vingt-cinq années, analogue à celle qui entoure la famille de Henri IV, datant, au plus tôt, de 1603 (1). Ceux qui se vouent à ces délicates investigations doivent attendre, dans ce cas, pour formuler un jugement définitif, qu'un exemplaire parfaitement authentique leur soit passé devant les yeux; autrement tout catalogue, si consciencieux qu'il soit au point de vue de la reproduction des objets, péchera par la base et ne remplira pas le but que se propose la saine critique.

Il est facile de comprendre maintenant quelle utilité pratique présente l'étude des bordures des plats. Elles se classent, elles aussi, par ordre chronologique. On les voit apparaître avec la figure humaine, et leur agencement a subi successivement plusieurs modifications. Les premières sont dans le genre rustique, car Palissy n'abandonna pas tout d'un coup sa première manière; mais bientôt les arabesques, les rinceaux fleuris de

---

(1) On a fait récemment une imitation assez réussie du plat de la *Famille de Henri IV*. La crudité des tons bleus du dessous et quelque chose de terne dans l'ensemble dénoncent la contrefaçon. La terre est légère, les parois minces. De la même officine sont sortis d'autres plats moins heureusement exécutés. On y voit des figures de naïades assez gauches et de bacchantes entourées d'enfants bouffis ayant les chairs jaunâtres; le tout dans le style bâtard de Clodion. Les entourages très simples sont festonnés. Lès dessous sont du même bleu que celui de la pièce précédente. — Une couche de crasse factice, de couleur brune, les couvre, et parfois des cassures volontaires sont raccommodées avec du mastic imitant la cire de modeleur.

Ces contrefaçons viennent évidemment de Paris et sont colportées par un brocanteur marron très connu, qui inonde la France de faux ivoires du moyen-âge et de faux émaux. Elles ont commencé à apparaître dans les départements de l'ouest et du sud-ouest au mois de novembre 1863. J'en ai vu des échantillons chez Mlle Renard, marchande de curiosités retirée à Niort. M. Riocreux en a fait entrer deux au musée céramique de Sèvres, comme copies modernes. Elles lui sont venues de Bordeaux.

l'orfévrerie s'y mêlent et finissent par remplacer les animaux, coquilles et plantes, sans former non plus de dentelures sur le pourtour des pièces. Plus tard, les simples oves qui les circonscrivent extérieurement s'allongent, tandis que les arabesques courantes sont remplacées par des balustres, dont les corbeilles découpées à jour fournissent les premiers exemples, puisés également dans l'orfévrerie du temps. C'est alors que les godets et salières apparaissent, pour se maintenir, jusque sur les dernières productions de l'école. Parfois aussi des oves sortent un chapelet de marguerites blanches, de petites fleurettes jaunes et quelques feuillages symétriquement rangés. On adopta ensuite, mais postérieurement à la mort de Palissy, ou tout au moins à la fin de sa carrière, ces lourds entourages bleus, découpés en pointes, qui surmontent autant de torsades blanches. Puis vint un retour vers les encadrements sans dentelures, au moyen de la combinaison du motif précédent et de marguerites montées sur leur tige feuillue, alternativement employés et circonscrits dans le rond ou l'ovale des bords de la pièce. A peu près vers la même époque, c'est-à-dire durant la première moitié du règne de Henri IV, on copia les bordures à rinceaux et à petits reliefs de certains plats d'orfévrerie, fabriqués dans le sentiment artistique des rives du Rhin. Telle est celle de la *Belle Jardinière*, dont on possède le pendant au repoussé sur argent. On y voit un homme assis et retourné vers la droite, ayant les pieds nus et le costume champêtre de la fin du xvi° siècle. Sa tête est couronnée de pampres et sa main gauche présente un raisin, tandis qu'il tient un broc de la droite. Une treille disposée en berceau fait ombrage au-dessus de lui. Dans le fond est une habitation rustique, vers laquelle s'avancent deux hommes conduisant une charrette chargée de vendange. Au bas, à droite, est la signature : A. WILTZ, 1591 (1). La décoration du rebord est en tout semblable à celle de la *Belle Jardinière;* d'où il résulte que cette dernière faïence, beaucoup trop vantée, a été modelée par un des continuateurs de Palissy, d'après une composition de l'orfèvre susnommé, et qu'elle a probablement fait partie d'une série de quatre pièces représentant les saisons. Le nom de l'auteur se cache peut-être sous le monogramme mentionné au n° 52 du catalogue de M. Tainturier, lequel est composé des lettres A. V. B. C. Qui sait, en effet, si les deux premières de ces lettres ne signifient pas A. Viltz, et si les deux dernières ne sont pas les initiales du potier, puisqu'elles se retrouvent à l'état isolé sur le socle ou salière décrit au n° 201 du même catalogue (2) ?

Ce genre de bordure m'amène naturellement à discuter l'authenticité du portrait de la collection de M. Antony Rothschild, qu'on a l'habitude de considérer comme

---

(1) J'ai eu en ma possession ce plat de dressoir, qui n'a jamais dû servir que comme pièce de parade ; car il est très mince et a, en plusieurs endroits, des pièces et raccommodages pour boucher les solutions de continuité du métal survenues lors de la fabrication.

(2) Les continuateurs de Palissy se sont servis de plusieurs autres sigles et monogrames qui permettront sans doute de reconnaître leurs œuvres respectives. Il est également utile de prendre note des différences notables qui existent entre les terres et les vernis employés dans les diverses fabriques.

nous ayant conservé les traits de Palissy. Celle qui l'encadre, conçue dans la même donnée que les précédentes, le classe parmi les œuvres des dix ou douze dernières années du xvie siècle. Or la figure du personnage représenté sur cette faïence est celle d'un homme qui vient tout au plus de passer la cinquantaine, tandis que l'inventeur des rustiques figulines, décédé en 1590, s'il n'était pas mort lorsque ce relief fut modelé, aurait eu un visage durci par plus de quatre-vingts hivers à présenter comme modèle à l'ouvrier. D'un autre côté, le costume est bien celui du temps que j'indique. Le même col de chemise se voit au portrait d'Olivier de Serres à cinquante-cinq ans; Antoine Carron, le dernier peintre en titre de Catherine de Médicis, le porte sur celui où Thomas de Leu, son gendre, nous le montre dans un âge avancé. Henri III l'avait au cou le jour de sa mort, selon la gravure populaire qui représente son assassinat par le dominicain Jacques Clément. Si l'on me demande maintenant d'où vient ce portrait, je dirai, avec la réserve qu'il convient d'apporter en cette question délicate, que je le crois sorti de la même officine qu'un grand pot à bière exposé, il y a deux ou trois ans, à la devanture d'un marchand de la rue de Seine. Il était émaillé de brun avec reliefs jaunes de même style et avait sur sa panse, dans un petit cercle formé d'olives, cette inscription obtenue en relief avec un poinçon : I. PERRENET TROYE. Les carreaux incrustés de l'église Saint-Nicolas de cette ville offrent des motifs d'arabesques et d'ornements qu'il importe de rapprocher de ceux-ci, quoique la date de leur fabrication soit plus ancienne d'une quarantaine d'années. Le type une fois adopté a évidemment été continué, en se modifiant un peu.

En présence de preuves si diverses et si convaincantes, ne conviendrait-il pas, une fois pour toutes, de rejeter au nombre des simples curiosités anonymes cet essai médiocre dans un genre malheureux? — C'est d'ailleurs manquer presque de respect à la mémoire de Palissy que de lui prêter cette physionomie ennuyeuse et busonne, qui sent d'une lieue le hobereau ou l'échevin prenant un air grave pour poser devant la postérité. Si le potier de Saintes nous eût légué sa portraiture, la bonne opinion qu'il avait de sa personne l'eût empêché de se défigurer ainsi et lui eût fait mettre sur son visage un reflet de ce qu'il avait dans le cœur. Nous aurions dès lors sous les yeux une tête austère et vigoureuse, comme celle d'Ambroise Paré gravée par Estienne de Laulne, mais empreinte en même temps du génie moderne, comme celle de Melanchthon par Durer. — L'image de l'homme illustre qui nous occupe est dans ses livres; qu'on sache l'en dégager lorsque la France lui élèvera la statue qu'elle lui doit depuis bientôt trois siècles.

Un mot encore, avant d'en finir, sur les œuvres des imitateurs et continuateurs sérieux du genre. Il faut leur restituer la presque totalité des plaques de poêles et autres qui nous restent. J'en dirai autant de la plupart des chandeliers et porte-flambeaux. Les plus anciens de ces derniers remontent au plus à la fin du règne de Henri IV. Certains autres ont décoré les appartements dont Abraham Bosse nous montre l'ordonnance. Des statuettes, il n'en est aucune antérieure à 1590; presque toutes ont été faites au xvii° siècle.

Maintenant que l'œuvre de Palissy se trouve dégagé des pièces douteuses qui le rapetissaient, arrivons à cette foule de faïences d'une exécution bien plus grossière, qui n'ont jamais laissé de doutes dans l'esprit des amateurs.

II

IMITATEURS DE PALISSY EN SAINTONGE.

Ce serait m'aventurer en des régions inconnues que de rechercher les divers ateliers du royaume d'où sont sorties des imitations vulgaires des faïences de Palissy. La nomenclature en serait plus longue qu'on ne le pense généralement. Paris surtout et ses environs, Fontainebleau, certaines localités du nord, d'autres de Normandie, qui avaient commencé antérieurement à produire force épis et crêtes de toitures, du centre de la France, de Poitou, de Saintonge, etc., fourniraient un large contingent, qu'on saura trier tôt ou tard pour restituer à chacun ce qui lui revient dans ce fonds commun. D'autres porteront l'ordre où il y a présentement confusion apparente. Ma part est plus modeste : je ne franchirai pas les limites de la Saintonge et du Poitou.

Parlons d'abord de la première de ces provinces, la mère patrie du genre de poteries qui nous occupe.

La Chapelle-des-Pots. — La plus ancienne et la plus importante de ces fabriques est celle de la Chapelle-des-Pots, à quelques kilomètres de Saintes. Ce fut là, nous l'avons vu, que Palissy apprit les premiers éléments du métier, et qu'il laissa ensuite quelques-uns de ses procédés. Il a été souvent question de ses faïences, mais on n'a jamais signalé les caractères distinctifs qui servent à les reconnaître. Ces caractères sont de cinq sortes : 1° le ton jaunâtre et parfois rosé de la terre, selon le degré de cuisson, son grain peu fin et sa propension à s'exfolier; — 2° le choix des reliefs, consistant de préférence en mascarons, oiseaux, lions et animaux divers, fleurons, fleurs de lis isolées, armoiries entourées de couronnes de feuillages, imprimés à l'aide de poinçons séparés, d'un dessin souvent très incorrect, et grossièrement exécutés; — 3° le ton sourd des émaux agatisés où se mêlent le brun violacé, le bleu, le vert et le blanc tirant sur le jaune; — 4° les mouchetures vertes et du même ton brun violacé qui couvrent le dessous des pièces; — 5° la façon dont sont formés les cheveux des mascarons de haut relief et des statuettes, qu'on a simulés à l'aide d'une multitude de petits fils de terre fixés un à un. Souvent aussi on trouve des vases de formes identiques et ornées des mêmes estampages, dont une couche d'émail vert couvre la superficie tout entière. Les surmoulés de plusieurs faïences de Palissy sont couverts de ce vernis, le même qu'on employait au moyen-âge sur les vases sigillés de la Chapelle-des-Pots.

On y a fabriqué une foule d'objets : plats, assiettes, surtouts et cloches de table, en forme de femmes vêtues de vastes jupons découpés à jour, buies à double fond, pots trompeurs, écuelles à boire en forme de sabots de paysanne (1), barils, sébiles, bénitiers, lampes, chandeliers, jouets d'enfants, statuettes de la Vierge et de saints, costumes et caricatures, etc. La fabrication en a continué, dans cette donnée, jusqu'au milieu du xvii° siècle, et peut-être au delà. On y fait encore aujourd'hui beaucoup de poteries communes. De nombreux fragments de vases défectueux et mal cuits, des xvi° et xvii° siècles, recueillis dans les tranchées opérées à la Chapelle-des-Pots, et sur lesquels se voient les mêmes figures que sur les pièces intactes, m'ont surtout fourni les indications précédentes. Elles peuvent donc être acceptées comme certaines. La plupart de ces fragments m'ont été communiqués par M. l'abbé Lacurie, chanoine de Saintes, bien connu des archéologues par ses nombreuses études sur la contrée qu'il habite, et par M. Gaudin, avocat de la même ville, qui a recueilli une nombreuse collection de poteries. M. de la Morinerie, chef de bureau à l'hôtel de ville de Paris, possède un mascaron de faune, vierge encore de l'émail, qui a la même provenance.

S'agissait-il de produits de la Chapelle-des-Pots ou d'autres sortis de la fabrique de Brizambourg, dont il va être question tout à l'heure, dans la lettre qu'écrivait Balzac, le 10 août 1638, à l'abbé Sennet, théologal de Saintes?

« *Monsieur,*

» *Il ne me fallait que deux bassins de terre cuite, et j'ay reçu un plein cabinet de belles choses....... Je le dis sans exagération, et vous savez bien que j'ay renoncé pour jamais à l'hyperbole : ni le bouclier d'Achille qu'Homère a décrit, ni les autres riches descriptions des autres grands poëtes, ni la thèse que d'Orléans dédia autrefois à monsieur le cardinal de la Valette, ni tout ce que je vis jamais de plus divers et de plus historié dans le monde, ne l'est point tant que ce que vous m'avez fait la faveur de m'envoyer; et dites après cela, pour diminuer la valeur de votre présent, que ce n'est que de l'argile !* »

Tout cela, dit sans hyperbole, sans exagération, est de nature à piquer la curiosité. Quels étaient ces bassins si artistement historiés? ces pièces de terre cuite destinées à figurer dans un *cabinet* d'amateur? Balzac s'y connaissait : il n'eût pas parlé avec tant d'enthousiasme d'œuvres médiocres. Je ne serais donc pas éloigné de croire que le théogal de Saintes lui eût fait présent de faïences originales de Palissy, et non de simples poteries des derniers imitateurs de ce grand homme.

BRIZAMBOURG. — Non loin de la même ville de Saintes, existait autrefois une seconde

---

(1) M. Gaillard de la Dionnerie, procureur impérial à Civray (Vienne), possède deux de ces écuelles, qui sont fort intéressantes. Elles ont été trouvées à Saintes, dans le lit de la Charente.

faïencerie, celle de Brizambourg, domaine des Gontaut-Biron, sur laquelle j'ai recueilli des renseignements non moins précis. Voici d'abord un document écrit qui donne le nom du maître de la fabrique en 1600 :

« *Aujourd'hui, troisiesme jour du mois de mars de l'an mil six centz, pardevant le notayre royal soubszcript, s'est comparu sire Estienne Sennet, marchand, demeurant en ceste ville de Saintes, lequel, au nom et comme procureur de Enoch Dupas, maistre faencier de Brizambourg et y demeurant, a déclaré qu'il est appelant et a de fait appelé, au dict nom, du jugement donné par le commissaire du siége présidial le vingt et neuviesme du mois de febvrier dernier, entre le dict Enoch Dupas, demandeur, contre noble René Arnaud, escuyer, seigneur de la Garenne, demeurant à Luchat, depbiteur de la somme de six vingt escuz, prix et rayson de vaisselles* IMPRESSÉES DE SES ARMES, *modérée par le jugement à celle de soixante et quinze escuz, que le demandeur n'accepte, et du dict appel a requis acte, qui luy a esté octroyé par le dict notayre, pour luy servir au dict nom, et que de raison. Faict et passé les jour et an que dessus, avant midy, au logis de maistre Jehan Richard, chapellain de la chapelle des Guillebaud, présents à ce appelez noble Jacques Maron, escuyer, seigneur de la Croix, et Loys Dupas, marchand, demeurant à Chermignac; et ont signez avec le notayre* : E. SENNET, JACQUES MARON, JEHAN RICHARD, LOYS DUPAS, H. MOREAU, *notayre royal.* »

On voit par là que la manufacture de Brizambourg existait avant 1603, époque à laquelle le président Hénault et certains autres historiens prétendent qu'eut lieu sa fondation par Henri IV, assertion reproduite par Brongniart.

M. l'abbé Lacurie m'a donné un spécimen, probablement authentique, de ces faïences *impressées* de Brizambourg. C'est un plat long de 0^m 53, dont l'intérieur du fond est décoré de courants de feuillages, perles et stries, imprimés en creux. Un émail agatisé, à peu près de même couleur que celui de la Chapelle-des-Pots, mais d'un ton plus chaud et plus vif, couvre l'intérieur, tandis que le dessous présente partout une teinte verte, caractère distinctif de cette fabrication. Un second plat, un peu plus ancien et de meilleure qualité, était déjà venu en mes mains. Il est divisé en dix compartiments ovales, disposés autour d'un godet rond, et que séparent les uns des autres des lignes de petits fleurons en relief, terminées par une fleur de lis. Les émaux, les verts surtout, sont beaucoup plus éclatants que ceux de la pièce précédente. La terre de ces deux poteries est blanche et d'un grain assez fin.

D'autres fabriques ont probablement existé dans le bassin de la Charente; mais je n'ai aucun renseignement sur elles. On sait vaguement qu'il y eut, à la fin du XVIe siècle, une faïencerie à Saintes (1). Il sera question plus loin de celle qui y fonctionnait cent ans plus tard.

---

(1) Un passage de l'*Art de terre*, de Palissy, dont j'ai déjà fait mention (p. 312 de l'édition de Cap), démontre qu'il n'y avait pas même de fabrique de poteries vulgaires à Saintes au moment où il faisait ses

III

IMITATEURS DE PALISSY EN POITOU.

En Poitou, les imitations des poteries de Palissy furent aussi nombreuses qu'en Saintonge. La première qu'il faille mentionner, après la faïencerie d'Oiron, est celle de Fontenay-le-Comte.

FONTENAY-LE-COMTE. — Lorsque Palissy vint en cette ville, au mois de juin 1555, il se trouva dans un milieu conforme à ses goûts (1). Parmi les hommes distingués qu'il y rencontra, il faut citer en première ligne le sénéchal Michel Tiraqueau, digne fils du savant jurisconsulte ami de Rabelais, et grand amateur d'objets d'art, d'histoire naturelle et d'antiquités, qui le reçut, quelques années plus tard, dans sa belle demeure de Belesbat (2). Il y connut aussi Sébastien Collin, médecin naturaliste adonné à l'étude des plantes (3). Ce dernier était calviniste et avait quelques relations avec Antoinette d'Aubeterre, dame de Soubise (4). C'était plus qu'il n'en fallait pour que ces deux hommes se sentissent attirés l'un vers l'autre. Palissy, impénétrable pour tous quand il s'agissait des secrets de son industrie, fit-il une exception en faveur de Collin ou se contenta-t-il de lui transmettre des procédés déjà répandus parmi les potiers des environs de Saintes? Toujours est-il que, trois ans après, le médecin fontenaisien se mit à la tête d'une fabrique de vaisselle de terre. L'acte d'association passé entre les parties contractantes constate le fait, sans nous initier complètement aux secrets de leur fabrication (5).

premiers essais, puisqu'il était obligé d'aller les porter cuire à une lieue et demie de là, à la Chapelle-des-Pots. L'inventaire des meubles que laissa à sa mort Suzanne de Lezay, femme d'Agrippa d'Aubigné, dressé le 8 janvier 1597, porte pourtant cette mention : *deux grands aquiers de terre de Sainctes..... 6 quartz*. S'il s'agit réellement de poteries fabriquées dans cette ville, il faut admettre qu'il s'y était établi un four dans la seconde moitié du XVIe siècle.

(1) *Lettres de M. A. de Montaiglon*, p. 62. Il se trouvait à Fontenay au moment de la foire de la Saint-Jean, l'une des plus renommées des provinces de l'Ouest. C'était probablement pour y débiter ses faïences qu'il y était venu, quoiqu'on ne puisse l'affirmer. Nous savons seulement qu'il fut alors caution d'un certain Pierre Reynaud, marchand à Saintes.

(2) Voir les *OEuvres poétiques d'André de Rivaudeau*, et les *Lettres à M. A. de Montaiglon*, p. 61.

(3) Auteur de la *Déclaration des abus et tromperies que font les apothicaires*, à laquelle on répondit par la *Déclaration des abus et ignorance des médecins*, avec dédicace à Claude Gouffier, pamphlet fort médiocre, attribué, sans aucune vraisemblance, à Bernard Palissy. — Ce n'est pas non plus à Collin que fait allusion ce dernier dans son *Traité de l'or potable*, mais bien à un médecin aux urines de Luçon, du nom de Baptiste Galland, dit *Marcou*, si l'on en croit La Fontenelle de Vaudoré.

(4) Il lui dédia, en 1558, l'ouvrage intitulé : *L'ordre et le régime qu'on doit garder en la cure des fièvres*. (Poitiers, Enguilbert de Marnef, in-8°.)

(5) *Lettres à M. de Montaiglon*, p. 63.

« Aujourd'huy, en la court du scel establi aux contracts de Fontenay le Comte pour le roy nostre Sire, ont été présens et personnellement establi en droit, sire Benoist Durand, maistre potier de terre, et sire Gilles Cardin, maistre tanneur, pleige et caution du dict Durand ; Abraham Valloyre, potier d'estaing, et Dydier de Maignac, painctre-verrier, natif de la paroisse de Bourganeuf, en la Marche, et de présent establi au dict Fontenay, d'une part; et honorables hommes, Mᵉ Sébastien Collin, docteur en médecine, et Jacob Bonnet, physicien, d'autre part ; entre les quelles partyes a esté faict et convenu ce qui sensuyct; c'est assavoyr que les dicts Benoist Durand, o le dict Cardin, son pleige, Abraham Valloyre et Didier de Maignac s'engagent à fornir et donner leurs soins, temps et labeurs, chescung d'iculx sellon et en rayson de son mestier et industrie, et les dicts Mᵉˢ Collin et Bonnet en la fasson et manière ci-après exposée, pour l'establissement et la conduycte d'un four à cuyre vaisseaux de terre de Faye-Moureau et la Roche, et vendicion d'iceulx vaisseaux ; et, pour ce, le dict Mᵉ Collin a desclaré et desclare délivrer la joyssance d'une maison, sise au faubourg des Loges, o son verger entre la dicte maison et le foussé des Hors (jardins), tauxée au prix de ferme de dix escus, et impétrer l'obtention et donner tous soins et diligences à la délivrance des priviléges et óctroy de faire et bastir le dict four, et mestre en vente les dicts vaisseaux de terre; et le dict Bonnet a proumis et proumet bailler et fornir, les présentes signées, les ingrediens et segrets des teinctures à Dydier de Maignac, painctre sus nommé; dont et desquelles chouses susdites les dictes partyes, à leurs requête et consentemens, ont esté jugées et condamnées par nous Nicolas Misere et Guillaume Joly, notaires jurez d'icelle, à la jurisdiction de laquelle se sont soubzmises et se soubzmettent et tous leurs biens, quant ad ce, et avons déclaré es partyes les presentes estre subgectes à insinuer es greffes des insinuations, suyvant le règlement de monsieur le seneschal de Poictou, en date du huictiesme de mars mil cincq cens trente et ung. Faict et passé au dict Fontenay, le vingt huictiesme jour de septembre, l'an mil cincq cens cinquante et huict.

» N. Misere, nʳᵉ.   G. Joly, nʳᵉ. »

Mais le nerf de toute spéculation manquait; les associés le comprirent aussitôt. Dès le lendemain, intervint un autre acte, réglant l'apport en argent de chacun d'eux, sauf celui du peintre-verrier, apport qui s'éleva à 265 écus. Les outils et engins livrés par Durand et Valloyre leur tinrent lieu d'espèces sonnantes, et furent estimés soixante-quinze écus et un tiers. Je ne possède pas le texte de ce second document, mentionné seulement dans la transaction opérée lorsque l'association fut dissoute.

Sébastien Collin, le bailleur de fonds de l'entreprise, fut obligé de venir plus d'une fois au secours des trois industriels, chargés plus spécialement de la diriger. Au dossier se voit, par exemple, une quittance de dix-huit écus, à lui donnée par eux le 21 mars 1561. Ce ne fut pas sans doute le seul emprunt fait à sa bourse.

Quelle était la nature des terres de Faymoreau et de la Roche que les associés exploitaient ainsi? Toutes mes investigations à cet égard ont été jusqu'ici sans résultat. J'ai toutefois constaté que la contrée où ces localités sont situées, et dont le sous-sol recèle des mines assez riches de charbon de terre, possède des dépôts nombreux d'argiles propres à faire de belles poteries. Le kaolin s'y rencontre aussi en abondance.

Les guerres de religion, la mort de Jacob Bonnet, le physicien, et celle de Benoist Durand, le potier, firent avorter l'entreprise. La liquidation se fit le 15 avril 1566, par acte passé par-devant les notaires Jacques Pichard et N. Misere. Par suite de cette transaction, Sébastien Collin reprit purement et simplement sa maison, et reçut une cédule de 27 écus, plus quelques meubles. Abraham Valloyre, le potier d'étain, qui avait touché diverses sommes, s'élevant à 165 écus, dut en rapporter 49, qui furent remis au peintre Didier de Maignac, auquel échut en outre la plus grande partie du matériel de la fabrique : « *tours, formes, patrons et vaisseaux de terre azurins et marmorés.* » Quant aux héritiers de Jacob Bonnet, tous comptes faits, il ne leur revint que 7 écus, et ceux de Benoist Durand, le directeur de l'entreprise, s'engagèrent à solder plusieurs créances, entre autres 72 écus dus à Macé Robin, maître maçon, qui avait construit, en 1559, le four et divers appentis, et qui n'avait pas été payé de son travail depuis cette époque (1). Il ne paraît pas qu'on se soit beaucoup hâté de désintéresser le maçon; car, le 3 août 1570, un sergent porta sommation à tous les associés ou à leurs ayants cause, sauf à Didier de Maignac, qui était mort ou parti de Fontenay, de régler enfin ce compte, arriéré depuis onze années (2). Il ressort, de l'ensemble de ces indications, que la comptabilité n'était pas tenue régulièrement et que Durand conduisait tout selon son bon plaisir.

La mention de *vaisseaux de terre azurins et marmorés* jette quelque jour sur les procédés de fabrication et sur le genre des produits de l'officine. Les émaux bleus et marbrés devaient être d'un bon effet, le dernier surtout, qui donnait sans doute à la vaisselle un aspect analogue à celui de certaines pièces de Palissy.

---

(1) Expédition de l'acte original, délivrée le 2 août 1570.
(2) Sébastien Collin mourut vers 1581.

J'avais d'abord cru que la fabrique de Fontenay s'était éteinte après la liquidation de 1566, mais j'ai recueilli depuis quelques mentions de nature à faire supposer que la famille Valloyre en aurait rallumé le four. Je trouve, en effet, Abraham Valloyre, qualifié *potier de terre*, dans un acte du 8 juillet 1581, relatif à la vente d'une maison située dans la rue Sainte-Catherine-des-Loges où de la Caillère, c'est-à-dire près de l'église Saint-Jean. Un certain Nicolas Valloyre était encore potier dans notre ville en 1609. Il figure dans un acte d'assemblée des gens de métiers, réunis, cette année-là, pour mettre obstacle à une mesure fiscale.

M. Riocreux croit avoir trouvé un spécimen de la fabrication fontenaisienne dans la coupe couverte d'un émail bleu marbré mélangé d'une légère teinte de brun, que je reproduis.  Sa forme a été empruntée à l'une de ces pièces en verre de Venise, comme on en rencontre dans plusieurs collections. J'en possède une fort belle, qui diffère seulement de la faïence du musée de Sèvres par le galbe des anses. Quant à l'âge de cette dernière, je ne puis la faire remonter plus haut que la fin du règne de Henri III. Elle pourrait donc être l'œuvre de l'un des Valloyre.

APREMONT. — Il y a pénurie encore plus grande de renseignements sur les produits d'une autre fabrique de poteries, qui s'établit en Bas-Poitou presque en même temps que celle de Fontenay-le-Comte. Des lettres patentes de François II, accordant un privilége aux créateurs de cette manufacture, voilà tout ce qui nous en reste.

« *Françoys, par la grâce de Dieu, roy de France, à tous ceulx qui ces présentes lettres verront, salut. Nos bien amez le sieur de la Brossardière et Benoist Georget nous ont faict remonstrer qu'ils ont cy-devant estably en lieux proches le bourg et paroisse d'Aspremont, pays du Poictou, fours à fabriquer bouteillages de terre blanche, laquelle fabrique leur a cousté jà grands frais et coustera encore grandement pour les bastisses et conduitz d'eaue, que pour les ouvriers domestiques qu'il leur convient avoir à gages; ils craignent et doubtent qu'après avoir dressé le train d'icelluy mestyer, aultres de nostre pays de Poictou le voulussent semblablement dresser et contrefaire vaisseaux de bouteillage, et, par ce moyen, frustrer les exposants de leurs frais et mises, et leur faire advenir perte et dommage; pour à quoy remedier, et sur la requeste de notre bien aimée cousine madame de Piennes (1), qui nous a humblement requis favoriser le dict sieur de la Brossardière, Nous, de l'avis de nostre conseil, voulant favorablement traicter les dicts exposans, d'aultant que le dict sieur de la*

---

(1) Ce doit être Anne Chabot, femme de Charles d'Halwin, sieur de Piennes, dame d'honneur de Marie Stuart. Elle était fille de Philippe Chabot, sieur de Brion et d'Aspremont, amiral de France, et de Françoise de Longwy.

Brossardière est homme ydoine et expérimenté es arts de dessing, alchemye, coccion de terres et aultres inventions de grand labeur, et que le dict Georget a de longtemps praticqué son mestier et a secretz particuliers à ce faire, mandons et enjoignons, par ces présentes, à noz lieutenant, gouverneur, senéchaulx et aultres représentant nostre personne es pays de Poictou, qu'ayez à permettre, comme nous permettons, par ces présentes aux dicts exposans qu'ils vendent et fassent vendre, sans empeschements, par tout nostre dict pays de Poictou les bouteillages de terre blanche, sortiz de leurs dictz fours, faisant inhibition et deffense à tous pottiers et traffiquans d'iciluy pays contrefaire et mettre en vente bouteillages, sans le congé exprez du dict sieur de la Brossardière, avant le temps et terme de dix ans, après que le train et fabricque d'iciluy sera dressé, sous peine de deux cents escuz d'amende, de laquelle somme moitié nous appartiendra et moitié aux dicts supplians, et de confiscation des bouteillages expousez. Et, pour ce que de ces présentes les exposants pourroient avoir affaire es plusieurs et divers endroictz, nous voulons que au vidimus d'icelles, sous seel royal ou de l'ung de nos notayres et secretaires signé, foy soit adjoustée comme au présent original.

» Donné à Fontainebleau, au mois de juillet l'an de grâce MCCCCCLX, et de nostre règne le deuxiesme. » Par le Roy et son conseil,

» BOURDIN. »

J'ai trouvé une copie défectueuse, prise sur un *vidimus* de 1563, de ces lettres patentes, dans l'étude de M. Drilhon, notaire à Saintes. Une ordonnance du lieutenant général de cette ville, en date du 15 février 1586, enjoignant de faire le dépôt de la pièce, apprend que Benoist Georget était de Saint-Sorlin, bourg situé à quelque distance de Marennes, en Saintonge. Du temps de Palissy, on tirait de ce lieu de l'argile pour faire de la tuile (1).

Quant au personnage désigné, dans les lettres de François II, sous le titre de Sr de la Brossardière, et qui fut l'associé de l'ouvrier saintongeois, il n'est autre que Julien Mauclerc, seigneur de Ligneron (paroisse d'Apremont) et de la Brossardière (paroisse de Coëx), gentilhomme protestant, dont on a un livre d'architecture imprimé à Paris en 1648, très longtemps après sa mort, par les soins du graveur Pierre Daret, qui était devenu propriétaire des planches, exécutées jadis par René Boivin. Voici le titre de cet ouvrage : *Traitté de l'architecture suivant Vitruve, où il est traité des cinq ordres de colomnes...., desseignez par maistre Julien Mauclerc, sieur de Ligneron-Mauclerc, la Brossardière et Romanguis ; le tout représenté en cinquante grandes planches en taille douce.....*, in-f°. En tête se trouve un fort curieux portrait de l'auteur, gravé sur un dessin de sa main. Il est représenté mesurant un globe terrestre, sous une arcade de style rustique, décorée de bas-reliefs, sujets emblématiques, inscriptions et armoiries, ayant rapport aux goûts, croyances et alliances du personnage. On y lit : *Foy, Espérance, Charité, Pru-*

(1) *Recepte véritable*, p. 46.

dence, *Tempérance, Force et Justice;* — *Astrologie, Grammaire et Rhétorique;* — *Géométrie et Musique;* — *Dialectique et Arithmétique.* En un mot, c'est presque la répétition, comme idée, du plateau de l'aiguière de Briot. Des bas-reliefs, sur lesquels on voit les Grâces et les Parques, décorent les assises inférieures du monument. — Au-dessus de la tête de Julien sont gravés ces deux vers :

En fuyant oisiveté
Je acquiers immortalité.

Tout à fait au haut du portique, on voit deux mains tenant, l'une une épée, l'autre un compas, avec la belle devise : PREST A TOVT FAIRE. — Enfin, au bas, est écrit : *Première planche des œuvres de architecture de Julien Mauclerc, gentilhomme poitevin, seigneur du Ligneron-Mauclerc, contenant sa devise et chiffre, en l'an de son aage 53, de son invention, despeinte de sa main et parachevée d'estre taillée au burin au mois de septembre 1566.* A droite est un monogramme, composé des lettres I. B., qui ne peut être celui de René Boyvin, comme on l'a prétendu. Une copie in-folio de ce portrait a été faite au xviie siècle par un anonyme. La partie architecturale a été remplacée par une contrefaçon de celle d'un portrait de Vignole, gravé vers la même époque.

Cette planche est, à elle-seule, toute une biographie. Elle fournit même la date de la naissance de notre architecte-potier, lequel, ayant eu 53 ans en 1566, avait, par conséquent, reçu le jour en 1513. L'avant-propos du livre apprend en outre qu'il avait suivi la carrière des armes sous Henri II. S'étant marié avec Pierrette Du Jardin, il se retira au petit manoir du Ligneron, où il établit probablement sa fabrique de bouteillages, nom qui devait servir à désigner ces vaisseaux, en forme de gourdes, propres à mettre les liquides, dont on a fait un si fréquent usage au xvie siècle. La terre blanche employée venait sans doute du Fenouiller, localité peu éloignée, où abondent le kaolin et les dépôts d'argile.

La date du document qui nous a donné connaissance de la fabrique d'Apremont n'est pas indifférente. Il fut expédié au moment où Michel de l'Hospital, nommé depuis peu chancelier, était en quête des moyens propres à conjurer les maux dont les discordes religieuses menaçaient le royaume. Quelques semaines après, il convoquait à Fontainebleau une assemblée de notables. Peut-être même cet homme illustre ne fut-il pas étranger à la faveur accordée aux deux Bas-Poitevins. Il sentait tout le prix des entreprises industrielles, naturellement amies de la paix. Mais son espoir fut cruellement déçu. Des flots de sang séparaient déjà, en Poitou, catholiques et calvinistes, et l'année 1562 ne s'écoula probablement pas sans que les guerres civiles eussent renversé le four du Sr de la Brossardière.

FONTAINE ET GROTTE RUSTIQUES DU VEILLON. — A quelque distance de Talmond, sur les bords de la mer, se trouve le petit manoir du Veillon, situé à quelque distance des ruines d'une villa romano-gauloise, où l'on a découvert, en 1856, l'un des dépôts les plus considérables de monnaies du iiie siècle qui aient été trouvés en Europe. Le caractère primitif de cette gentilhommière, bâtie au xve siècle, a presque entièrement disparu sous des réparations modernes du goût le plus détestable. L'un de ses propriétaires se plut, à la fin du xvie, à décorer ses alentours de constructions rustiques, conçues dans le genre de celles de Palissy, dont les restes existent encore. La grotte est tombée en ruines; mais la fontaine est assez bien conservée pour qu'on puisse se rendre compte de son ensemble.

Des pierres couvertes de cristaux, prises à la mine voisine de l'Essart; des cailloux de mer revêtus d'une couche de matière vitreuse, qui leur donne un aspect agatisé; des coquillages naturels; des fragments de poteries émaillées de blanc, d'un magnifique vert et de

couleurs mélangées, qu'ornent des têtes et des fleurons en relief, obtenus à l'aide de poinçons; des mascarons de terre cuite, revêtus d'un émail vert, décoraient la façade, surmontée jadis d'un entablement aujourd'hui détruit. — Ces divers objets, appliqués sur une couche de mortier de sable fin, et continuellement exposés à l'action destructive des vents d'ouest, ont en grande partie disparu. Les fragments de poteries ont eu à subir en outre plus d'un outrage, de la part des curieux qu'attire journellement, en été, la singularité du site et le bois de chênes verts séculaires servant d'abri à la maison, du côté de l'Océan. Les deux niches principales
contenaient, dit-on, des statues de Mars et de Vénus, également en terre cuite émaillée,

dont il existait encore quelques restes au dernier siècle. Cette fontaine, située sur le bord d'un canal d'eau salée, embellissait le point de vue de la façade orientale du manoir, s'ouvrant sur les jardins. La grotte était, au contraire, dans la partie sud du bois, où se voyait, sur un autre point, un pavillon de même style, destiné à abriter une statue de l'amour.

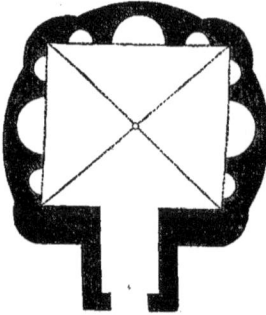

Plan de la grotte.

La renaissance n'a point inventé ce genre de décoration, qui diffère quelque peu de celui du potier de Saintes; car on possède des constructions antiques couvertes extérieurement, comme celles du Veillon, de coquillages naturels. Sans aller jusqu'à Pompéi chercher des exemples, on peut citer des débris de revêtements de murs trouvés aux portes d'Angers, lorsqu'on a tracé le chemin de fer conduisant à Nantes. Dans le béton de ces débris étaient fixés des buccins, des moules, des patelles, etc., encore entiers. Les architectes du XVI° siècle n'eurent donc qu'à copier les modèles fournis par l'antiquité.

Le morceau de plat où se voit la lettre H surmontée d'une couronne royale, reproduit à la page précédente, ainsi que le style des ornements en relief figurés sur tous les autres débris, me font attribuer au règne de Henri IV ces constructions rustiques. La terre de presque toutes ces poteries est la même, sauf celle des fragments revêtus d'un émail blanc. Elle est, selon le degré de cuisson, d'un blanc rosé ou rouge pâle, et ressemble beaucoup à celle employée de nos jours dans certaines fabriques du Bas-Poitou, où se fait de la poterie commune. Il est bon de noter aussi que la plupart des débris employés proviennent de vases avariés; ce qui les ferait croire apportés d'une faïencerie établie à petite distance, où l'on aurait également couvert les cailloux de mer de leur couche vitreuse, leur donnant tout à fait l'apparence des émaux agatisés de Palissy et de son école.

M. l'abbé Baudry, curé du Bernard, commune située à quatre lieues du Veillon, a trouvé, dans des fouilles pratiquées à la Benastonnière, ancien manoir de ce bourg, une tasse de même fabrique que les fragments dont je viens de parler.

Des tuileries considérables ont existé aux Hautes-Mers, village voisin, et, sur une foule de points de la contrée, on rencontre des gisements de terre propre à la poterie.

Le musée céramique de Sèvres possède quelques spécimens des débris de faïences et cailloux vitrifiés de la fontaine du Veillon. Il y en a aussi plusieurs au musée archéologique de Nantes, où ils sont entrés par les soins de M. Fortuné Parenteau.

Je ne puis clore ce paragraphe sans faire un rapprochement entre les édifices rustiques du Veillon et le projet de grotte attribué à Palissy, conservé dans la collection de M. Destailleurs, architecte à Paris. Ce projet nous montre une architecture beaucoup plus ornée ; mais, si l'on s'en tient seulement aux lignes principales, on voit que le sentiment est le même. Donc, si le dessin de M. Destailleurs n'est pas de la main de Palissy, il a été évidemment fait sous l'influence de sa seconde manière, et date au plus tôt du règne de Henri III. L'introduction de bustes, de modillons à figures, d'aigles, etc., le démontre du reste. Les premières compositions architecturales de Bernard étaient différentes et purement rustiques. Ce n'est point, par conséquent, la grotte d'Ecouen que nous avons là sous les yeux (1), ni celle du premier devis fait pour la reine mère.

FAIENCES SIGILLÉES POITEVINES DONT LES LIEUX DE FABRICATION NE SONT PAS ENCORE CONNUS. — D'autres faïences sigillées, différentes des précédentes, se rencontrent plus particulièrement dans le haut Poitou ; mais on ne sait pas, en définitive, où elles ont été fabriquées. Il faut se contenter d'en indiquer les caractères particuliers.

1° Surmoulés ou copies très médiocres des pièces de Palissy, revêtus d'un vert cru peu transparent, terre blanche et assez fine. Les poteries originales sorties de la même officine consistent principalement en plats de forme ronde décorés à l'intérieur d'un médaillon en relief, représentant soit un sujet, une figure ou un buste, soit des armoiries, avec grand rebord, chargé d'un certain nombre d'autres reliefs. On rencontre de plus des hanaps, buies, écuelles à deux oreilles et pots se remplissant par le fond. La pièce la plus moderne que je connaisse est un de ces pots qui reçoivent le liquide par la base. Il est de forme ronde, surmonté d'un bouton ; l'anse est carrée et le broc est orné de mascarons fantastiques mal exécutés. Sur le côté latéral droit est le buste de Louis XIII très jeune, copié sur celui des testons de 1612. Derrière la tête du roi est un grand L, et, devant, la couronne royale. Sur l'autre face se voit, dans un entourage de feuilles d'olivier, un mortier fleurdelisé, muni de deux pilons et surmonté de la couronne fermée, emblème de la corporation des apothicaires de Poitiers. La terre est moins fine que celle des poteries plus anciennes. Ce vase appartient à Mme Pidoux, de Fontenay, qui le tient de sa famille.

2° Faïences presque semblables quant à la décoration, mais couverte d'un vernis agatisé, où se mêlent le brun, le vert jaunâtre et le blanc sale. La couche de ce vernis est épaisse et onctueuse. Je n'en ai jamais vu que deux ou trois spécimens, qui avaient un peu l'aspect des dernières faïences d'Oiron ; mais leur terre était différente.

3° Poteries d'une terre beaucoup plus commune et d'un travail plus négligé, avec émail vert grossier, tirant parfois sur le brun jaune pâle. Les reliefs, composés de fleurons et de têtes de dimensions exiguës, sont plus saillants que sur les faïences précédemment décrites. Presque toutes les pièces portent un mascaron ayant la bouche très ouverte, qu'on dirait moulé sur un ouvrage de ferronnerie. — M. Hanaël Jousseaume, de Fontenay, a recueilli un petit bidon à couvercle mobile, qui caractérise parfaitement cette fabrication.

Le musée de Sèvres doit à M. F. Bonsergent, de Poitiers, l'envoi de plusieurs fragments

(1) *Archives de l'art français*, VIIe année, p. 14.

des différentes poteries qui viennent d'être énumérées. Ils ont été trouvés en opérant des terrassements dans cette ville. Le cabinet de Mme de la Sayette, dont la dispersion est si regrettable, en renfermait quelques spécimens bien conservés, mêlés à des faïences étrangères au pays.

La disparition complète du genre, dans la vaisselle, date, en Poitou, de la seconde moitié du règne de Louis XIII. Il fut cependant continué très longtemps encore dans la fabrication des plaques de cheminées en terre cuite et des pavés ornementés (1). Parmi les plaques, une seule vaut la peine d'être mentionnée, celle qui remplissait le fond de l'âtre de l'une des chambres basses du château de Palluau. Elle avait 1^m 23 de haut sur 1^m 10 de large, et portait les armes du maréchal de Clérambault (1652-1665). Les pavés du château du Puy-du-Fou, faits à la fin du xvie siècle par ordre de Gilbert du Puy-du-Fou, sur lesquels sont l'écu de la famille de ce personnage, la couronne de duc (2) et deux G enlacés, et celui du prieuré de Mallièvre, qui offrait aux yeux des visiteurs le sujet peu orthodoxe d'un coq se livrant à d'amoureux ébats avec une poule, donnent une idée très exacte de cet emploi inintelligent du relief.

(1) Je n'ai pas trouvé, dans nos contrées, de pavés en relief antérieurs au xvie siècle; tandis qu'il y en a ailleurs de plus anciens.

(2) Gilbert du Puy-du-Fou, dauphin de Comberonde, fut créé duc et pair de France, et sa terre du Puy-du-Fou érigée en duché, par brevet signé à Rouen le 7 novembre 1596. Ayant été tué au siège d'Amiens l'année suivante, le brevet n'eut pas d'effet. L'original fait partie de ma collection de documents historiques. — Les carreaux, avec la couronne de duc, ont donc été fabriqués après novembre 1596.

CHAPITRE XII

XVIIᵉ SIÈCLE

L'administration unitaire de Richelieu et celle de Louis XIV, qui en fut la conséquence, eurent pour résultat d'étendre les relations commerciales entre les différentes parties du royaume et de répandre sur tous les marchés des produits qui s'étaient, jusque-là, écoulés à peu près sur place. La concurrence qui s'ensuivit, et à laquelle prirent part les étrangers, tua les fabriques placées dans des conditions défavorables. Tel fut le sort des faïenceries du Poitou. Une série de tentatives, renouvelées pendant près de deux siècles, ne put les relever sérieusement une fois tombées. Le regain qui s'opéra sous Louis XVI fut lui-même illusoire. Aussi le contingent des poteries locales, qui sera présenté désormais au lecteur, ira-t-il toujours en décroissant, à mesure que celui des fabriques étrangères importé dans le pays se développera de proche en proche. Pour plus de clarté, ce chapitre sera divisé en quatre paragraphes : poteries poitevines; poteries françaises fabriquées hors de la province; poteries étrangères à la France fabriquées en Europe; poteries orientales.

I

POTERIES POITEVINES.

Ce qui précède dispense de revenir sur les faïences sigillées de la première moitié du xviiᵉ siècle. Quelques-unes de celles mentionnées dans les extraits suivants appartiennent peut-être encore à cette catégorie; mais, comme de simples indications sont tout ce qu'on en sait, il faut attendre des renseignements plus explicites avant de rien décider.

Rigné ou Rigny, près de Thouars (1). « *Cinq douzaines d'assiettes de terre de Rigné* » *et d'Ardelois.* » (Inventaire de François Berland, fait à la Guittonnière, paroisse de Périgné près de Melle, le 18 août 1629.) La fabrique de Rigné existait dès le xviᵉ siècle, car on lit dans le compte des dépenses de Barnabé Fouschier, lieutenant particulier à Fon-

---

(1) Il y a incertitude pour savoir s'il s'agit ici du bourg de Rigné près de Thouars, ou du village de Rigny paroisse de Saint-Léger-de-Montbrun, peu éloigné d'Oiron. Des tuileries et briqueries existent encore à la Vau-Fourche, tout près de ce dernier lieu.

tenay, pour l'an 1536 : « *Sept escuelles, paperots* (1) *et ugne buye de Raigny, huict sols six deniers;—deux petites ponnes de Reigny.* » Nous en reparlerons quand nous serons rendus au xviiie siècle.

THOUARS. — « *Onze douzaines d'assiettes, fasçon de Thouars; item, huict autres douzaines bleux de mesme fasçon; item, une douzaine de platz grands que petits avec histoyres; item une douzaine de plats matamores.* » (Inventaire de la boutique de Noël Tisseau, marchand à Fontenay ; 5 avril 1627.)

Le pavé de la chambre à coucher de Marie de la Tour, duchesse de la Trémouille, a-t-il été fabriqué à Thouars? C'est ce que nous apprendra quelque jour M. Paul Marchenay, quand il aura achevé le dépouillement des archives féodales de ce grand fief. Les carreaux qui le composent sont aux armes de la maison de la Tour : *d'azur semé de fleurs de lis d'or, à la tour d'argent maçonnée de sable* (pl. des *Poteries poitevines*, n° 26). Un petit nombre de ces carreaux porte cette marque, tracée au pinceau avec une couleur noire sur le côté non émaillé.—Le bel appartement que Marie de la Tour s'était plu à décorer a été brutalement détruit, dans ces temps derniers, par les prêtres auxquels la ville de Thouars a livré son château et l'éducation de ses enfants. La duchesse était calviniste.

LA
1636

On fit, durant la première moitié du xviie siècle, de très beaux carrelages émaillés dans la France entière. On connaît celui de la galerie du château de Beauregard, aux environs de Blois, où se voit une armée entière peinte en bleu sur fond blanc. (*Blois et ses environs*, par M. de la Saussaye ; 1862, in-12, p. 249.)

ARDELAIS (près des Herbiers). Voir la mention citée plus haut à l'article de Rigné.

L'ILE-D'ELLE (dans les marais de la Sèvre-Niortaise). — « *A Monseigneur de Villemontée, chevalier, seigneur de Montaguillon, conseiller du Roy nostre sire en ses conseils d'Estat et privé, intendant de justice, finances et marine es pays de Poictou, Saintonge, Aulnis et la Rochelle.*

» *Supplie humblement David Rolland, maittre verrier, natif de la ville de Parthenay, pays de Poictou, disant que, par bail à luy consenty le onziesme jour d'apvril mil six cent trente six, par Mathieu Gendronneau, paroissien de Saint-Hylaire de l'Isle d'Elle, diocèze de Saintes, il auroit afermé une maison sise audict bourg et quairuage y joignant, à ceste fin d'y establir un four et fabrique de poteries et aultres vaisselles de terre d'iceluy lieu de l'Isle d'Elle,* TOUT AINSY QUE LA DITE INDUSTRIE S'Y PRATIQUOIT D'ANCIENNETÉ, *et que, par grand labeur et invention, il est en possession de plusieurs beaux secrets, tant pour la conduicte des terres, que pour les coleurs, vitriage et cuisson d'icelles, dont grand bien en adviendroit pour le dict pays et perfection de la dicte industrie.*

» *A ces causes, Monseigneur, vous plaise luy octroyer congié et licence d'establir*

---

(1) *Paperot* ou *friolet*, sorte de petite écuelle, munie d'une queue, qui sert à préparer les sauces. Voir le n° 28 de la planche des *Poteries poitevines*.

iceulx four et fabrique, aux charges, dheuz et taxes ordonnez en tels cas, et ferez bien.
» *De l'Isle d'Elle, ce xxij° jour de may mil six cent trente et six.*
» DAVID ROLLAND. »

Cette supplique, rédigée dans les formes ordinaires de ces sortes de pièces, vante beaucoup les talents de maître David Rolland, dont la famille occupait un rang honorable dans la population de Parthenay. On n'a pas trouvé de faïences qui puissent lui être attribuées; mais on en connaît du siècle suivant, fabriquées dans la même localité. Une maison isolée, placée sur l'autre rive de la rivière de Vendée, porte encore le nom de la Faïencerie. Le dépôt de terre de l'Ile d'Elle propre à la poterie est très considérable; il a longtemps été exploité par les faïenciers de Bordeaux, de la Rochelle, de Marans et de Nantes, et ferait la fortune d'un industriel qui saurait en tirer parti.

FABRIQUES INCONNUES. Seconde moitié du xvii° siècle. Terre rouge épaisse, vernis marbré de blanc et de brun violacé. — Un plat de cette poterie est au musée de Sèvres; il est émaillé des deux côtés.

Un autre genre de poteries, ayant quelques rapports de formes et d'aspect avec celle-ci, est revêtu à l'intérieur d'émail blanc, tandis que l'extérieur est marbré de teintes brunes et violacées. La terre est d'un blanc rosé semé de petites taches rouges. Les pièces de cette fabrique ont des formes très simples et sans nul ornement. Je n'oserais pas affirmer que cette dernière vaisselle soit poitevine, mais on la rencontre assez souvent dans nos contrées.

II

POTERIES FRANÇAISES FABRIQUÉES HORS DE LA PROVINCE

Je ne me suis occupé jusqu'ici que des poteries indigènes; mais, du moment où il s'est fait en Poitou une consommation régulière de vaisselle venue des autres provinces, je suis obligé d'en parler avec quelque détail.

NANTES. — La fabrique nantaise de vaisselle blanche a été créée en 1588, par Jean Ferro, gentilhomme verrier (1). Les fragments de faïence émaillée de blanc, employés à l'ornementation de la fontaine du Veillon, en sortaient peut-être, et donneraient une bonne opinion du savoir de l'ouvrier. On connaît encore le nom d'un autre faïencier de la même ville, qui vivait en 1634; il se nommait Charles Guermeur (2).

Je n'ai pas pu vérifier l'authenticité d'une tradition qui fait venir sous Louis XIII, de Hollande à Nantes, une petite colonie de faïenciers, et leur assigne Pont-Rousseau pour

---

(1) *Histoire de Nantes*, par l'abbé Travers, t. III, p. 3. Les uns disent Ferro italien ; d'autres présument que son véritable nom était Ferré, et qu'il appartenait à une famille de verriers poitevins.
(2) Archives de la chambre des notaires de Nantes.

demeure. Dans tous les cas, ils n'ont pu lever leur industrie sans une autorisation spéciale du gouvernement, enregistrée à la Chambre des comptes de Bretagne. C'est donc aux registres de cette juridiction, conservés aux archives de la Loire-Inférieure, qu'il faut demander la constatation du fait. M. le docteur Joseph Foulon a acquis, en 1852, une fort belle cheminée en terre rouge, couverte d'un vernis bleu, faisant fond à des fleurs blanches en relief, qui pourrait bien avoir cette origine. Elle ornait l'ancien hôtel Synstaks, bâti par des négociants hollandais, qui avaient établi un comptoir à Nantes (1). Un fragment de pilastre, provenant de cette cheminée, est au musée de Sèvres.

Que dire maintenant d'une très belle pièce, signée, en bleu foncé : *I. R. Palvadeau, 1643*, nom essentiellement originaire du grand marais bas-poitevin, ou du pays de Rais ? Si elle a été faite à Nantes, elle appartient, dans tous les cas, à une fabrication exceptionnelle. Peut-être aussi vient-elle de quelque manufacture éloignée, où aura travaillé l'un de nos compatriotes. Je croirais même assez volontiers qu'elle est le résultat d'un simple caprice ou d'un essai d'artiste. Le lecteur en jugera.

C'est un grand plat ovale avec ornements bleus très sobres sur les rebords. Ces ornements sont composés d'arabesques dans le goût de celles des émailleurs sur cuivre de la première moitié du xviie siècle, et sont finement exécutées. Elles relient entre eux quatre médaillons où sont représentés un lion, un cerf, un serpent, un cheval. Dans le fond est le *Massacre des innocents*, calqué sur la seconde planche gravée par Marc-Antoine, d'après un dessin de Raphaël. Le décalque est évident, puisque les contours, masqués par un trait épais d'un bleu intense, ont été suivis avec assez de soin ; ce qui n'a pas empêché l'artiste d'y introduire des incorrections et de leur donner quelque chose de lourd, de nature à déparer son œuvre, méritante à plus d'un titre. Quelques hachures et un lavis plus pâle les modèlent sommairement. On dirait presque, sauf la couleur, l'ébauche d'un tableau préparée au bitume. Aussi l'effet en est-il peu agréable à l'œil. Je ne connais guère cependant que le plat, où Gaspard Viry, peintre de la fabrique de Clerissy, à Moustiers, a reproduit une chasse à l'ours d'après A. Tempête (2), qui approche, comme sûreté de main, de la copie sur faïence de Palvadeau. On est déjà loin du temps où les peintres sur terre émaillée avaient l'habitude de s'attaquer à de pareils modèles. Le chef-d'œuvre du plus grand des élèves de Raphaël, du seul qui ait abordé d'un pas ferme les sereines hauteurs où le divin maître a fait monter l'art, a été vu ici avec des yeux

---

(1) L'hôtel Synstaks était situé rue *Dos-d'Ane*, conduisant du pont de Pirmil à Pont-Rousseau.
(2) Cette œuvre de Viry fait partie de la belle collection de M. Davillier, auteur de l'*Histoire des faïences et porcelaines de Moustier, Marseille et autres fabriques méridionales* (Paris, Castel, 1863, in-8°), et d'autres travaux importants sur la céramique.

habitués à se complaire dans l'étude des Carrache. La terre qui a servi à fabriquer ce plat est jaunâtre, et la couverte blanche est pleine de tressaillures et de bouillons.

On a souvent copié, dans diverses fabriques françaises, d'anciennes gravures. La famille de feu M. Pilotelle, conseiller à la cour de Poitiers, qui avait réuni une certaine quantité de faïences, conserve un très grand plat rond décoré de la *Conversion de saint Paul*, d'Étienne de Laulne, d'après Jean Cousin. Il y avait l'an dernier, en vente à la Rochelle, un autre plat de plus petite dimension, avec une reproduction de la *Suzanne surprise au bain par les deux vieillards*, gravée sur bois par Jegher d'après Rubens. Le pauvre décorateur, qui n'était pas très versé dans la connaissance des termes employés par les imprimeurs d'estampes, a mis au bas de sa copie : P. P. RUB. DELIN. ET EXC. (1). Une majolique de la collection de M. Sellière, au château de Mello, offre la même singularité. Le peintre, après avoir exécuté un sujet imité d'une gravure, a tracé le nom de cet Antoine Salamanque, qui, dans un but mercantile, a fait retoucher avec si peu de respect les planches des plus illustres graveurs italiens du xvie siècle.

Nantes passe pour avoir produit, vers le milieu du xviie siècle, des faïences toutes blanches (2). Les hanaps, encore assez communs en Bas-Poitou, et qui sont simplement couverts d'un émail blanc, en viennent peut-être, ainsi que ces gros plats à côtes, qui ne sont guère plus rares chez nous. Quelques-uns des hanaps ont des fleurs de lis en relief. Le n° 25 de la planche des poteries poitevines donne la représentation de l'un de ceux dont la surface est entièrement lisse. Les protestants s'en servaient dans la cérémonie du baptême.

LA ROCHELLE. — Chaque ville ayant été obligée, sous l'administration de Colbert, d'avoir un hôpital général pour loger les pauvres mendiants et les enfants orphelins ou nés de vagabonds, la commission administrative, chargée à la Rochelle de la direction des affaires municipales depuis la destruction de la commune, à la suite du siége de 1628, fonda, en janvier 1673, l'hospice Saint-Louis. En vertu des lettres patentes accordées lors de sa fondation, le nouvel établissement put avoir des manufactures de toutes sortes dans ses dépendances, avec droit d'en vendre et débiter les produits, sans être sujet aux droits de douane. Une faïencerie y fut créée en ces conditions ; mais, après une existence assez courte, l'administration fut forcée de la fermer, faute de bénéfices suffisants. Il paraîtrait aussi que le commerce de la ville ne contribua pas peu à amener ce triste résultat, par ses plaintes réitérées contre la concurrence qui lui était ainsi faite (3).

---

(1) Cette signature, qui se retrouve sur l'estampe originale, indique que Rubens ne s'est pas contenté de dessiner ce sujet sur bois ; mais encore qu'il a fait tirer chez lui l'estampe de son élève.

(2) Je puise ce renseignement dans une lettre de mon regrettable ami, Armand Guéraud, mort libraire à Nantes, datée du 29 octobre 1857. Il l'avait lui-même extrait d'une note de Huet de Coetlisan, auteur de la *Statistique du département de la Loire-Inférieure*.

(3) *V.* Bruzen de la Martinière, l'*Hist. de la Rochelle*, par le P. Arcène, t. II, p. 481, et les *Éphémérides historiques de la Rochelle*, de M. Jourdan, p. 96.

On ne peut émettre que des conjectures sur la vaisselle produite par cet essai ; mais j'ai constaté qu'on trouvait communément à la Rochelle des plats et assiettes décorés de quelques fleurs bleues jetées au centre du fond, absolument semblables comme terre, vernis et couleurs, à bon nombre de vases de pharmacie conservés à l'hôpital Saint-Louis de cette ville.

Il faut croire qu'un premier échec ne découragea pas les Rochelais, et que l'industrie privée réussit mieux que l'administration de l'Hôtel-Dieu. L'Aunis et le Bas-Poitou sont en effet remplis de faïences décorées également en bleu, dans le goût des imitations chinoises de Hollande, puis ensuite de poteries roennaises à lambrequins, qu'on assure avoir été fabriquées par eux. Les pièces passées sous mes yeux, portant le dernier de ces décors, sont postérieures au xvii° siècle ; les plus anciennes datent à peine de la fin du règne de Louis XIV. Deux grands vases de pharmacie, conservés chez M. François Gaudineau, maire de Luçon, en sont les plus beaux spécimens connus. Les lambrequins qui les couvrent sont peu habilement tracés ; mais ils font un assez grand effet.

Au moyen-âge, un quartier de la Rochelle, donnant sur le port, avait reçu son nom du commerce de la vaisselle de terre. Il y avait le quai, la place, la rue et la porte de la Poterie.

SAINTES. — Une grande bouteille de chasse en faïence blanche, aplatie sur les côtés, avec décors bleus, m'a fourni tout ce que je sais de la fabrique de cette ville. — Elle a deux oreillettes ou petites anses géminées permettant de la suspendre. Des roses et des tulipes ornent ses petits côtés, et le centre de chaque face est occupé par une couronne de feuillages assez grêles, au milieu desquels se lit d'une part, en lettres noires violacées : ALEXANDRE BESCHET (1), et de l'autre : la marque ci-jointe. Le col, très court, est orné d'anneaux alternés de feuillages. Cette bouteille appartenait à M. Lesson, de Rochefort, lorsqu'elle m'a été montrée.

LES ROCHES, près de la ville de Saintes. — Fabrique de poteries communes, sans caractère artistique. (*Renseignement fourni par M. de la Morinerie.*)

BORDEAUX. — Ici nous sommes encore dans les ténèbres ; à peine si une légère éclaircie commence à les percer. La question est d'ailleurs trop délicate pour que j'ose m'y fourvoyer (2). Je signalerai seulement à l'attention des amateurs des faïences décorées dans le sentiment de celles de Moustiers, mais avec moins de délicatesse. Des personnages en pied, des termes, des bustes, des singes et oiseaux animent les arabesques grêles jetées sur les fonds. Souvent aussi ils sont remplis par des écussons. Le musée de Sèvres a un plat de ce genre avec les armes des Nesmond ; j'en connais un autre avec celles de la Rochefoucault. Le vaisselier de la cuisine de l'hôpital Saint-Louis de la Rochelle est

---

(1) La famille Beschet, originaire de la Saintonge, a possédé, au xvii° siècle, l'Ileau-les-Tours-de-Nalliers, en Bas-Poitou.

(2) C'eût été pourtant avec plaisir que j'eusse répondu à l'appel bienveillant qui m'a été adressé par M. A. Jacquemart. Il a d'ailleurs été entendu ; car on annonce la prochaine publication d'un travail sur les faïenceries de Bordeaux, par un amateur de cette ville.

pourvu d'un plat au milieu duquel est un personnage debout, costumé comme au temps de Louis XIV, plat gigantesque, fait pour la table d'un doyen de chapitre ou d'un gouverneur de province. — Les assiettes de cette même fabrication ne sont pas rares. Elles ont les bords parfois cannelés et garnis de petites fleurettes courantes. J'ai aussi rencontré assez souvent des assiettes imitant le Rouen, avec des armoiries en couleurs, sorties de la fabrique établie à Bordeaux par Jacques Hustin, vers 1730. Il y en a un spécimen, venant de la Vendée, au musée de Sèvres.

NEVERS. — Les produits de cette grande fabrique se rencontrent communément chez nous. Il faut même qu'il s'en soit fait un débit énorme pour qu'il en ait survécu une quantité aussi considérable; mais les pièces polychromes de style italien sont toutefois beaucoup plus rares que les autres. Parmi les pièces de cette catégorie qui méritent d'être décrites; je mentionnerai une buire de pharmacie jaune et bleue, de ma collection, ayant sur la panse le buste de Mérovée, peint en couleurs d'après l'un de ces portraits de fantaisie qui ornent les *Généalogies des rois de France*, de Jean Bouchet. Vient ensuite une Vierge avec l'enfant Jésus dans ses bras. Sa tête porte une couronne royale, son manteau bleu est semé de fleurs de lis jaunes et bordé d'une frange de même couleur; la robe est blanche semée de petites fleurs jaune foncé et brun noir. L'enfant a une robe blanche avec fines arabesques bleues formant broderies. Sur le piédestal un *écu de......... au chevron de........ accompagné de trois pommes de........* Une crosse d'abbé le surmonte. Au-dessous est l'inscription :
F. SIMON LEFEBVRE.

On lit au dos en lettres cursives rouge brique (1) : *J. Boulard à Nevers 1672*

En troisième lieu, arrive un plat de grande dimension, dénotant encore le goût italien. Il représente des trophées, et, sur le bord, sont les armes (*d'or au lion posé de sinople, armé et lampassé de gueules*), de Henri-Louis Chasteigner de la Rochepozay, évêque de Poitiers (1611-1651).

Il me reste maintenant à parler de la venue en Poitou d'ouvriers de Nevers, pour poser le carrelage de l'appartement occupé par Mme de Montespan au château d'Oiron. L'extrait suivant de l'inventaire, dressé au mois de juillet 1607, à l'occasion du décès de l'ancienne favorite, est trop intéressant pour y faire le moindre retranchement. On y trouve, indépendamment de détails relatifs aux faïenciers, d'autres renseignements précieux sur une fabrique de tapisseries et de dentelles créée au château même.

« *Et du dit lieu sommes entrés dans la chambre cy-devant occupée par les* FAYENCIERS DE NEVERS, *où s'est trouvé trente un mestiers garnis de leurs castes, quarente sept*

---

(1) Jacques Boulard, maître potier en vaisselle de faïence, travailla avec les Conrade, ces ouvriers d'origine italienne, qui vinrent se fixer à Nevers. V. le livre de M. L. du Broc de Segange, intitulé : *La Faïence, les Faïenciers et les Emailleurs de Nevers*; 1863, in-4°, p. 78.

petits tabourets tant bons que meschants ; — item, dix sept paires de trétaux aussy tant bons que méchants, et huict chauffepieds de même valeur;—item, treize chaires de paille tant vieilles que moyennes (suivent plusieurs articles consacrés également au mobilier) ; — *item, une paire de tonnettes à devider des soies ; — item un rouet à faire de la milanoise; — item, vingt morceaux de marbré tout fait, et huit morceaux commencés, le tout d'argent faux; — item, vingt morceaux de colonnes d'argent fin; —item, quatre morceaux de marbré en nuance; — item, deux colonnes de vert peint sur une toile de taffetas quy est seulement déssignée; — item, deux colonnes entières peintes à l'huile; — item, une autre colonne peinte à l'huile de marbré rouge;—item, tous les dessins et percés des cris de Paris avec une renommée peinte à l'huile;—item, le dessin du lit de monseigneur le comte de Toulouse : carré de la courtepointe ; l'impériale et un panneau de la bonne grâce; le fond, le dossier de fauteuil, les percés, le coloris et un morceau de la grande pente; les percés de la petite pente; un pilastre et le soubassement ; — item, un autre dessin de la grande pente et les percés; deux dessins du fond et du dossier des siéges à fleurs; une colonne tout entière peinte sur du papier ; un dessin du dais du couvent et abbaye de Fontevrault ; — item, deux douzaines de brosses; — item, deux douzaines de bobines pleines de poil;*

Dans le salon : six caisses de sapin remplies de carreaux de faïence sur lesquels sont imprimées les armes de feu madame la duchesse;

Au haut de l'escalier du garde meuble : une grande caisse, de cinq pieds 1/2 de long et deux pieds 1/2 de large, remplie de carreaux de fayence à figures ; — item, deux autres caisses de chacune trois pieds de long et un pied de large, aussi remplies de carreaux tels que dessus; les dites caisses point fermées;

Dans le garde meuble : dans une autre caisse s'est trouvé 42 assiettes de fayences aux armes et alliances de ma dite dame; huit écuelles de terre de Boucarron (1); deux tableaux à cadres noirs de terre composée peinte, représentant plusieurs figures; — item, une boiste de sapin remplie de milanoise et de milleret, sur laquelle est escrit : BOSSARD (nom du fournisseur); *item, une autre boiste remplie de petits cloux et de fil d'argent faux sur canettes, sur laquelle est escrit :* BOSSARD ; — *item, une boiste de sapin dans laquelle s'est trouvé un cent de canettes demi pleines de fil d'or, sur la couverture de laquelle est escrit ;* BOSSARD ; — *item, une petite boiste de carton ou s'est trouvé huict pièces de dentelles grosses, quy sont des restes ; — item, dans une autre boiste de sapin s'est trouvé 22 bobines pleines de fils d'or, et 16 autres bobines demi pleines de fils, sur la couverture de laquelle est escrit :* A MADAME DE SAINT-LOUP, *et à costé ; —* BOSSARD. *plus, six autres bobines aussi remplies de fil d'or ; — plus, sept autres bobines aussi demi remplies de fil d'or ; — item un pacquet de soye verte platte, pesant une livre.* (Archives d'Oiron.)

---

(1) On appelle communément Boccaro les poteries de grès fin, à pâte rouge ou violacée, venant de la Chine.

Le pavé, fabriqué à Nevers pour Mme de Montespan, fut mis en place par les soins de son fils, le duc d'Antin. On le voit encore dans l'appartement qu'elle occupait au château. Il est composé de quatre variétés de carreaux peints en bleu, savoir : trois ayant 0^m 23 de haut sur 0^m 22 de large ; une de 0^m 14 sur 0^m 14. Les premières représentent :

1° Deux hommes armés de bâtons chassant des pigeons qui viennent se poser sur la toiture d'une maison. Au-dessus est écrit le proverbe : D'AVTRES. ONT. BATV. LES. BVISSONS. NOVS. AVONS. LES. OISEAVX.

2° Une vieille mendiante devant la façade d'un château, et l'autre proverbe : ON VA BIEN LOIN DEPVIS QVON EST LAS.

3° Des arabesques.

La quatrième variété porte les armes de la maison de Rochechouart, surmontées d'une couronne ducale.

Un faïencier de Nevers, nommé Pierre Berthelot, était déjà venu à Oiron en 1695, pour prendre les mesures d'un grand poêle de faïence, qui devait être décoré de sujets champêtres de couleurs variées, de guirlandes de fleurs et de fruits, de mascarons en relief et des armes de Mme de Montespan. Il n'était pas encore livré en 1700, et fut achevé par le sieur Mazois (1), collègue de celui qui avait reçu la commande (2). J'ai cherché en vain dans le château les traces de ce poêle, ainsi que celles des *deux tableaux de terre peinte représentant plusieurs figures*, mentionnés dans l'inventaire de juillet 1707.

SAINT-VÉRAIN. — Ce bourg des environs de Nevers a eu aussi lui sa fabrique, où l'on a fait des grès tirant sur le gris cendré. M. E. Renault, directeur des postes à Luçon, a bien voulu me donner une écritoire, malheureusement incomplète, qui le prouve. Elle est couverte d'un émail épais d'un superbe ton bleu. Au-dessous a été tracée dans la pâte, avant la cuisson, une inscription dont voici la reproduction exacte :

faicte le 5° May 1642 par edme briou. demeurt a St Gevain

ROUEN. — Les faïences de Rouen ne sont pas, non plus, rares en Poitou. Elles y sont

---

(1) Ce Mazois est vraisemblablement Antoine-Pierre Mazois, d'abord faïencier à Nevers, puis établi à Paris vers 1702.

(2) Lettre du sieur Jacob Rousseau, fondé de pouvoirs de l'intendant de Mme de Montespan, en date du 5 février 1701.

représentées par de grands plats, de jolies assiettes, quelques vases de cheminée et des fontaines. Deux de ces dernières portent, l'une l'écusson des La Trémouille, l'autre celui des Escoubleau de Sourdis. Je m'en suis procuré une troisième, très chargée de dessins bleus imités du chinois, qui est charmante. Elle est signée en bleu. Peut-être est-elle hollandaise.

FABRIQUES INCONNUES. — Jolie Vierge, de la fin de la première moitié du xviie siècle, revêtue d'une couche de peinture à l'huile, appartenant à M. Beauchet-Filleau, de Chef-Boutonne.

Bas-relief couvert d'un émail blanc très fin, avec encadrement d'arabesques et de filets bleus, et représentant la *Mort du Christ*. Signé, en brun rougeâtre : J. JAMART, 1696. — Dimensions : 0ᵐ 27 sur 0ᵐ 22. Le haut est cintré. Ce doit être le surmoulé d'une sculpture sur ivoire ou sur buis.

Aiguière avec décors à fleurs de diverses couleurs, où le brun rouge, le bleu et le jaune dominent. Sur la partie antérieure de la panse, des armes qu'on peut attribuer à la famille poitevine des Duchilleau *(d'azur à 3 moutons paissants d'argent, 2 et 1)*. Mais, comme en fait de blason, il est facile de se tromper, les mêmes meubles et les mêmes émaux ayant été adoptés par une foule de familles de toutes les parties de la France, je crois prudent de ne rien affirmer.

Plat de moyenne grandeur de forme carrée, avec deux anses. Son rebord est garni d'ornements dans le goût de Bérain, mais plus lourds. Au milieu, Louis XIV à cheval, ayant au-dessus de sa tête une banderole soutenue par un petit génie et par une victoire embouchant la trompette. On lit sur cette banderole : A LOVIS LE GRAND VAINQVEVR DE SES ENEMIS. Tous ces ornements et figures sont bleus et du plus mauvais dessin.

III

POTERIES ÉTRANGÈRES A LA FRANCE FABRIQUÉES EN EUROPE.

ESPAGNE. — Voyez plus haut, à l'article des poteries de Thouars, la mention des *plats matamores*, dans un document de 1627. Il s'agit peut-être simplement ici de ces plats sortis de quelques fabriques voisines des Pyrénées, où sont représentés des capitans à pied ou à cheval, dans des postures fanfaronnes. M. l'abbé Baudry a trouvé au Bernard, dans les fouilles de la Bénastonnière, des fragments de cette vaisselle peinte, en compagnie de débris de poteries sigillées de la fin du xvie siècle et du premier tiers du xviie. — La Rochelle faisait beaucoup de commerce avec l'Espagne et le Portugal; leur vaisselle lui arrivait même parfois par des voies moins pacifiques, lorsque la France était en guerre

— 155 —

avec eux (*V.* p. 117). — Les beaux vases à reflets métalliques semblent toutefois avoir été fort peu connus de nos compatriotes.

ITALIE (1). — Il ne paraît pas que le contingent fourni par l'Italie au Poitou ait été bien considérable. A l'exception d'une petite bouteille d'Urbino, à demi brisée, qu'on a retirée du lit de la Sèvre, un peu au-dessous de Niort, et d'un cornet de pharmacie, rapporté, en 1796, par un soldat d'Arcole, il n'y a rien qui soit venu à ma connaissance en ce genre. Le dernier de ces vases porte, d'un côté, le Christ au jardin des Oliviers, et des trophées sur les autres parties de sa circonférence. Sur un cartouche se lit le nom de LACZARO et la date 1600. Au-dessous est la marque ou essai de pinceau ci-contre :

Pour trouver un troisième exemple de poteries italiennes, il faut avoir recours au document plus ancien qui va suivre.

« *Madame, je me recommande à vous tant et de si bon cœur que faire puis. J'ay repceu vos lettres que m'avez escrit de Poyctiers le lundi lendemain de Pasques, et vous mercy humblement de cest honneur. Madame, Guillaume Thoumas senva samedy vous porter lettres de monseigneur et advy de son estat. Vray est qu'il n'a si bien dormy ceste nuyt que l'autre et ce devoit estre ainsy, car il dormyt hyer tout le jour, jusque l'heure de son souper. A cest heure présente il est bien ; esperent les médecins notables de cette ville de Lyon que de ses blessures monseigneur sera tantout gary, et se pourra aller par devers vous. Madame, Lourent Pinelly, le banquier, a mis es mains de Thoumas la cédulle de Monseigneur du Bochage (2), et les pots de* MALSECOTE *qui vieignent de Mylan. Madame, je vous prys me faire poier mes gages et n'y ferez faulte, si faire se puet; car je vous confesse qu'argent ne se ramace par les rues de ceste ville de Lyon et sans grous intérest de banque; ce que faisant, madame, me rendrez non plus présentement, mes a tousoirs,*

» *Vostre tres humble serviteur et chapellain,*

» ANTHOYNE DU BREUIL (3). »

Cette lettre doit avoir été écrite en 1509, par le chapelain d'un grand seigneur poitevin, qui avait fait, à la suite de Louis XII, la campagne d'Italie, et en avait rapporté quelque blessure guérie par les médecins de Lyon. Les pots de *Malsecote* étaient-ils pleins du fondant appelé *marzacotto*, acheté à l'état de matière première, en vue d'une

---

(1) Consulter, pour ce qui concerne les produits des fabriques d'Italie, la *Notice des faïences peintes italiennes, hispano-moresques et françaises, et des terres cuites émaillées italiennes* (du musée du Louvre), par M. Alfred Darcel.

(2) Probablement François de Batarnay, baron du Bouchage, époux de Françoise de Maillé, mort en 1514.

(3) Antoine du Breuil-Helion, nommé par Léon X prieur de Saint-Christophe-de-Lignac, diocèse de Bourges, le 28 mars 1513.

fabrication à établir en France (1), ou s'agissait-il d'une sorte de poteries auxquelles ce nom avait été donné?

ALLEMAGNE ET FLANDRE. — Elles ont été plus prodigues envers nous que l'Italie. Elles nous ont fourni une quantité considérable de leurs grès, qui n'offrent, en général, rien de remarquable.

HOLLANDE. — Ce pays a donné beaucoup de faïences. Quelques-unes sont charmantes, tandis que le plus grand nombre rentrent dans la catégorie de la vaisselle commune. Des plaques à sujets et à paysages sont encore à signaler, quoique de qualité inférieure.

ANGLETERRE. — Les poteries anglaises ne me sont pas assez familières pour que je me permette d'en parler; on m'a pourtant montré, dans une ancienne famille de marins, des vases de cheminée de couleur jaune sale et d'un goût détestable, qu'on assure avoir été rapportés de Londres sous Louis XIV. Quoi qu'il en soit, ils ne font pas honneur au pays qui les a produits, et n'ont de remarquable que leur dimension.

IV

POTERIES ORIENTALES

PORCELAINES CHINOISES ET JAPONAISES. — Nous avons encore dû aux Rochelais les plus anciennes porcelaines orientales qui nous soient parvenues. Ils ne les avaient, il est vrai, reçues eux-mêmes que de seconde main, leurs expéditions lointaines ayant été rarement dirigées vers les contrées qui les produisent. Ils les tenaient des Portugais et des Espagnols. Les guerres de religion en interrompirent, pendant un demi-siècle, l'importation, et cette lacune est très clairement indiquée par les inscriptions chronologiques qui se trouvent sur plusieurs des pièces chinoises qu'on recueille aujourd'hui dans les régions de l'Ouest. Ma petite collection en contient un certain nombre d'antérieures aux troubles religieux du XVIe siècle. Elles sont des périodes Kian-wen (1399-1404), Young-lo (1403-1425), Thien-chun (1457-1465), Tching-hoa (1465-1488), Kia-tsing (1322-1567) (2).

L'ancienneté de ces marques indique que les Européens achetaient volontiers des Chinois des pièces antérieures à leurs relations suivies avec le Céleste-Empire.

Il y a ensuite une interruption d'une soixantaine d'années, et il faut presque descendre jusqu'au XVIIe siècle pour que la série se renoue. Le commerce des Sables-d'Olonnes et de Nantes n'a pas été non plus tout à fait étranger à cette importation, à dater de la fin du règne de Henri IV.

La plus vieille porcelaine orientale conservée maintenant en Poitou est peut-être

---

(1) V. *Notice sur les majoliques de l'ancienne collection Campana*, par M. A. Jacquemart, p. 9.
(2) *Histoire de la Porcelaine*, par MM. A. Jacquemart et Edmond Le Blant, p. 163.

une sorte d'urne à angles droits, aplatie sur deux de ses faces. Ses parois sont très épaisses, comme celles des anciens craquelés; la couverte est vermillon sombre et un peu terne, imitant le ton des anciens laques de Ti-Tcheou. Une zone d'ornements en relief et non vernis, composés d'entrelacs arrondis courant entre deux rangées de grecques, circule autour de la panse. Sur chacun des petits côtés est une tête d'animal faisant anse et ayant, passé dans la gueule, un anneau mobile en bronze. Cette urne a 0^m 43 de hauteur. La tranche de la base, qui n'a pas reçu de coloration, laisse voir une pâte grise et peu transparente.

Le XVIIIe siècle aura bientôt à nous offrir des essais de porcelaines poitevines. Lorsque les premiers échantillons de celles qui venaient d'Orient parvinrent à nos pères, ils étaient loin de se douter qu'ils foulaient aux pieds, en maints endroits, la matière première de ces merveilleux vases. La science, encore à l'état d'empirisme, avait besoin d'entrer dans sa véritable voie pour que l'existence du kaolin leur fût révélée.

FAIENCES PERSANES. — Très rares échantillons de peu de valeur.

PORCELAINES ORIENTALES FABRIQUÉES SUR COMMANDE POUR DES POITEVINS. — Quelques Poitevins prirent fantaisie d'avoir de la vaisselle de table en porcelaine de Chine ou du Japon. Le premier en date est Vincent Bonhier, sieur de Beaumarchais, issu d'une famille de marchands des Sables-d'Olonnes, qui fut trésorier de l'Epargne sous Henri IV et beau-père du surintendant La Vieuville. Ses armes (*d'azur à un rencontre de bœuf d'or sommé entre les cornes d'une étoile de même*), surmontées d'un casque et entourées du collier de l'ordre de Saint-Michel, se voient sur un plat de moyenne dimension très simplement décoré. D'une époque un peu plus récente, on a diverses pièces d'un service aux armes du maréchal de la Meilleraye (*de gueules au croissant d'argent moucheté d'hermines*). De chaque côté : le bâton, insigne de sa dignité. Elles ont été par conséquent fabriquées entre 1639, année de l'élévation de Charles De Laporte au maréchalat, et 1664, année de sa mort. On sait que La Meilleraye fut l'instigateur et le protecteur de la bourse commune de Nantes, qui suivit la compagnie de commerce du Morbihan et précéda la compagnie des Indes (1).

Le n° 408 du catalogue de la collection de Mme Malinet, rédigé par M. A. Jacquemart, mentionne encore une assiette portant l'écusson de César-Joseph de La Trémouille : *D'or au chevron de gueules accompagné de trois aiglons d'azur becqués et membrés de gueules*. Le chef de Malte indique que ce personnage, mort le 25 avril 1698, faisait partie de l'Ordre.

La famille de la Trémouille aimait les porcelaines et les faïences. Il y en avait un grand nombre de rangées sur les étagères de la bibliothèque du château de Thouars. L'inventaire que fit faire de son mobilier le duc Henri, le 8 novembre 1672, nous en fournit

---

(1) Voir le *Commerce honorable et son auteur*, par Dugast-Matifeux, p. 21 et suiv. (Nantes, Guéraud, 1857, gr. in-8°.)

le détail, ainsi que de beaucoup d'autres choses rares exposées dans la même pièce.

Extrait de l'inventaire et description des meubles du chasteau de Thouars, fait par le commandement de monseigneur Henri de la Tremouille, estant au dit lieu le 8ᵉ jour de novembre 1672:

Sur les armoires aux livres et sur la cheminée sont plusieurs bijoux, porcelaines, et autres pièces rares garnies d'or et d'argent, ainsi qu'il s'en suit:

Premièrement sur les armoires aux livres, à commencer du costé des fenêtres: un grand pot à deux anses de terre sigillée, peinte en vert et dorée dessus, avec son couvercle; — un grand pot à anse de jaspe rouge; — une grande cassolette carrée d'argent avec son réchault; — une petite coupe de nacre de perle gravée, avec son pied d'argent doré; — un vase de porcelaine en forme de poire; — une bouteille carrée de terre d'Allemagne, avec son couvercle en avis de cuivre doré; — un grand vase de porcelaine avec une anse; — une coupe à coste de melon vermeil doré; — une bouteille carrée de verre d'Allemagne avec son couvercle en avis de cuivre doré; — — une autre coupe à coste de melon vermeil doré; — un vase en porcelaine en forme de poire; — un vase de cristal de roche, avec son couvercle garny d'or émaillé, dont le couvercle a esté cassé et est cimenté; — une grande coquille de nacre de perle avec son pied et garniture d'argent vermeil doré; — un autre vase de cristal de roche, avec son couvercle garny d'or émaillé; — un grand vase de porcelaine à long col, un bouton au milieu; — une coupe d'agate orientale avec son pied et le bout garny d'or émaillé avec des chasses; — un petit coffre d'ambre jaulne; — un grand vase d'argent cizelé avec deux anses; — un grand horloge de cuivre doré; — une coupe d'agate, avec son pied et couverture d'argent vermeil doré; — un autre grand vase d'argent cizelé avec deux anses; — un petit coffre d'ambre garny d'ivoire; — un grand vaze de porcelaine à long col; — une boeste ronde couverte de verny de la Chine avec des fleurs d'or; — une grande coquille de nacre de perle, avec son pied et garniture d'argent vermeil doré; — une boeste carrée et couverte de vernis de la Chine, avec des fleurons et fils d'or; — un grand vaze en façon de poire de porcelaine; — un petit coffre de jaspe garny d'argent; — une caisse à mettre des fleurs d'argent cizelé; — un petit coffre d'agate garny d'argent vermeil doré et esmaillé, dont le couvercle est cassé, et une boulette du dessoubz perdue et quelques morceaux du dit couvercle; — un grand vase de porcelaine avec son anse; — un petit cheval d'argent doré; — une caisse à mettre des fleurs d'argent cizelé; — un petit homme sur un pied d'estal d'argent doré avec des perles; — un vaze de porcelaine façon de poire; — une boeste rouge de verny de la Chine; — une bouteille carrée de verre d'Allemagne, avec son couvercle en avis de cuivre doré; — un gros lumat de nacre de perle; — une grande urne de porcelaine avec son couvercle; — un autre gros lumat de nacre de perle; — une bouteille de verre d'Allemagne carrée avec son couvercle en avis de cuivre doré; — un petit coffre d'ambre avec des fleurons d'or aux quatre coins; — un grand vase de porcelaine; — un petit gobelet de porcelaine; — un vaze de porcelaine à grand col, un bouton au milieu ; — un autre gobelet de porcelaine ; — une coupe d'agate en façon de vinaigrier, avec son couvercle garny d'argent vermeil doré, dont le couvercle est cassé ; — un petit gobelet de porcelaine ; — un vaze de porcelaine à grand col avec bouton au milieu ; — une petite coupe d'agate garnye d'or émaillé bleu et blanc ; — une bouteille de verre d'Allemagne carrée avec son couvercle en avis de cuivre doré ; — un petit pichet de verre rouge ; — un vaze de porcelaine à long col ; — une petite corbeille couverte d'argent cizelé à jour ; — une coquille de nacre de perle gravée avec son pied et garniture d'argent vermeil doré ; — une corbeille descouverte avec deux anses de fil d'argent traict ; — un grand vaze à long col de porcelaine, un bouton au milieu ; — un petit cheval d'argent sur un pied d'estal d'argent vermeil doré façon d'Allemagne ;

Sur la cheminée du dit cabinet, à commencer du costé de la garde-robe :

Deux boeste de terre dorée, l'une à fond rouge et l'autre violette avec des filets d'ory — un pot à anse de porcelaine ; — un gobelet couvert de porcelaine ; — un petit gobelet de porcelaine ; — un petit vaze de porcelaine ; — un gobelet de porcelaine avec son couvercle ; — un petit vaze de porcelaine ; — un grand gobelet de porcelaine ; — un petit vaze de porcelaine ; — un grand gobelet de porcelaine couvert ; — un petit vaze de porcelaine cassé par un bout ; — un grand gobelet de porcelaine ; — un pot à anse de porcelaine ; — trois boestes de terre dorée, deux vertes et une esmaillée ; — une coupe de porcelaine ; — un petit gobelet de porcelaine.

(Document des archives de la maison de la Trémouille, communiqué par M. Paul Marchegay.)

CHAPITRE XIII

XVIII° SIÈCLE

Ce chapitre se subdivise de la sorte : poteries poitevines : faïences et porcelaines ; — poteries françaises fabriquées hors la province ; — poteries faites à l'étranger pour des Poitevins.

I

POTERIES POITEVINES, FAIENCES ET PORCELAINES

Commençons par les aînées, c'est-à-dire par les faïences.

Rigné. — *V.* plus haut p. 145. — Il faut croire que l'ancienne faïencerie de Rigné avait cessé d'être en activité, puisqu'elle fut rétablie en 1771 par un gentilhomme du nom de La Haye, dans une ferme appelée Yversais. Elle occupait de six à dix ouvriers et eut d'abord pour contre-maître le sieur Perchin et, en dernier lieu, le sieur Cornilleau. L'entreprise ne marchant pas très bien, son fondateur voulut la mettre en ferme, pendant le cours de l'année 1784, et fit annoncer son intention dans le n° du 23 septembre des *Affiches du Poitou* (p. 156) (1). Elle fut cependant ouverte jusqu'en 1794, époque de la mort de M. de La Haye. On a fabriqué à Rigné de la faïence commune à décors de diverses couleurs et d'un travail grossier. Plusieurs habitants du pays conservent des assiettes sur lesquelles sont inscrits les noms de quelques-uns de leurs ancêtres, au-dessous de l'image des patrons de ceux-ci. Il y en a une au musée de Sèvres avec un saint Jean-Baptiste dans le fond, et l'inscription : *Jean-Baptiste Jagault, 1773*. Ce Jagault était notaire à Thouars et frère du président du comité ecclésiastique de l'armée vendéenne. M. René Moreau, propriétaire à Thouars, de qui vient cette assiette, en a d'autres, faites aussi à Rigné, contenant des fruits en relief colorés au naturel. Il est évident, d'après cela, qu'on s'est inspiré, dans la fabrique de M. de La Haye, des produits contemporains de Nevers (2). La terre est d'un blanc jaunâtre.

Poitiers. — Le sieur Pierre Pasquier, fabricant de faïence émaillée à Poitiers, réclama

---

(1) Voir également p. 176 de l'année 1775 des *Affiches du Poitou.*
(2) M. Imbert, greffier de la justice de paix de Thouars, qui s'est beaucoup occupé de l'histoire de son pays, m'a fourni les renseignements qui précèdent.

en l'année 1778, la protection du ministre Bertin pour l'extraction des argiles qui lui étaient nécessaires, et que lui refusaient les propriétaires des terrains. *(Note extraite des Archives de Sèvres, 7ᵉ division, boîte n° 6, communiquée par M. Riocreux.)*

Un modeleur de figurines en terre de pipe avait eu son officine à Poitiers antérieurement à cette époque; car on trouve des statuettes portant sa signature tracée à la pointe avant ou après la cuisson. Celle-ci est prise sur un moine *à tête de mort*, faisant sa prière.

A, MORREINE
Poitiers
1751

L'état des principales manufactures de faïences et de porcelaines établies dans le royaume, qui existaient en 1791, mentionne celles de Poitiers, Saintes, la Rochelle, Nantes, etc.

CHEF-BOUTONNE. — Les *Affiches du Poitou*, numéro du 29 janvier 1778, annonçaient que le sieur Drillat jeune venait d'établir à Chef-Boutonne une faïencerie qui réussissait très bien et fournissait des produits de bonne qualité. Le numéro du 11 juin suivant disait, en outre, qu'un chariot chargé de ses produits avait été conduit au marché de Civray, où ils avaient trouvé un prompt débit. La poterie qui sortait de chez Drillat était commune. On tirait le sable de Nevers et des environs de Poitiers (1).

SAINT-PORCHAIRE, près de Bressuire. — « *Il y a une fayencerie à Chef-Boutonne et une autre à Saint-Porchaire, près Bressuire. Ces deux fayenceries sont d'une grande utilité à la province, puisqu'elles épargnent aux consommateurs des frais de transport, qui renchérissent toujours les produits de tout genre.* » — *(Affiches du Poitou, 3 mars 1785.)*

Les faïences qui sortaient de Saint-Porchaire étaient brunes en dessous et blanches à l'intérieur, avec des dessins bleus imités du Rouen. Ce ne sont, en général, que de simples bordures fort étroites et des petits pots de fleurs au milieu. Les plus anciens spécimens remontent peut-être à la fin du règne de Louis XIV. La couleur jaune pâle se mêlait parfois, à cette époque, au bleu. Vers 1820, M. Aubin, qui fut plus tard président du tribunal civil de Bressuire, a voulu y introduire une nouvelle fabrication. C'était un mélange de la terre du lieu et de celle de Thénezay, avec vernis couleur chocolat violacé; mais l'essai ne réussit pas, et l'on se borna à fabriquer quelques échantillons, dont un (une assiette) est au musée de Sèvres.

L'ILE-D'ELLE. — Le four fut renversé vers 1740 et rétabli à Marans. Il sera question plus loin de cette dernière faïencerie.

COUVENT DES ROBINIÈRES, dans la forêt de Mervent. — Une fabrique de poteries communes revêtues d'un vernis brun grossier fut établie dans ce monastère durant la seconde moitié du XVIIIᵉ siècle. La terre était prise sur les lieux dans un gisement appelé encore la *Fosse du frère Joseph*, du nom d'un religieux qui modelait des statues et

---

(1) *Statistique du département des Deux-Sèvres*, par Dupin, p. 289.

statuettes de saints, dont il se faisait un certain débit dans le pays. Elles étaient, après la cuisson, enduites d'une couche de couleur à l'huile grise. Ce n'était certes pas des chefs-d'œuvre, mais elles témoignaient d'une certaine activité intellectuelle, chose fort rare alors parmi les moines du Bas-Poitou. Un autre frère, nommé en religion Didace, fabriquait des horloges et des pendules. Je cite plus loin, dans la nomenclature des verreries poitevines, celle qui fut créée, à la fin du règne de Louis XIV, à quelque distance des Robinières. Lorsque la Révolution vint détruire les couvents, les habitants de celui-ci, qui étaient aimés des gens de la contrée, s'établirent dans les environs et y moururent en paix.

Les guerres de la Vendée portèrent un grand trouble dans toutes ces fabriques. Il n'y eut guère que celle de Saint-Porchaire qui leur survécut. Les facilités introduites dans les relations commerciales par le nouveau régime social qu'inaugura la République amenèrent sur une plus grande échelle le renouvellement de ce qui s'était déjà passé sous Louis XIV : l'industrie étrangère au pays fut chargée de subvenir à sa consommation. Mais, avant de s'éteindre, les faïenceries poitevines prirent, à tour de rôle, la livrée que leur imposèrent les événements politiques accomplis à la fin du siècle. Examinons quelques pièces caractéristiques :

1° Assiette à bords dentelés. Au centre, trois fleurs de lis sous une couronne de laurier et deux drapeaux en sautoir; au-dessous : w. le roi (pl. des *Poteries poitevines*, n° 29) (1).

2° Saladier à côtes, dont les bords sont couleur chocolat violacé pâle. Sur le fond est écrit en noir, au milieu de guirlandes de feuillage : le despotisme est confondu. 1792. — Fabrique de Saint-Porchaire.

3° Assiette. Couronne de laurier verte pour bordure ; au centre, le bonnet de la liberté; au-dessous : le patriote moulin de la vineuse (pl. des *Poteries poitevines*, n° 32) (2).

4° Assiettes à bords dentelés. Au centre un cartouche portant : a la montagne. Même fabrication que le n° 1er (pl. des *Poteries poitevines*, n° 31).

5° Écritoire octogone de la Société populaire de Fontenay. Bonnet de la liberté sur les quatre faces principales; au-dessous : société populaire de fontenay-le-peuple. — vivre libre ou mourir. — Ces inscriptions rappellent celles de ce jeton de présence des membres de la même association patriotique.

6° Assiette à fond blanc, avec cordon de fleurs. Au centre, trophée composé d'un bonnet

---

(1) Cette façon d'écrire *vive le Roi* était empruntée à la faïencerie de Nevers.

(2) Charles-Élie-Isidore de Moulin se faisait appeler, avant la Révolution, le comte de Rochefort. Ses vassaux l'avaient surnommé *Tête-de-Fer*, à cause de ses mauvais procédés envers eux. Sa conversion politique et les discours excentriques qu'il prononça, comme président de la société ambulante des Amis de la constitution, ne servirent qu'à le couvrir de ridicule aux yeux des véritables patriotes. Mercier du Rocher trace, dans ses mémoires, un assez curieux portrait de ce personnage, qui avait fait graver la *Déclaration des droits de l'homme* sur la façade de son château de la Vineuse.

rouge au bout d'une pique et de deux sabres en croix. En lettres brun noir : P. MONET, SERGENT AU BATAILLON DES DEUX-SÈVRES. 1793.

7° Tasse blanche munie d'une anse, appelée *moque* dans la Vendée. Sur le devant, les armes de France peintes en jaune sur un trait noir violacé et entourées de palmettes vertes. De chaque côté : FRANÇOIS GUÉRY. — VIVE LE ROY. Au-dessous : 1794. La date est curieuse et indique que cette tasse a été faite pour un soldat de l'armée catholique.

8° Assiettes avec l'inscription catholique : VIVE LE ROY ET LA RELIGION.

9° Gourde de faïence. Fleurs bleues jetées sur fond blanc. Sur la panse : J. ROBIN. DE POIROUX. 1797.

10° Sur une autre assiette, l'Amour perce le cœur d'un matelot, qui s'écrie : *Il est à Jeanne la Sablaise!* L'année 1798 permet de constater que ce galant échantillon a été façonné sous le Directoire.

Mais ce sont les *pichets* qui ont surtout porté l'estampille des opinions du temps. On a toujours aimé en Poitou à politiquer à table. Il suffit de relever les inscriptions de quelques-uns de ceux répandus dans nos campagnes.

VIVE L'ASSEMBLÉE NATIONALE ! — LA NATION, LA LOY, LE ROY. — VIVE LA NATION ! — LA LIBERTÉ OU LA MORT. Au-dessous d'un fusil avec sa baïonnette : LA CLÉ DU CŒUR DES ARISTOCRATES ENNEMIS DE LA LIBERTÉ.

Telles furent les légendes tant que dura la guerre civile. Les devises amoureuses et goguenardes reparurent ensuite. Sous l'empire, époque où l'on riait peu, on lut : VIVE L'EMPEREUR ! sous un aigle armé de la foudre, cri remplacé plus tard par celui de VIVENT LES BOURBONS ! Après 1830, enfin, on répandit à profusion sur nos marchés des *pichets* ayant le ventre décoré de la Charte, entourée de rayons et de la légende transitoire : VIVE la LIBERTÉ ! On les disait sortis de l'Anjou.

Passons à la porcelaine.

La découverte de nombreux gisements de kaolin en Poitou, surtout dans la partie qui forme aujourd'hui les départements des Deux-Sèvres et de la Vendée, devait provoquer des tentatives d'exploitation.

VENDRENNES (1), la première en date, nous est révélée par une lettre de Marc-Antoine Beufvier, marquis des Palignys, grand sénéchal de la province, adressée à quelque administrateur d'un rang élevé, dont le nom n'est pas indiqué sur le document original.

« *Vendrennes, le 14 mai 1772.*

» *Monsieur,*

» *Les sieurs Philippe de Sarode et Marc Lozelet, de Vendrennes, sollicitent la faveur d'estre autorisés à fabriquer de la porcelaine à la verrerie de cette paroisse. Ils se recommandent de l'ancienneté de leurs familles en l'estat de verrier, et de la pratique*

---

(1) Bourg de l'arrondissement de Napoléon-Vendée, canton des Herbiers.

qu'ils ont de ce nouvel art, que le sieur Lozelet a exercé plusieurs années à Paris et autres endroits, et que le sieur Sarode prétend avoir reçu de Virgile de Sarode, son ayeul, mestre de verrerie expert à la fabrication de la porcelaine. La supplique, qu'ils m'ont remise pour vous, enregistre leurs titres à ce privilége et les moyens de le mettre à profit.

» *Comme l'establissement de cette industrie ne peut manquer d'être utile à la province où j'ay charge, je m'autorise, Monsieur, des bontés que vous n'avez cessé de me faire l'honneur de me témoigner, pour appuyer le plus qu'il m'est permis la demande des sieurs Lozelet et Sarode, et, dans l'espoir d'obtenir favorable issue à cette demande,*

» *Je suis, Monsieur, etc.* » BEUFVIER. »

Il ressort de là que, longtemps avant 1772, Virgile-Joseph de Sarode (1), aïeul de celui que recommandait le grand sénéchal, avait fabriqué de la porcelaine qui devait être factice et de pâte tendre. Un pot à crème du musée de Sèvres, décoré de lambrequins bleus et signé ainsi : C de même couleur, me paraît avoir cette provenance, d'autant plus qu'il vient de ma S propre famille et a fait partie d'un petit service dont on peut faire remonter, par les inventaires, l'origine au-delà de 1752.

J'attribue à Henri-Philippe de Sarode, sieur de la Bignonnière, et à Marc Lozelet, une tasse cannelée, d'une fabrication défectueuse comme un essai, que j'ai également fait entrer au musée de Sèvres. Elle porte au-dessous la marque, tracée en bleu : ℒS

SAINT-DENIS-LA-CHEVACE. — M. Milet, chef des fours à Sèvres, m'a fourni copie des documents reproduits ici. Ils sont tirés des archives de France, cote *F 12, 1494.*

« *Le marquis de Torcy a l'honneur de suplier M. de Calonne de vouloir bien lui accorder un privilége pour établir une manufacture de porcelaine dans sa terre de Saint-Denis-de-la-Chevasse, en Bas-Poitou, près Montaigu. La terre est d'une très bonne qualité, la même que l'on employe à Sèvres pour la manufacture de porcelaine. M. Guettard, un des médecins de M. le duc d'Orléans, a dit que c'était une espèce de kaolin, propre à faire de la porcelaine mêlée avec une matière vitrifiable. Ce serait un grand bien pour la terre, et pour le pays qui n'a point de débouché.* »

A ce mémoire est jointe la lettre suivante, de la main du marquis de Torcy :

« *Monsieur,*

» *J'ai l'honneur de vous envoyer un mémoire pour vous prier de m'accorder le privilége d'établir une manufacture de porcelaine dans une terre que j'ai en Bas-Poitou. J'avais compté vous présenter le mémoire aujourd'hui; mais, comme vous n'avez peu me donner d'audience, et que je suis obligé de partir demain pour cette terre, je*

---

(1) Virgile-Joseph de Sarode, écuyer, seigneur du Verger, maître verrier à Vendrennes, vivait à la fin du règne de Louis XIV. Il avait épousé, le 26 octobre 1697, Marie-Madeleine Chaumont.

me trouve dans l'impossibilité de vous faire ma demande autrement que par lettre.

» J'ai l'honneur d'être avec respect, Monsieur, votre très humble et très obéissant serviteur. TORCY.

» *Ce premier juillet, rue Neuve-des-Petits-Champs.* »

« *A Monsieur de Blossac, intendant à Poitiers.*

» *Ce 8 juillet 1784.*

» M. le marquis de Torcy vient, monsieur et cher confrère, de présenter au conseil le mémoire que j'ai l'honneur de vous renvoier, par lequel il demande la permission d'établir une manufacture de porcelaine dans sa terre de Saint-Denis-la-Chevasse en Bas-Poitou. Avant de rendre compte de cette demande à M. le contrôleur général, j'ai cru devoir, monsieur et cher confrère, vous la communiquer et vous prier de me mander ce que vous pensez de l'utilité que cet établissement peut procurer au commerce, et des avantages que peut, en particulier, retirer de cette nouvelle branche d'industrie la province dont l'administration vous est confiée.

» J'ai l'honneur d'être, avec un très sincère et respectueux attachement. »

« *Poitiers, 4 août 1784.*

» J'ai pris, monsieur et cher confrère, selon la lettre que vous m'avez fait l'honneur de m'écrire le 8 du mois dernier, des éclaircissements relatifs au projet de M. le marquis de Torcy d'établir une manufacture de porcelaine dans sa terre de Saint-Denis-de-la-Chevasse, en Bas-Poitou. Toute branche nouvelle d'industrie ne peut faire que du bien, et celle-ci n'en contrarie aucune autre. Elle vivifiera un peu le canton, privé de tout commerce par le défaut de rivières navigables. Saint-Denis n'est éloigné que de deux lieues des grandes routes de Nantes à la Rochelle et des Sables à Saumur. Il sera facile de faire rendre sur ces routes, pendant la plus grande partie de l'année, les porcelaines qui s'y fabriqueront, et qui circuleront ensuite aisément dans tout le royaume et même chez l'étranger par les ports de Nantes et des Sables, qui ne sont distans chacun de Saint-Denis que d'environ dix lieues. Les deux lieues d'assez mauvais chemins pendant l'hyver, depuis Saint-Denis jusqu'aux deux grandes routes dont j'ai parlé, ne forment pas un obstacle insurmontable au débouché immédiat; les chemins se répareront avec le tems, et cette manufacture fortifiera le motif. J'ai l'honneur de vous renvoier le mémoire de M. le marquis de Torcy.

» J'ai celui d'être, avec un sincère et respectueux attachement, monsieur et cher confrère, votre très humble et très obéissant serviteur. » DE BLOSSAC. »

J'ignore si ce projet reçut un commencement d'exécution, mais, dans tous les cas, aucun spécimen des porcelaines de Saint-Denis-la-Chevace n'a été retrouvé jusqu'ici.

Les principaux gisements de kaolin en Poitou sont ceux du Fenouiller, de la Chaise-le-Vicomte, des environs de la Châtaigneraie, et de Sillé.

Ils avaient, dès 1774, attiré l'attention des savants. Voici ce qu'on lit dans une lettre de M. Robert de la Salle à M. le baron de Lézardières, son frère, en date du 18 août de cette année : « *M. de Milly s'est, à diverses fois, informé de la qualité, de la nature, de la quantité des terres grasses et blanches de notre pays bonnes à la porcelaine et des ocres de la Vérie* (1), *mais je ne suis pas expert dans les matières d'histoire naturelle et je l'ay conseillé de s'adresser à vous.* » Il s'agit ici du comte de Milly, savant distingué, qui s'est beaucoup occupé de céramique. Dans le mémoire que Ruault, éditeur de l'édition des *Œuvres de Palissy*, publiée par Faujas de Saint-Fond, rédigea en 1777 contre ce dernier, se trouve ce passage : « *Faujas de Saint-Fond fit d'abord arrêter l'annonce et la vente du livre par le crédit d'un certain comte de Milly, agrégé de l'Académie, colonel de cavalerie, habile dans l'art de fabriquer des pots de fayence et de porcelaine* (2). » M. Robert de la Salle était militaire et avait connu Milly au service.

II

POTERIES FRANÇAISES FABRIQUÉES HORS DE LA PROVINCE

L'importation de la faïence et de la porcelaine des autres parties du royaume ayant pris au xviiie siècle des proportions très considérables, nous ne nous occuperons plus que des fabriques des contrées immédiatement limitrophes de la nôtre, sauf lorsqu'il s'agit de pièces faites pour des Poitevins.

La Rochelle. — *Faïences*. — On a vu plus haut que diverses tentatives avaient été faites, au xviie siècle, pour établir une faïencerie dans cette ville. Une nouvelle manufacture fut créée, au commencement du xviiie, près de la digue, et ne réussit pas mieux. Enfin on y transporta, postérieurement à 1754, celle de Marans, qui prit bientôt une extension assez considérable. Le P. Arcère en parle avec éloge dans son *Histoire de la Rochelle*, où il dit que les produits étaient d'une forme élégante et avaient un beau vernis. Cette manufacture s'appropria, vers le début du règne de Louis XVI, les émaux de diverses couleurs introduits dans l'ornementation de la faïence par Joseph Hannong, de Strasbourg, qui les tenait, dit-on, lui-même, d'un porcelainier saxon (3). La vaisselle, décorée d'après ce procédé, est facile à reconnaître à ses verts d'un ton cru et à je ne sais quoi de criard dans l'ensemble, qui choque immédiatement l'œil. La rose joue un grand rôle dans ces

---

(1) *Lettres à M. A. de Montaiglon*, p. 74.
(2) Milly a publié l'*Art de la Porcelaine* (Paris, Delatour, 1771, in-folio avec planches); travail où ont beaucoup puisé ceux qui se sont occupés depuis de l'histoire de cette industrie.
(3) V., sur J. Hannong, *Mémoire sur les ouvrages de terre cuite, et particulièrement sur les poteries*, par le citoyen Fourmy. (Paris, an X, in-8°, p. 64.)

enluminures, ainsi que le chinois de fantaisie, tel que l'a conçu Boucher, mais encore enlaidi. Quelques vases de cheminée portent des fleurs en relief, non moins désagréables à la vue. Il n'y a que certaines petites pièces de choix, où le jaune domine, et quelques statuettes de paysans qui annoncent un peu de goût chez leurs auteurs. La cuisine de l'hôpital Saint-Louis de la Rochelle a les débris d'une fontaine qu'il faudrait sauver, ne fût-ce que comme échantillon de fabrication locale.

En dernier lieu, la faïencerie avait été transportée hors de ville, à la Font.

Marans. — La faïencerie de l'Ile-d'Elle fermée, il s'en établit une à Marans, à la fin de la première moitié du xviiie siècle; mais on continua de prendre la terre dans le même gisement. Je possède une jolie fontaine, faite pour être placée dans un angle, qui est signée en noir :

Son émail blanc est décoré de fins lambrequins et arabesques fleuris, bleus, rouges et jaunes. Une tête en relief donne par sa bouche passage au robinet. Des feuilles également en relief et d'un vert sourd, avec filets noirs traçant les côtes, ornent la base du bassin. Ces feuilles se voient sur des soupières et autres pièces usuelles sorties de cette officine. On rencontre de plus des fontaines signées au dos d'un M en noir; elles portent, en outre, un numéro en creux ou en relief, et sont aussi du milieu du xviiie siècle.

Je ne sais pas si l'on peut attribuer à la même fabrique un bénitier représentant une Vierge tenant l'enfant Jésus à son cou, colorée en bleu, rouge, jaune et noir, avec cette inscription au-dessous : n. d. de charon. 1753. — Charron était une abbaye voisine de Marans.

La manufacture de Marans fut transférée à la Rochelle entre 1755 et 1760, et non en 1751, comme on l'a dit, puisque ma fontaine porte la date de 1754. Les faïenciers de cette dernière ville continuèrent à se servir de la terre de l'Ile-d'Elle.

Nantes. — La faïencerie nantaise brilla d'un certain éclat à la fin du règne de Louis XV et au commencement de celui de Louis XVI. Une fabrique fondée en 1751 par le sieur Leroy de Montillée, et autorisée le 7 mars 1752, fut établie sur l'emplacement des anciens fossés de ville, près de la Motte-Saint-André. Elle prospéra d'abord ; mais, étant passée entre les mains du sieur Belabre, elle éprouva bientôt des pertes considérables et fut vendue, en 1771, aux sieurs Perret et Fourmy, qui la firent entrer dans une voie de prospérité nouvelle, et rendirent la fabrication bien supérieure à ce qu'elle avait été sous leurs prédécesseurs. Ses produits parurent même si excellents qu'un arrêt du Conseil, du 26 juillet 1774, accorda à l'établissement le titre de *Manufacture royale*. L'expédition originale de cet arrêt, communiquée par l'un des arrière-neveux de Fourmy, me sert à publier son texte.

« *Extrait des registres du Conseil d'Etat :*

» *Sur la requête présentée au Roy, en son conseil, par Joseph Perret, greffier en chef du siége royal de l'amirauté de Nantes, et Mathurin Fourmy, négociant en la même ville, contenant qu'en l'année mil sept cent cinquante-un il fut formé une société, sous le nom de Le Roy de Montillée et compagnie, pour établir une manufacture de fayence à Nantes, les associés, ne trouvant pas de terrain plus propre à l'exécution de leur projet que la partie des fossés de la ville de Nantes qui règne entre les murs de cette ville et la place connue sous le nom de Mothe-Saint-André, ils firent construire tous les bâtiments propres à l'exploitation de la manufacture projetée, la fournirent de tous les ustensiles et de toutes les matières nécessaires ; ils firent venir des ouvriers de différentes parties du royaume, et, avec beaucoup de peines et de dépenses, ils parvinrent à former cet établissement. L'on eut lieu d'en être content dès les premières opérations, et, la manufacture ayant été perfectionnée de plus en plus, le sieur Bellabre, qui était l'un des associés, crut que, pour la solidité de cet établissement, il était important qu'il fût revêtu de l'autorité de Sa Majesté ; il présenta une requête au conseil sous le nom du sieur Le Roy de Montillée et compagnie, et obtint un arrest le sept mars mil sept cent cinquante-deux, par lequel Sa Majesté autorisa le dit établissement et permit de continuer d'y fabriquer des fayences de toutes espèces, à la charge de l'entretenir sans discontinuation en état de travail. La société fut depuis dissoute, et le sieur Le Roy, ainsi que les autres associés, cédèrent au sieur Bellabre l'intérêt qu'ils avaient dans la manufacture ; ce dernier, au moyen de cette cession, s'est trouvé seul à la tête de la dite manufacture, et il a exactement rempli la disposition de l'arrêt du conseil du sept mars mil sept cent cinquante-deux. Mais, ses affaires s'étant depuis dérangées, il a été procédé à la vente de la manufacture en mil sept cent soixante-onze. Les suppliants s'en sont rendus adjudicataires sous le nom du sieur du Coudray, et ils continuent l'exploitation avec le plus grand succès. C'est ce qui est attesté par deux certificats délivrés les vingt-six septembre et trois octobre mil sept cent soixante-douze, par les juges consuls de Nantes, représentant le général du commerce de cette ville, et par les officiers municipaux et de police de la même ville. Ils y attestent que les marchandises fabriquées dans cette manufacture sont de la meilleure qualité ; que les habitants de la ville de Nantes, et même ceux de toute la province, en font usage ; que les commerçants s'en pourvoyent pour leur commerce à la côte de Guinée, dans les colonies et à l'étranger ; que les suppliants font subsister une grande quantité d'artistes et d'ouvriers, et qu'un établissement aussi utile mérite d'être encouragé et favorisé. Les suppliants, ayant en leur faveur de pareilles attestations, se proposent de supplier Sa Majesté de vouloir bien accorder à leur manufacture le titre de* MANUFACTURE ROYALE, *et leur permettre de mettre sur la principale porte un tableau aux armes* de Sa Majesté avec la dite inscription, comme aussi d'y établir un portier à la livrée de Sa Majesté. Les États de Bretagne, convaincus de l'utilité de la manufacture des suppliants, ont pris une délibération par laquelle ils ont chargé leurs députés de solliciter cette grâce auprès de Sa Majesté. En second lieu les suppliants demanderont qu'il leur soit permis de marquer les marchandises de leur manufacture d'une marque représentant une fleur de lis et d'un chiffre composé des lettres initiales des noms des suppliants. Ils observeront, à ce sujet, qu'il y a dans la dite ville de Nantes deux autres manufactures de fayence établies depuis peu, et que Sa Majesté n'a même pas autorisées. Les marchandises qui y sont fabriquées sont d'une qualité des plus inférieures, et, comme celles des suppliants n'ont jusqu'à présent été distinguées par aucune marque particulière, on les confond les unes avec les autres, ce qui nuit infiniment à la réputation de la fabrique des suppliants, et lui porte le plus grand préjudice. C'est pour faire cesser cette confusion que les suppliants demandent la permission de marquer leurs marchandises d'une marque distinctive. Requéraient à ces causes les suppliants qu'il plût à Sa Majesté accorder à leur manufacture le titre de MANUFACTURE ROYALE, de mettre sur la principale porte de la dite manufacture un tableau aux armes de Sa Majesté, avec la dite inscription, et d'y établir un portier à la livrée de Sa Majesté, comme aussi permettre aux suppliants de marquer les marchandises, qui seraient fabriquées dans leur manufacture, d'une marque représentant une fleur de lis et d'un chiffre composé des lettres initiales des noms des suppliants, et ce en exécution de l'arrest qui interviendra sur la présente requête, ordonnant que toutes lettres nécessaires seront, en tant que le besoin sera, expédiées. Ouï la dite requête signée ROUX, avocat des suppliants; les certificats des officiers municipaux de la ville de Nantes et des juges et consuls représentant le général du commerce de la dite ville, des vingt-deux et vingt-trois avril dernier, desquels il résulte que la fayence que font fabriquer les suppliants est de la meilleure qualité, et que leur établissement est d'autant plus utile qu'ils y occupent un grand nombre d'ouvriers, ensemble l'avis du sieur Dupleix, intendant et commissaire départi en la province de Bretagne, et le rapport du sieur abbé Terray, conseiller ordinaire et du conseil royal, contrôleur général des finances; le Roy, en son conseil, a permis et permet aux sieurs Perret et Fourmy de mettre, sur la principale porte d'entrée de la manufacture de fayence dont ils sont propriétaires à Nantes, un tableau aux armes du Roy avec cette suscription : MANUFACTURE ROYALE, et d'y établir un portier à la livrée de Sa Majesté; leur permet pareillement de marquer les marchandises qui seront fabriquées dans ladite manufacture d'une marque représentant une fleur de lis et d'un chiffre composé des lettres initiales des noms des dits sieurs Perret et Fourmy, et seront sur le présent arrest, si le besoin en est, toutes lettres nécessaires expédiées. Fait au conseil d'Etat du Roy, tenu à Marly le vingt-six juillet mil sept cent soixante-quatorze. » *Signé* BERGERET. »

Malgré toutes mes recherches, je n'ai pu me procurer aucun échantillon authentique de la fabrication de Mathurin Fourmy. Je crois cependant qu'une fort grande soupière, décorée de gros bouquets jetés, de couleurs naturelles et très bien exécutés, peut en être sortie. Elle est montée sur trois pieds formés de palmes en relief, qui s'élargissent par la surface. Le bouton du couvercle figure une orange ; les tranches du vase sont bordées de rouge. Les lettres majuscules FP, tracées au pinceau en rouge, sont au-dessous. Je connais aussi une corbeille à jour, imitant l'osier, et dont le fond est couvert des mêmes bouquets. Elle porte une fleur de lis tracée en rouge, qui pourrait être la marque de la fabrique depuis qu'elle eut reçu le titre de manufacture royale.

On rencontre souvent, à Nantes et dans les contrées voisines, des soupières, plats, assiettes, écuelles, saladiers, etc., dans le goût de la faïence de Strasbourg, qui passent pour être de fabrique nantaise. Les couleurs en sont en général très vives, et préférables à celles de la Rochelle.

M. Fourmy ne tarda pas à demeurer seul propriétaire de la faïencerie ; mais, par suite d'une expropriation forcée, il fut obligé d'aller rebâtir son four ailleurs. Il sera question tout à l'heure de ce nouvel établissement ; mais un autre se présente avant lui dans l'ordre chronologique : c'est celui du sieur L'Hôte, dont il est fait mention dans les *Archives curieuses de Nantes,* par Verger, tom. I, col. 144, et, tom. III, col. 130. Ses produits me sont inconnus, et j'ai d'ailleurs hâte d'arriver à la biographie d'un céramiste d'une valeur exceptionnelle, dont la gloire s'est injustement détournée, et qui ressemble à Palissy par plus d'un côté.

Jacques Fourmy naquit à Nevers, sur la paroisse de Saint-Pierre, le 12 mai 1757, de Mathurin Fourmy et de Marie Hullin (1). Amené à Nantes à l'âge de six ans, il passa son enfance et sa jeunesse dans la faïencerie de la Motte-Saint-André, et dans celle que son père fonda, en 1778, sur un terrain situé derrière l'Hôtel-Dieu, terrain qui lui avait été arrenté le 21 avril de l'année précédente. Bientôt après, une autre industrie vint augmenter l'importance de cette dernière fabrique. A la fin de 1779, le sieur Nicolas Fournerat de la Chapelle, porcelainier de Limoges, y fit des essais de porcelaine dure, à l'imitation de celle de Saxe, qui réussirent parfaitement. Dès le 4 janvier 1780, un contrat d'association pour sept années fut signé entre le nouveau venu, Pierre-Auguste de Rostaing de Rivas, d'Ingrandes, et le jeune Jacques Fourmy, qui débuta de la sorte dans la carrière, et vit son nom figurer en tête de la raison sociale : *Fourmy fils, Fournerat et de Rivas.* Les initiales de chacun de ces noms, enlacées en monogramme et tracées en rouge, servirent de marque aux nouvelles porcelaines nantaises.

Fournerat, le porcelainier limousin, esprit inquiet et aimant les aventures, ne put demeurer en place. Le 8 février 1781, il abandonna à ses deux coassociés la totalité de l'entreprise, qui ne tarda pas à prospérer. Lorsque la Révolution éclata, elle était estimée

---

(1) Mathurin Fourmy, natif d'Ingrandes, diocèse d'Angers, avait épousé à Nevers Marie Hullin, le 1er février 1752. Il vint s'établir à Nantes au mois de juin 1763.

62,000 livres, tandis que la faïencerie n'en valait que 24,000, et n'était plus qu'un accessoire de la maison. L'immense crise sociale, inaugurée par les premiers troubles de 89, ferma tous les débouchés d'une marchandise de luxe. Jacques, contraint un instant de gérer son commerce au nom de sa femme, fut bientôt ruiné, et pour lui commença dès lors cette série non interrompue de déceptions qui fit le tourment de sa longue carrière.

De 1784 à 1790, il fit plusieurs voyages en Bas-Poitou, pour découvrir des gisements de kaolin. Ceux de Fenouiller et de Sillé lui parurent surtout propres à une exploitation régulière, qui ne put être tentée (1).

On sait peu de chose de la vie de Fourmy pendant les années où la ville de Nantes fut continuellement tenue en éveil par l'insurrection vendéenne. Ne pouvant plus se livrer à des entreprises industrielles, il se mit à étudier à fond la théorie du métier, et, dès l'an VI, il présentait au gouvernement un mémoire où il exposait ses vues sur la fabrication de la poterie commune, et indiquait les moyens de la rendre plus salubre et d'un aspect plus agréable. Il était probablement rendu, à cette époque, à Paris, où nous le trouvons installé en l'an VII. M. Renault m'a communiqué une lettre adressée à Renou, professeur d'histoire naturelle de l'École centrale d'Angers (2), qui met au courant de la nature de ses travaux à cette date :

« Paris, 15 pluviôse an VII.

» *J'ai reçu en son temps, citoyen et ami, la lettre que vous m'avez fait l'amitié de m'écrire. J'y aurais répondu plus tôt si une précaution nuisible ne s'y fût opposée. J'avais mis de côté votre lettre pour ne pas l'égarer, et ce n'est que depuis deux jours que j'ai découvert l'endroit où je l'avais mise.*

» *Je vois avec plaisir que votre auditoire ne se compose pas seulement de vos élèves, mais qu'il surpasse même en nombre celui de plus d'un cours de notre capitale. Plusieurs de nos professeurs se contenteraient d'une assemblée de 40 personnes. Je conçois que cela doit donner un peu d'ouvrage à un homme qui se pique de mériter l'estime, et qui ne donne pas ses leçons comme un perruquier fait une barbe; mais, en même temps, ce concours devient flatteur, en ce qu'il prouve que vous y mettez du vôtre. Car la science a beau être aimable, quand le professeur ne sait pas la faire valoir on s'endort aux sermons scientifiques comme aux sermons mystiques.*

» *Je m'occupe en ce moment à faire des formes crystallographiques destinées à servir d'exemples pour l'ouvrage du citoyen Haüy. On en avait demandé à un manufacturier de Limoges, qui les a tout bonnement fait exécuter en pâte de porcelaine. Cette*

---

(1) Lettre de Fourmy, du 2 mars 1791.

(2) Joseph-Etienne Renou avait connu Fourmy à Nantes, où il avait rempli les fonctions de pharmacien en chef de l'armée de l'Océan. M. E. Renault a publié, dans le *Répertoire archéologique de l'Anjou*, 1862, p. 405, une notice intéressante sur cet homme distingué, notice que la commission chargée de veiller à l'impression de ce recueil a eu le tort de cisailler, pour en faire disparaître ce qui n'était pas d'accord avec les opinions, passablement étroites, de quelques-uns de ses membres.

pâte prenant beaucoup de retraite, il en résulte des formes très incorrectes, en ce que les faces planes deviennent concaves et les arêtes courbes. Il s'agissait de trouver une composition telle que le peu de retraite qu'elle prendrait ne fût pas capable de déformer les solides, et qu'elle acquît assez de corps pour être maniée et lavée sans inconvénient. Or, sauf quelques amendements qui viendront à la suite, nous tenons l'objet.

» Je m'occupe aussi d'exécuter avec mes nouvelles poteries des vases de nouvelles mesures. Il y a quelques années que l'agence des poids et mesures m'avait demandé s'il y aurait moyen d'adapter les terres cuites aux mesures de capacité. Je lui fis part des difficultés qui s'y trouvent, et il n'en fut plus question. De nouvelles recherches m'ont fait entrevoir le moyen d'éluder les difficultés, et je vais voir à réaliser cette spéculation.

» Il faudrait pour tout cela de l'argent. Malheureusement le gouvernement n'en donne pas, et je n'en ai guères. C'est dommage; car si on pouvait aller un peu, on ferait de bien belles choses. Enfin, patience!

. . . .

» Vous savez, ou vous ne savez pas, que l'un des cinq (Revellière-Lepeaux, membre du Directoire), fourni par votre pays, est celui qui quitte le poste cette année, on l'assure du moins, et l'on dit qu'il passe au jardin des Plantes. Reste à savoir si le public est bien instruit.

» Je suis peu au cours des questions d'art et de science. Cela vient de ce que, pour vivre, je suis obligé de faire quelques affaires. Toutefois, s'il y avait quelque chose de bien saillant, j'en serais instruit peu ou prou, et je vous en ferais part avec bien du plaisir. Vous feriez cependant bien de venir vous-même vous mettre au courant.

» Ma femme est on ne peut plus sensible à vos témoignages d'attachement. Vous voudrez bien la recommander, à l'occasion, au souvenir de madame Renou et de ses anciens amis et connaissances d'Angers et de Nantes. Je vous demande le même service et vous embrasse de cœur.

» Je viens d'acheter un petit établissement, dans lequel je vais mettre à exécution ce qui n'a été jusqu'ici que des projets. Vous en saurez dans quelques mois le résultat. »

Dans une autre lettre, dont la date n'est pas certaine, ne portant que la mention du 2 vendémiaire, mais qui paraît être de l'an VIII, Fourmy parle avantageusement d'un peintre sur faïence, originaire de Niort, qui l'a un instant aidé dans ses entreprises.

« Un associé m'est enfin venu; pauvre autant que moi d'argent, mais riche de talents variés. Nos courages s'aideront l'un l'autre pour vaincre la mauvaise fortune. Blaise Maupetit est le nom de cet associé, né à Niort, de père et de mère comédiens, et qui a quitté pour les beaux arts le métier de ses parents, sans être plus riche qu'eux

avec le nouveau. Il est peintre sur faïence et n'a pas son égal dans ce genre difficile. Comme il a suivi quelque temps l'atelier du citoyen David, il a son goût formé à l'antique avec une élégante simplicité. Il compose des modèles de vases fort beaux, avec les heureuses formes des Étrusques, mais avec des couleurs moins lugubres. Enfin c'est un artiste passionné qui ferait fortune en Angleterre, un artiste bâti tout exprès pour s'entendre avec un homme que les mécomptes n'ont pas empêché de chercher des perfections plus grandes que celles des céramistes étrangers. Il n'y a que le manque d'argent et la mauvaise santé de Maupetit qui me donnent des inquiétudes sur l'avenir de l'association. Un trop long régime au pain sec, parfois absent, et à l'eau claire, empêchera ce chétif corps de durer longtemps. »

Je n'ai rien trouvé de plus sur Blaise Maupetit. Les pressentiments de Fourmy se réalisèrent bientôt sans doute, et ses essais ne trouvèrent pas d'imitateurs. Il appartient aux chercheurs de Paris de retrouver quelques-uns des rares échantillons décorés par cet artiste. Le peu qu'en dit Fourmy suffit pour les mettre sur la voie.

Mais ce qui donne la meilleure opinion de Fourmy comme céramiste, c'est son *Mémoire sur les ouvrages de terres cuites, et particulièrement sur les poteries*, publié en l'an X (1802). Cette brochure, in-8°, de 95 pages, imprimée chez Gillés fils, porte sur son titre l'adresse de la demeure de l'auteur, rue Pépinière, n° 741. Il y parle longuement des nouvelles poteries inventées par lui, auxquelles son ami Haüy donna le nom d'*hygiocérames*, pour caractériser spécialement la première des trois qualités essentielles qu'elles réunissaient en elles : salubrité, résistance aux passages subits du froid au chaud et bon marché. La beauté de la forme l'a également préoccupé, bien qu'il n'ait pas été toujours heureux dans celles données à ses œuvres. Ces poteries étaient l'intermédiaire entre les grès cérames et les porcelaines. On les a imitées depuis à Plombières, à Orchamps, dans le Jura, à Berlin et dans une fabrique voisine de cette dernière ville, sous le nom de *poteries de santé* (1).

Les hygiocérames furent exposés pour la première fois aux yeux du public dans une des salles du Louvre, pendant les jours complémentaires de l'an IX. L'opinion leur sembla d'abord favorable ; mais Fourmy était un philanthrope, un révolutionnaire en céramique, non un véritable industriel ; il voulait trop bien faire, doter ses concitoyens d'une vaisselle qui réunît tous les avantages. Ses expériences portèrent de préférence sur celle réservée aux classes peu fortunées. Les poteries tendres vernissées l'occupèrent pendant longues années. Il voulut rendre leur texture plus serrée et leur vernis purement terreux, quoique facilement fusible (2). Il eut bientôt épuisé ses modestes ressources dans ces perfectionnements, et la gêne revint frapper à sa porte, qu'elle s'acharna à ne plus quitter.

Entre autres observations judicieuses du mémoire de Fourmy, il en est une, à propos

---

(1) *Traité des arts céramiques*, par A. Brongniart, t. I, p. 291.
(2) *Traité des arts céramiques*, t. II, p. 2.

des poteries anglaises, que je ne saurais taire : « *On a poussé le charlatanisme*, dit-il, p. 83, *au point de faire à leur vernis un mérite réel de sa misérable couleur, que les Anglais ont la complaisance d'appeler couleur à la crème.* » Et, partant de là, il critique avec force cette aberration du goût de ses contemporains. Qu'eût-il donc dit s'il se fût trouvé en présence de certains produits céramiques de notre temps ? La couleur *à la crème*, en modifiant quelque peu ses teintes, a envahi la surface d'une foule de vases de terre français. Rien de plus naturel, du reste. Les races énergiques des temps héroïques, que leur vigueur réside dans le corps ou dans l'esprit, aiment les tons nettement accusés, le grand éclat. Nos sens émoussés veulent des pâleurs distinguées. La palette des céramistes, rendue à leur diapason, emprunte ses couleurs à la boutique du crémier, à la devanture du coiffeur. « *Le rouge, c'est le son de la trompette,* » disait un aveugle de naissance, qui, par les seuls instincts d'une forte nature, sentait le vrai des choses. Nos miopes, moins bien doués, voyant des verts éclatants sur les poteries de la Renaissance, enduisent les leurs de crème à la pistache.

Les orientaux, nos maîtres dans la coloration des ouvrages de terre cuite, quand ils emploient les tons faux, savent racheter l'émoussement de la note par la profondeur de l'émail, qui communique aux vases quelque chose de gras, de solide, comme le jade et autres matières dures et naturelles. Sèvres s'est parfois inspiré à cette grande école.

La brochure de Fourmy se recommande en outre à l'attention des personnes curieuses de tout ce qui concerne l'art de terre par une foule de remarques et de renseignements qu'on ne doit pas toujours accepter sans examen, mais qui annoncent l'homme ayant puisé aux bonnes sources. Ceux qui s'occupent de l'histoire de la faïencerie feront bien de la consulter.

Jacques Fourmy mourut à Vaugirard, près Paris, le 26 juin 1832. Brongniart et Charles Dupin (1) font de lui le plus grand éloge. Voici en quels termes M. Riocreux, juge non moins compétent, s'exprime sur son compte, dans une lettre qu'il m'a tout dernièrement adressée :

« Fourmy, que j'ai beaucoup connu, fut le céramiste le plus savant de la première
» période de notre siècle. Aucun de ceux d'aujourd'hui ne peut même lui être comparé ;
» mais sa science, qui le poussait sans relâche à la recherche de l'inconnu, lui fit négliger
» la pratique administrative, base de toute entreprise commerciale, et causa sa perte,
» comme la ruine de plus d'un de ceux qu'il sut s'associer par le prestige de son langage.
» C'était, du reste, un fort honnête homme. »

La faïencerie créée en 1778 par Fourmy père (2) avait été vendue, au moment de

(1) *Rapport du jury central sur les produits de l'industrie française en 1834,* par Charles Dupin, t. I, p. 208.
(2) Après avoir abandonné les entreprises commerciales, Fourmy père s'adonna d'abord aux sciences, et particulièrement à l'étude des aérostats. Pendant la Révolution, il songea à jouer un rôle politique, mais ne réussit qu'à s'attirer une mauvaise affaire, pour avoir voulu falsifier le vote des électeurs de Châteaubriant, lors de la nomination des députés à la Convention nationale. Sous le consulat et l'empire, on le vit enfin

l'établissement de la porcelainerie, à un nommé Préteau, puis rachetée par la famille le 3 novembre 1784. Après le départ de Jacques pour Paris et la licitation des affaires de la maison, elle devint la propriété exclusive de Pierre-Auguste de Rostaing de Rivas, époux de Marie-Perrine Fourmy. Celui-ci la céda, le 20 décembre 1813, à ses enfants, qui y joignirent, le 8 mai 1816, le matériel de la fabrique de Dominique-Charles Abautret, établie aux Récollets.

Les amateurs de poteries nantaises nous diront quelque jour quelles furent les faïences fabriquées dans cette ville depuis la Révolution.

La plupart des renseignements qui précèdent sur Fourmy et sa famille m'ont été communiqués par M. le docteur de Rostaing de Rivas, son petit-neveu.

MOUSTIERS. — Le maréchal de Richelieu avait demandé un service de table complet à cette manufacture, pour son château de Richelieu. Toutes les pièces sont bordées de fines arabesques bleues et sont décorées des écus géminés du duc et d'Elisabeth-Sophie de Lorraine-Guise, sa seconde femme. Un marchand d'antiquités de Châtellerault a recueilli tout ce qui restait à peu près de ce service, qui a été fabriqué vers 1734. Il y a eu dans la province, indépendamment de ce service, beaucoup de pièces isolées de Moustiers et d'autres fabriques du midi (1). Elles sont à décors bleus, verts ou jaunes, rarement de diverses couleurs. Quelques-unes ont le monogramme composé des lettres L et O (2).

FABRIQUES INCONNUES. — Grande fontaine avec arabesques bleu foncé, aux armes (*de gueule à la herse d'or*) de Henri d'Appellevoisin, sieur de Bouillé, près de Maillezais, ancienne résidence de Jacques Du Fouilloux, auteur de la *Vénerie*. Elle est signée au dos en noir brun : J. ALLIOT. (Fin du règne de Louis XIV.) *J: Alliot*

Le style annonce une faïence sortie d'une manufacture située au-delà de la Gironde.

Service de table fait pour la famille Guichard d'Orfeuille. Les armes (*d'argent à trois têtes de léopard de sable lampassées et couronnées de gueules*), peintes en bleu et surmontées d'une couronne de marquis, remplissent le fond des assiettes et des plats, qu'entoure une bordure de petits lambrequins de même couleur.

Arrosoir à syphon, fond blanc, avec œillets, tulipes, jacinthes et autres fleurs de couleurs naturelles. A la jonction du col et de la panse est écrit en lettres noires : R. P. FRANÇOIS, GARDIEN DES CAPUCINS. Ce personnage doit être François Martineau, qui était gardien des capucins de Fontenay en 1768. La forme de cet arrosoir remet en mémoire celui placé aux pieds de la *Belle Jardinière*, dont il a été question à l'article des successeurs de Palissy.

Pots de jardin à décors bleus, imitant le Rouen. Armes des Le Mastin (*d'argent à la*

---

occupé à rédiger des projets d'embellissement pour la ville de Nantes. Cinq mémoires sur ce sujet furent imprimés du 21 avril 1802 au mois d'août 1810.

(1) On y rencontre aussi des imitations plus ou moins grossières de Moustier, dont la terre est rouge.

(2) *Histoire des faïences et porcelaines de Moustiers, Marseille et autres fabriques méridionales*, par M. J.-C. Davillier, et les *Poteries du midi de la France*, par M. Jacquemart.

bande de gueules contrefleurdelisée de six fleurs de lis d'azur), surmontées d'une couronne de marquis, avec lions pour supports. Ils appartiennent à M. Savary de l'Epinerays, qui les a placés dans les jardins de son habitation de Faymoreau (Vendée).

PORCELAINES.

Sèvres. — Petit déjeuner à fond bleu de roi avec reliefs d'or et pastorales peintes par Buteux. Il est renfermé dans un étui de maroquin vert aux armes de M. de Vaugiraud, officier supérieur de la marine royale avant la Révolution.

La famille de Mathurin-Joseph Brisson conserve quelques pièces de Sèvres provenant d'un service à thé donné à ce savant physicien par Louis XVI. Celle du conventionnel Goupilleau, de Montaigu, possède aussi bon nombre de pièces achetées par lui à la vente de son collègue Bazire, et dont quelques-unes sortent, dit-on, des Tuileries. J'indiquerai spécialement une fort jolie tasse avec oiseaux peints par Castel d'après Oudry.

Un spécimen tout aussi rare est un thé fabriqué sous la République, dont la décoration consiste en rubans tricolores, branches de chênes, niveaux et bonnets rouges. Il serait injuste de reprocher à la Révolution la pauvreté des formes employées, car elles sont identiques à celles en usage, plusieurs années avant, sous la monarchie. En ceci, comme en beaucoup d'autres choses plus sérieuses, elle a suivi le chemin tracé par sa devancière. Ce thé a eu, quelques instants, les honneurs d'une origine quasi-historique. On l'a prétendu sorti du mobilier de Carrier. Intéressé d'autant plus à la question qu'il m'appartient, j'ai procédé à une enquête, et j'ai constaté qu'il n'avait été apporté à Nantes qu'en 1796. Rien ne prouve même qu'il n'ait pas été fabriqué après la mort de l'ami d'Hébert. Des gens bien pensants persistent pourtant dans l'affirmative. Mettre de la porcelaine de Sèvres sur la table de Carrier au moment où les Nantais mouraient de faim fait si bon effet dans un cours d'histoire moderne à l'usage de la jeunesse !

Paris. — Popincourt. — Deux fort jolis bustes de biscuit, avec piédouches blanc et bleu de ciel. Ils font partie de ma collection. L'un est celui de Hoche, l'autre celui de Bonaparte. Ils ont chacun 0ᵐ 32 de hauteur. Sur le haut du piédouche du premier, on lit : Hoche, et, au bas : *Manufacture de porcelaine du C^{en} Nast, rue des Amandiers, D^{on} Popincourt*. Sur le second : Buonapart, et la même adresse. Ces bustes passent, à tort selon moi, pour avoir été modelés par Houdon en 1797. Celui de Hoche est devenu surtout excessivement rare, très peu d'exemplaires en ayant été tirés.

De la manufacture de Nast est sorti un service à café, fabriqué en 1798 pour le citoyen Serré, demeurant aux Coteaux-Gourdon, commune de Péault (Vendée). Les pièces en sont ornées de bluets et de roses, et portent toutes le nom de celui qui l'avait commandé, écrit en lettres d'or.

Clignancourt. — Paire de grandes jardinières finement modelées et peintes. Décoration composée d'une riche bordure or et d'oiseaux et insectes, au repos sur des fleurs ou voltigeant dans l'espace. Sur le devant les armes (*d'or au lion d'azur*) de Louis-Marie-Joseph

Salgues, marquis de Lescure, père du chef vendéen. Ces jardinières, recueillies aux environs de Bressuire, avaient été achetées par Mme de la Sayette. Elles ont été cédées plus tard à l'un des brocanteurs qui ont exploité sa collection à la fin de sa vie, et qui lui ont enlevé, au moyen d'échanges opérés avec de médiocres émaux de Limoges, une foule de pièces intéressantes. C'est ainsi que sont sorties de ses mains la plupart des suivantes :

SAINT-CLOUD. — Soupière de pâte tendre, avec zone de fleurs et d'oiseaux fantastiques en relief, et anses formées par des têtes d'animaux. (Ma collection.) — M. A. Jacquemart possède une tête sortie du même moule que ces anses; mais elle n'est pas vernissée. Elle a été trouvée en 1848, sur l'emplacement même de la manufacture, dans une fouille qui a amené la découverte du four. Les pièces de ce genre sont d'une excessive rareté.

Vase de cheminée, pâte tendre, avec la marque du soleil.

Petit saladier à côtes, de la première moitié du xviiie siècle, décoré en bleu foncé, avec les armes des Mauclerc *(d'argent à la croix ancrée de gueules)* à l'intérieur. Sur le dessus est la marque ci-jointe, également tracée en bleu. Cette marque est celle de l'un des fils de Henri Trou, qui fut le fondateur de la fabrique de Saint-Cloud, comme le constate un contrat d'apprentissage, découvert par M. Riocreux, contrat passé, en 1691, entre cet industriel (qualifié dans l'acte : officier de S. A. R. le duc d'Orléans et *maître de la faïencerie de Saint-Cloud)* et le père d'un certain Joseph Chicanneau, qu'il s'agissait d'initier aux pratiques du métier. Par suite du mariage de ce même Henri Trou avec la veuve d'un autre Chicanneau, appelé Pierre, la fabrique fut plus tard gérée momentanément au nom des enfants de ce dernier, qui étaient déjà instruits des procédés de fabrication de la porcelaine, et qui demeurèrent ensuite, pendant longues années, associés à l'entreprise. Ce changement dans la raison commerciale de la maison provint sans doute de ce que Trou, ayant d'abord négligé de se faire recevoir membre de la communauté des émailleurs-verriers-faïenciers, fut obligé de se couvrir d'un nom d'emprunt pour obtenir un privilège royal. C'est ce qui a donné lieu de croire que le père des Chicanneau avait été le fondateur de la manufacture de Saint-Cloud, assertion consignée du reste dans la supplique de ces derniers, puisque l'arrêt de 1702, rendu en leur faveur, en fait mention. Mais on sait quelle foi il faut ajouter aux documents de cette nature, surtout lorsque d'autres actes plus sérieux sont en contradiction avec eux. Il est d'ailleurs fort possible que Pierre Chicanneau ait tenté d'établir dans le même lieu une porcelainerie différente de celle de Henri Trou, porcelainerie qui se sera fondue ensuite avec cette dernière.

MANUFACTURES INCONNUES. — Salière carrée, pâte tendre, bordée, à la partie supérieure, de lambrequins bleus très délicats, tandis que l'une des faces porte, sous une couronne de comte, les écussons réunis de René Chasteigner, sieur de Rouvre, et de Catherine Chevalleau, sa femme : Chasteigner : *d'or au lion posé de sinople, armé et lampassé de gueules;* Chevalleau : *d'azur à 3 roses d'argent.* La marque C en bleu sous la base.

Soupière blanche, pâte tendre, dont les pieds sont formés de faisceaux de palmes et de branches de laurier en relief. Une couronne de duc fait le bouton du couvercle. Armes des Richelieu aussi en relief sur la panse.

Pot à pommade avec lambrequins gros bleu d'un travail peu soigné. Il est signé d'un J ponctué.

Aiguière, ou plutôt pot à l'eau de pâte dure, avec couvercle mobile monté en argent; décoration à fleurs polychromes. Les armes qui y sont peintes sont analogues à celles des Chabot : *d'or à trois chabots de gueules;* mais leur tournure allemande, confirmée par l'aspect général de la pièce, me les fait attribuer plutôt à quelque famille germanique, et l'aiguière elle-même à une manufacture saxonne; à moins qu'elle n'y ait été fabriquée sur commande française.

Je ne parle ici que des porcelaines recueillies sur place et transmises par héritage, et non de celles qui sont des épaves apportées par les hasards des ventes aux enchères et par le brocantage.

Les inventaires des émigrés, dressés de 1791 à 1793, sont en général peu riches en mentions de belle vaisselle. Un très petit nombre de familles nobles, même parmi les mieux partagées du côté de la fortune, avaient de la porcelaine orientale. On se servait beaucoup, en revanche, de terre anglaise. L'office des châteaux recélait sans doute, dans le coin le plus obscur, plus d'une faïence d'Oiron, plus d'un plat de Palissy; mais ces vieilleries n'intéressaient pas plus leurs propriétaires que ceux qui les dépouillaient alors. La seule moralité qui ressorte de l'ensemble de ces documents, au point de vue céramique, c'est que les gens d'église, j'entends ceux des couvents et des chapitres, avaient des vaisseliers merveilleusement garnis. Brumauld de Beauregard, l'un des chanoines de Luçon, possédait, à lui seul, soixante douzaines d'assiettes et des plats à l'avenant (1).

La batterie de cuisine du peuple des campagnes était autrement modeste. Quelques gamelles de bois ou d'une terre grossière, de cuivre ou d'étain, deux pots de dimensions diverses, une *moque* servant au chef de la famille, la buie de l'évier et les *ponnes à lait*, quand on avait une vache : voilà ce qu'on voyait presque invariablement dans les chaumières. Aujourd'hui les choses ont changé; le dressoir du paysan, malgré les innombrables emprunts qui lui ont été faits depuis trente années, nous fournit, à nous autres collectionneurs, plus de faïences de la Renaissance, plus de porcelaines de Chine que celui de l'homme des villes, tant il avait été amplement garni en 89.

(1) Les armes du chapitre de Luçon sont : *d'argent à trois brochets de sable.* On prétend que ce sont les armes parlantes des chanoines, qui ont la réputation d'être gourmands. Ceux qui aiment le merveilleux attribuent ces armes à Lucius, le prétendu fondateur de Luçon. On sait que brochet se dit en latin *lucius*. Quelques malins les ont représentées avec cette différence que le brochet du milieu a la tête tournée à droite, tandis que les deux autres l'ont à gauche ; puis ils ont inscrit ces mots au-dessous pour devise : *Undique vorant.* (*Mém. pour servir à l'histoire du Poitou, et principalement à celle de Luçon*, par ce même Brumauld de Beauregard, mort évêque d'Orléans. Le manuscrit autographe appartient à M. Merland, médecin à Luçon.)

III

POTERIES FAITES A L'ÉTRANGER POUR DES POITEVINS

Chine. — Tasse de porcelaine à décors bleus, rouges et or, aux armes de la famille Poute de Nieuil, qui a marqué dans la marine de guerre : *d'argent à trois pals de sable, au chevron de même brochant sur le tout.*

Espagne. — Tasse de faïence populaire, servant à faire manger les oiseaux en cage, fabriquée à Pont-l'Archevêque, province d'Estramadure, pour Félix-Marie Ramier, curé de l'Orberie, près de Fontenay, déporté en Espagne le 6 septembre 1792, et mort curé de Mervent. Ce vase porte l'inscription suivante :

Le même pays a fourni des poteries plus luxueuses à un autre de nos compatriotes. Afin de n'avoir plus à revenir sur ce sujet, je les décris ici, quoiqu'elles soient du xixe siècle.

Très grands vases de porcelaine, largement ouverts et à deux anses, de forme maladroitement imitée de l'antique, avec rinceaux et cannelures en relief. Le fond, d'un bleu cru et fortement doré par parties. Dans un médaillon, l'aigle surmontée de la couronne impériale et entourée du collier de la Légion-d'Honneur; sur un cartouche allongé :

S. E. LE GÉNÉRAL AUGUSTE BELLIARD, GOUVERNEUR DE MADRID.

Belliard fut gouverneur de Madrid de 1809 à 1812.

Ces grandes pièces doivent être rangées parmi les derniers produits de la fabrique royale de Buen-Retiro, incendiée par les Anglais en 1812. Elle ne s'est pas relevée depuis.

L'un de ces vases a traîné longtemps dans la boutique d'un marchand de bric-à-brac, domicilié jadis sur la place du Carrousel.

CHAPITRE XIV

XIXᵉ SIÈCLE

A partir de l'année 1800, il n'y a plus guère, en Poitou, que Saint-Porchaire qui ait continué à produire de grosses faïences. Vers 1815, un ouvrier, étranger au département de la Vendée, vint établir un four dans l'enclôture du bois du Landreau, près des Herbiers; mais il mourut bientôt d'une maladie de poitrine, et sa petite fabrique disparut avec lui. Il y faisait de la vaisselle à fond blanc, avec fleurs et coqs de couleurs éclatantes. Un autre individu lui avait fait un instant concurrence à Bourbon-Vendée; seulement il avait ajouté à son commerce la fabrication des épis destinés à surmonter le faîtage des maisons. Les siens étaient verts, avec le coq traditionnel sur la pointe. La plupart des poteries du pays en produisaient d'à peu près semblables, et tout aussi mauvais. Un seul ouvrier a su en faire d'un galbe vraiment artistique : c'est le sieur Giraudon, potier à Bel-Air, aux portes de Fontenay. Il est vrai qu'il a été guidé dans son travail par les conseils et les dessins de M. Octave de Rochebrune. (*V.* la planche des *Poteries poitevines* n° 33.)

Les marchands de faïences du Poitou s'approvisionnèrent de préférence, sous l'Empire, à Nantes et à Nevers. Quelques familles conservent encore des débris de services exécutés pour quelques-uns de leurs membres dans la dernière de ces villes. Mᵐᵉ Allix, de Fontenay, possède, par exemple, deux saladiers ornés de guirlandes de fleurs soutenant divers instruments sortis d'un magasin de quincaillerie, tels que tire-bouchon, *jau* de barrique, fiche, peigne, clef, entrée de serrure. Au fond est une lime et une scie posées en sautoir, et, au-dessous, le nom de FRANÇOIS ALLIX et la date 1810.

L'exploitation du kaolin préoccupa diverses personnes sous l'Empire. Encouragé par Cavoleau, qui remplissait alors les fonctions de secrétaire général de la préfecture, un sculpteur fontenaisien, nommé Drouard, modela plusieurs bustes copiés de l'antique avec un composé de cette matière, prise à la Chaize-le-Vicomte, et d'une argile plastique. Un de ces bustes est reproduit au n° 30 de la planche des *Poteries*. Cavoleau voulait, par ce moyen, pousser les industriels à utiliser les gisements de la contrée; mais les temps étaient peu sûrs, et personne n'osa tenter l'aventure. Plus tard, Guyet-Desfontaines, député de la Vendée, fit fabriquer à Paris un service de table avec nos kaolins. On les trouva de bonne qualité, mais cette nouvelle réclame en leur faveur n'eut pas plus de succès que la première. Les actionnaires de la mine de charbon de terre de Faymoreau signalèrent à leur tour, sous Louis-Philippe, les dépôts de Sillé. Ils en furent quittes aussi pour quelques essais sans portée sérieuse.

Une seule manufacture de porcelaine parvint à s'établir, en ces derniers temps (vers 1852), à Grosbeau, en Persac (Vienne). Cette fois, le kaolin était demandé aux gisements qui approvisionnent Limoges. L'entreprise ne tarda pas non plus à être abandonnée. Pourtant le pays est très riche en toutes sortes de terres propres à la céramique. Fournel, dans son *Etude des sites houillers et métallifères du bocage vendéen;* Cavoleau, dans sa *Statistique du département de la Vendée;* Dupin, dans celle des Deux-Sèvres, insistent tous sur ce point. Malheureusement, l'attention du pays n'est pas encore tournée de ce côté. M. Meillet, habile chimiste de Poitiers, qui s'occupe beaucoup de céramique au point de vue scientifique, nous promet un travail complet sur les terres à poterie de la Vienne. Peut-être réussira-t-il mieux à se faire entendre que ses devanciers. Il faudrait pour cela qu'un praticien habile montrât le chemin. Alors on ne rechignerait plus à s'y engager, le succès étant montré au bout de la carrière. La gravure suivante reproduit l'un

des spécimens exécutés par M. Meillet, avec les terres du haut Poitou. J'avais d'abord songé à entrer dans quelques détails sur ces essais; mais je crois maintenant préférable de renvoyer ceux que ces questions intéressent au mémoire promis par leur auteur.

En attendant, on fait, en une foule d'endroits, beaucoup de poteries communes de très mauvaise qualité. Les procédés du moyen-âge y ont à peine été modifiés, tant il y a apathie intellectuelle chez le paysan poitevin. Tout ce qui est sorti des voies battues ayant successivement sombré, par suite de causes qu'ils ne cherchent point à pénétrer, les dépositaires des méthodes traditionnelles, transmises de père en fils dans certaines familles, en ont conclu que celles-là étaient seules bonnes, et s'y sont cramponnés avec une opiniâtreté singulière. Telle forme de pot au feu n'a pas changé depuis le xve siècle, non plus que la matière. Qu'on les cherche dans le vase des tombeaux ou dans celui du foyer vendéen, elles apparaissent partout les mêmes. Certes, l'archéologue trouve son compte à cette persistance; mais en est-il bien ainsi du consommateur? Tout se tient d'ailleurs en ce monde. Qu'on ne considère plus comme suffisante l'instruction plus que sommaire donnée aux habitants des campagnes, et cette grossière terraille disparaîtra avec les dernières autres scories du bon vieux temps.

Saint-Cyr-en-Talmondais, décembre 1863.

ÉTUDE SUR L'ANCIENNETÉ

DE LA

FABRICATION DU VERRE

EN POITOU.

ETUDE SUR L'ANCIENNETÉ

DE LA

FABRICATION DU VERRE

EN POITOU.

CHAPITRE I

'INDUSTRIE du verrier étant sœur de celle du potier, j'ai cru devoir réunir, dans un seul cadre, le résultat de mes recherches sur chacune d'elles. Ces recherches ne se sont pas étendues au-delà des limites d'une seule province ; mais les conséquences qui en découlent s'appliquent à la France tout entière. Le précédent travail a constaté quelle part revient au Poitou dans l'histoire de la céramique. Celui-ci montrera qu'il n'a pas été non plus étranger au développement de la verrerie française. Il fera voir les *vitriarii* pictons dressant, au second siècle, leurs fours à côté de ceux des *figuli;* les maintenant en activité sur les décombres de la société romaine et sur ceux de l'empire franc; traversant, sans les éteindre, les invasions normandes, et les léguant, comme un héritage sacré, à ces gentilshommes verriers, que la Révolution devait trouver en devoir de fabriquer, l'épée au flanc, la coupe des banquets patriotiques de 89.

Après la lecture de ce mémoire, on ne pourra plus dire, avec Loysel, que l'établissement de nos verreries nationales remonte tout au plus aux croisades et que, jusqu'au xvii° siècle, on n'a su fabriquer chez nous que de la gobeleterie commune, des verres de vitres et des bouteilles (1). De nombreuses découvertes sont venues faire justice des fausses traditions léguées par le moyen-âge, et montrer que nos manufactures modernes descendent en droite ligne de celles dont l'antiquité a laissé partout les vestiges sur le sol de la patrie.

PÉRIODE ROMANO-GAULOISE

VERRERIES ANTIQUES

Toutes les fois qu'on rencontre un cimetière de la période romano-gauloise, on est assuré d'y trouver, si petit qu'il soit, un nombre considérable de vases en verre, de formes variées, et parfois d'un travail très fin et très soigné. Les ruines des habitations contemporaines de ces sépultures recèlent également beaucoup de débris de même nature. Ces découvertes, chaque jour répétées, démontrent que l'industrie verrière était alors pratiquée sur une assez grande échelle entre le Rhin et les Pyrénées, et que des fabriques ont existé sur une foule de points. Le territoire des Pictons, pays très boisé et très bien pourvu des matières premières qui servent à composer le verre, en a, par exemple, possédé plusieurs dont l'emplacement est encore désigné, soit par des dénominations caractéristiques, soit par la présence de scories vitreuses, de restes de fourneaux ou de fragments de creusets. Plus tard, lorsque nous serons arrivés au ix° siècle, les documents écrits viendront en aide dans cette enquête.

Les diplômes, chartes et autres documents faisant défaut pour l'époque romaine, j'ai demandé mes preuves à la géographie et à l'archéologie. Elles ont répondu : la première, que les lieux nommés jadis *Verreria, Vitreria, Verreriæ, Vitrinæ*, appelés depuis la Verrerie, les Verreries, les Vieilles-Verreries, la Voirie, Verrières, Voirières, Verrines, etc., ont dû leurs dénominations à des manufactures de verre (2); la seconde, que plusieurs de ces manufactures remontent au ii° ou au iii° siècle.

Parmi les localités, renfermées dans la circonscription de la cité poitevine, qui ont porté ou portent encore ces noms, on peut citer :

VIENNE. — Verrières *, canton de Lussac; la Verrerie, dans la commune de Mazerolles; Verrines en Beaumont, canton de Vouneuil; Verrière en Bournan, à quelque distance de

---

(1) *Essai sur l'art de la verrerie*, par le C. Loysel. — Paris, an viii, in-8°.

(2) Certains noms de lieux, dont l'origine est différente, ont la même consonnance que Verrerie : celui de Vérie, *Veria*, venu de ce qu'on percevait au moyen-âge un droit de mouture dans les localités qui le portent, et celui de Verrie, *Verria*, rappelant que les points auxquels il sert de dénomination étaient, dans le principe, de simples étables à porcs, à verrats.

Loudun. Des débris de verre antiques et des scories en provenant ont été rencontrés, en outre, au milieu des bois, entre Lusignan et Colombiers*.

Les DEUX-SÈVRES en possèdent au moins dix-sept : Verrines en Rom, Verrines-sous-Celles*, Verrine en Brion, Verrines en Gourgé*, Verrine en Vasles*, la Verrine-Mouchet en Saint-Aubin-le-Cloux, les Verrines de Montigny, Verrine en Souché, Font-Verrine en Azay, la Verrerie de la Ferrière, la Verrerie (?) en Vernoux, la Verrerie en Courlay, la Verrerie en Saint-Léger-de-Montbrun, la Verrerie de Fenery, la Verrerie en Montalembert, la Voirie en Montigy, les Verrières de Saivre.

VENDÉE. — Le triage des Verreries*, dans la forêt de Mervent; les Vieilles-Verreries*, commune de la Réorthe ; les Verreries du Parc-de-Mouchamp et de Vendrennes; la Verrerie-sur-l'Yon, commune de Chaillé-les-Ormeaux; la Voirie, commune d'Aubigny; les Voirines, commune de Grosbreuil ; la Verrerie, commune de Sallartaine ; les Verres, commune de Saint-Jean-de-Monts; les Verreries, dans l'île de Bouin.

LOIRE-INFÉRIEURE *(pays de Rais)*. — *Portus vitrariæ*, que l'on croit être aujourd'hui Saint-Mesme, sur la rivière du Tenu, canton de Machecoul ; la Voirie, commune de Frossay, canton de Saint-Père-en-Rais.

Tous ces points sont situés soit au milieu des bois, soit sur leur lisière.

Les astérisques indiquent les lieux où ont été trouvés des indices de fabrication remontant à la période romano-gauloise. Ils sont au nombre de sept. Deux ont fourni des renseignements précieux : Verrines-sous-Celles et les Verreries de la forêt de Mervent.

Les fouilles pratiquées, le 15 juillet 1858, dans le cimetière du luc de Verrines, ont eu pour résultat de faire découvrir une assez grande quantité de sépultures de la fin du second siècle, qui renfermaient, contrairement à la règle générale, un plus grand nombre de vases de verre que de vases de terre ; d'où la conclusion naturelle que le verre était alors plus facile à se procurer en ces lieux que la poterie (1). Aux Verreries de Mervent, M. de Villeneuve, garde général des eaux et forêts, a trouvé, l'an dernier, en perçant une route à travers les bois, les vestiges de l'officine (tuiles à rebords, fragments de poteries, etc.), et des morceaux de creusets, couverts encore d'une matière vitreuse. Des vases, fabriqués sur les lieux, avaient déjà été rencontrés, quelques années auparavant, à une centaine de mètres de là. Je reviendrai tout à l'heure sur ces deux découvertes, auxquelles il faut ajouter celles de scories et de débris de verres antiques aux environs des Essarts; mais je n'ai pu découvrir encore l'emplacement exact du point où ils ont été recueillis.

LES VERRIERS DANS L'ANTIQUITÉ

Avant de décrire les produits de l'industrie des verriers pictons, il est bon de constater quelle était, dans la société romaine, la position sociale de cette catégorie d'ouvriers. Nous

---

(1) *Bulletins de la Société de statistique du département des Deux-Sèvres*, 1858-1859, p. 50.

saurons ainsi d'où sont venues les prétentions à la noblesse qu'elle émit au moyen-âge, et quelle fut la cause de la persistance, sur plusieurs points, de la fabrication du verre, durant une longue série de siècles.

Une loi de Constantin Ier, de l'an 337 *(C. ad Maximum)*, avait compris les *vitriarii* parmi les trente-cinq professions exemptes de toutes charges publiques, sans faire aucune différence entre elles. C'étaient : les architectes *(architecti)*, les lambrisseurs *(laquearii)*, les stucateurs *(albarii)*, les charpentiers *(tignarii)*, les médecins *(medici)*, les lapidaires *(lapidarii)*, les ouvriers en argent *(argentarii)*, les maçons *(structores)*, les vétérinaires *(mulomedici)*, les tailleurs de pierres *(quadratarii)*, les scieurs-de-long *(barbicarii)*, les constructeurs d'escaliers *(scansores)*, les peintres *(pictores)*, les sculpteurs *(sculptores)*, les tourneurs *(diatretarii)*, les menuisiers *(intestinarii)*, les statuaires *(statuarii)*, les mosaïstes *(musivarii)*, les ouvriers en bronze *(ærarii)*, les forgerons *(ferrarii)*, les marbriers *(marmorarii)*, les doreurs *(deauratores)*, les fondeurs *(fusores)*, les teinturiers en pourpre *(blattiarii)*, les ouvriers en marqueterie *(tessellarii)*, les orfèvres *(aurifices)*, les miroitiers *(specularii)*, les constructeurs de chars *(carpentarii)*, les fontainiers *(aquælibratores)*, les VERRIERS *(vitriarii)*, les ouvriers en ivoire, tabletiers *(eburarii)*, les foulons *(fullones)*, les potiers *(figuli)*, les plombiers *(plumbarii)*, les pelletiers *(pelliones)*.

Les exemptions accordées à ces diverses professions avaient seulement pour but, dans la pensée du législateur, que touchait l'intérêt général, de faciliter à ceux qui les exerçaient les moyens de devenir plus habiles et d'initier leurs enfants aux pratiques de leur art (1). Mais il est rare qu'un principe, une fois posé, n'aille pas jusqu'à ses dernières conséquences et ne reçoive pas, dans la suite des temps, certaines interprétations qu'on était loin de prévoir en les mettant au jour. C'est ce qui arriva à la loi dont je viens de parler. Les intentions de son auteur furent plus tard travesties. Conçue en vue d'un perfectionnement artistique et industriel, qui devait profiter à tous, il advint pourtant qu'on l'invoqua un jour pour légitimer la concentration en quelques mains de toutes les branches du travail, et qu'on en fit indirectement sortir ces maîtrises, tant vantées des admirateurs du moyen-âge, gens d'ordinaire peu instruits et encore moins sincères. Chaque métier une fois devenu le patrimoine exclusif d'un nombre limité de familles, il s'établit entre elles une association d'intérêts, qui permit à quelques corporations ouvrières de préserver leur liberté du naufrage où sombra celle de tant d'autres. Ce fut ainsi que beaucoup d'ouvriers des villes parvinrent à se soustraire au servage; ce fut ainsi que les verriers, protégés par l'espèce de solidarité qui semble avoir existé entre eux dans toute la Gaule,

---

(1) « *Artifices artium brevi subdito comprehensarum per singulas civitates morantes, ab universis muneribus vacare præcipimus : si quidem ediscendis artibus otium sit adcommendandum, quo magis capiant et ipsi peritiores fieri et suos filios erudire...* » Suit l'énumération des corps d'état. *(Cod. Théod., L. XIII, tit. VI, l. 2.— Cod. Justin., L. X, C. LXIV.)*

et par l'isolement de leur existence au fond des bois, conservèrent, à travers huit siècles d'invasions étrangères et de révolutions sociales, la qualité d'*ingénus*, d'hommes libres, et se trouvèrent ensuite, dans diverses régions de l'Europe, faire naturellement partie de la classe noble, parce qu'ils en avaient déjà les immunités. Il en fut de même des monétaires. Les ouvriers en verre ne maintinrent pas sans peine leur position au milieu de la société féodale, qui considérait tout travail comme servile. Aussi les vit-on rarement s'éloigner beaucoup du lieu où leur noblesse avait reçu sa consécration de la notoriété publique. Certaines fabriques furent exploitées, pendant des centaines d'années, par les générations successives des mêmes familles.

ÉPOQUE DE LA CRÉATION DES PLUS ANCIENNES FABRIQUES PICTONES

Le plus ancien vase de verre trouvé en Poitou, que je connaisse, est la coupe gravée au n° 1 de la planche où M. de Rochebrune a réuni quelques spécimens de *verreries poitevines de diverses époques* (1). Elle est couleur vert d'eau pâle ; ses parois sont assez épaisses, et le grand nombre de bouillons contenus dans sa pâte indique des procédés de fabrication fort peu perfectionnés. Sa dimension est de 0^m 23 de diamètre à l'orifice. On l'a retirée d'une sépulture par incinération, découverte à Amuré (Deux-Sèvres), sépulture dans laquelle étaient une petite statuette de bronze, très altérée, représentant un cheval, et un denier d'argent de Vespasien, d'une conservation parfaite, qui avait été percé pour être porté comme amulette. A part cette coupe, qu'on peut croire du premier siècle et apportée de loin, aussi bien que celle ayant sur son pourtour des combats, dont il sera question plus tard, les vases de verre, recueillis dans notre pays, dont la provenance m'est exactement connue, ne semblent pas remonter au-delà du règne de Trajan. Mais ce sont surtout les sépultures contemporaines des Antonins qui nous fournissent le verre en abondance, ce qui fait supposer que sa fabrication, si tant qu'elle eût été introduite antérieurement dans la contrée, y prit du moins alors une extension plus considérable. Les vases retirés du cimetière du lac de Verrines-sous-Celles sont, par exemple, de cette époque, et les fouilles pratiquées dans celui du Langon m'ont fourni des indications à peu près semblables.

PRODUITS DES FABRIQUES PICTONES

VERRERIE COMMUNE. — Les localités de l'ancien Poitou où l'on a trouvé le plus de verres antiques sont Poitiers (2) et Ecuré, dans la Vienne (3) ; Rom, Verrines-sous-Celles et

---

(1) Le défaut d'espace a empêché de maintenir l'échelle des proportions entre les objets reproduits sur cette planche.
(2) Musée arch. de Poitiers.
(3) *Id.*

Faye-l'Abbesse (1), dans les Deux-Sèvres ; les Verreries de Mervent, Saint-Médard-des-Prés, le Langon, Saint-Georges-de-Montaigu et la Bernardière, dans la Vendée ; Rezé, dans la Loire-Inférieure (2). La plus ample moisson provient du tombeau de la femme artiste de Saint-Médard-des-Prés, qui datait du milieu du IIIe siècle. Il en contenait, à lui seul, près de quatre-vingts. J'ai donné, dans le chapitre de *Poitou et Vendée*, consacré à cette belle découverte, la description détaillée de cinquante-six de ces vases et la gravure des principaux types (3). En les confrontant avec ceux qui viennent des Verreries de la forêt de Mervent (4), on reconnaît qu'ils sortent en général de la même fabrique, aussi bien que beaucoup de ceux du Langon (5). Les fragments et les scories, extraits d'une tranchée pratiquée sur le terrain des Vieilles-Verreries, voisine de la Réorthe (6), sont aussi eux tout pareils. Le verre en est vardâtre, parfois bleuâtre, et d'une médiocre transparence. Il est de même nature que celui de nos bouteilles. Ceux qui viennent de Dompierre, près de Napoléon-Vendée (7), et de la Bernardière (8), sont un peu moins anciens, et d'une pâte de couleur plus foncée et plus verte. La planche des *Verreries poitevines* reproduit trois spécimens de cette catégorie. Le n° 2 faisait partie du mobilier de la sépulture de Saint-Médard ; le n° 5 vient de Verrines-sous-Celles ; le n° 11 a été exhumé du sol de Rom.

CRISTAUX ARTIFICIELS. — Les matières qui composent les verres de cette sorte sont la silice, la potasse, la soude et l'oxyde de plomb, comme l'a constaté M. Chevreul, en faisant l'analyse de quelques fragments, pris à Saint-Médard, que je lui avais envoyés (9). On en a rencontré sur la surface entière du territoire poitevin, mais surtout à Poitiers, à Saint-Médard, au Langon et à Rezé. Une coupe malheureusement brisée, découverte dans le cimetière du Langon, se distingue autant par la délicatesse de l'exécution, la finesse de la pâte et l'extrême minceur de ses parois, que par la blancheur du verre. Ses bords sont décorés de filets en creux tracés à la roue.

Le n° 3 de la planche des *Verreries poitevines* représente l'un des flacons de Saint-Médard en cristal artificiel. La pâte en est un peu jaune. Un fragment d'un troisième vase, que j'ai vu à Poitiers, avait été retravaillé au tour. Il portait les restes d'une feuille de laurier exécutée par ce procédé.

Je ne saurais dire si ces différents cristaux ont été fabriqués dans la contrée, ou s'ils

---

(1) Musée arch. de Niort.
(2) Musée arch. de Nantes.
(3) *Poitou et Vendée*, art. de Fontenay-le-Comte, p. 123. Ces vases sont dans ma collection.
(4) Ma collection.
(5) Musée arch. de Napoléon-Vendée.
(6) Ma collection.
(7) Musée arch. de Napoléon-Vendée.
(8) Ma collection.
(9) *Mémoire de l'Académie des sciences*, t. XXII, p. 191 et 206.

viennent de quelque autre région ; mais il est certain, dans tous les cas, que nos ancêtres en ont fait un assez fréquent usage.

VERRES COLORÉS PAR DES OXYDES MÉTALLIQUES. — Le bleu est la couleur la plus commune; cependant je ne connais qu'un seul vase qui soit sorti intact de terre : c'est la petite fiole gravée au n° 6 de la planche des *Verreries poitevines*. Elle a été trouvée à Coulonges-les-Royaux (Deux-Sèvres) et fait maintenant partie de la collection de M. Fortuné Parenteau. Une coupe de même couleur, à demi brisée, était dans le tombeau de Saint-Médard-des-Prés (1). Viennent ensuite les verres jaunes, dont je possède un joli échantillon, provenant aussi lui de Saint-Médard. C'est un petit godet de forme ronde, qui a servi à contenir des couleurs liquides.

Il est bien peu de cimetières romano-gaulois où l'on n'ait pas recueilli quelques parcelles de ces deux teintes. Le vert foncé et le brun rouge se rencontrent bien plus rarement.

VERRES OPAQUES. — Ces verres se divisent en deux classes. La matière vitreuse des uns est d'un blanc mat opaque, produit probablement par l'oxyde d'étain, tandis que celle des autres, teintée de diverses nuances, est seulement semée de lames de cette même couleur. Je ne puis citer qu'un seul exemple rentrant dans la première classe : la partie supérieure d'une urne à deux anses, de petite dimension, extraite des ruines romaines de la Grenouillère de Curson. Quant aux spécimens de la seconde, ils sont moins rares. Je signalerai, entre autres, les morceaux d'une fiole trouvés près de Neuville (Vienne), qui sont bleus lamés de blanc, et une petite bouteille, venant de Saint-Médard-des-Prés, dont les parois sont, au contraire, jaunes avec marbrures également blanches. Des fragments de cette même nature ont été trouvés à Poitiers, au Langon, à Nalliers, à Saint-Georges-de-Montaigu, à Rezé, etc.

VERRES ÉMAILLÉS. — Ceux-ci sont généralement sortis du sol de Poitiers, de Saint-Médard, du Langon et de Rezé; mais on a rencontré quelques débris analogues en d'autres endroits. Le contingent de la capitale des Pictons se compose de morceaux de verres bruns ou jaunes, contenant des tiges et des torsades d'émaux rouges, verts ou bleus; celui de Saint-Médard, d'une ampoule faite d'une matière vitreuse verdâtre et de baguettes d'émail jaune et rouge (2). Du Langon est venue une petite plaque brun rouge, ornée d'une fleur blanche imitant celle du muguet. Le musée archéologique de Nantes possède, de son côté, plusieurs débris fort curieux exhumés des terrains de Rezé. Il sera question tout à l'heure de verres analogues provenant du Cormier de Chavagnes-en-Paillers.

Il faut ajouter à cela une foule de petits tourteaux d'émail rouge, bleu, blanc, rose, jaune ou vert, ayant dû servir à des jeux, ainsi que des perles et des anneaux de couleurs

---

(1) *V.* la figure de cette coupe sur la planche des *Objets divers trouvés à Saint-Médard*, qui accompagne l'art. de Fontenay, dans *Poitou et Vendée*.

(2) *Poitou et Vendée*, art. de Fontenay, p. 138, et pl. des *Objets divers trouvés à Saint-Médard*.

non moins variées, dont quelques-uns sont passés dans des tiges de bronze formant bracelets. Poitiers, le Langon et Rezé en ont fourni un nombre considérable.

VERRES AVEC ORNEMENTS EN RELIEF. — Ils se divisent aussi eux en deux classes. Je rangerai dans la première certains fragments de verres colorés, avec ornements de pâte blanche, rappelant, quant au procédé de fabrication, ceux du fameux vase Portland. Ils ont été recueillis par M. F. Parenteau, dans les fouilles de Rezé, et sont au musée archéologique de Nantes. La seconde se compose, au contraire, de vases en verre ordinaire ou coloré, qui ont reçu la forme humaine ou celles d'animaux et de fruits, ou bien encore dont les parois sont couverts de bas-reliefs moulés. Le musée archéologique de Niort possède, par exemple, les débris d'un petit vase ayant la forme d'une tête d'enfant. Un autre analogue, mais plus grand, a fait partie de la collection de M. de Fouschier, de Thouars, qui l'avait eu des environs de Loudun. (Pl. des *Verreries poitevines* n° 7.) Le musée de Niort a également un vase figurant un raisin, exhumé du cimetière de Verrines-sous-Celles. (*Verreries poitevines*, n° 8) (1). Celui de Poitiers en contient un autre semblable, retiré d'un tombeau d'enfant découvert près de cette ville. La collection de M. de Fouschier en renfermait un troisième, trouvé à Saint-Just-sur-Dive (Maine-et-Loire). Au musée de Napoléon-Vendée est l'un des deux masques tragiques, servant d'anses à une coupe, dont je n'ai pu recueillir que les débris dans le cimetière du Langon. (*Verreries poitevines*, n° 4.)

Je citerai encore l'aiguière décorée de tiges et de feuillages, sortie d'une sépulture du IV° siècle, qu'un paysan de Cléré (Maine-et-Loire) a mise au jour dans son champ (*Verreries poitevines*, n° 9); une fiole, portant sur la panse l'image d'un poisson, soit comme marque, soit comme emblème symbolique, prise dans une autre sépulture, près de la porte de la Tranchée, à Poitiers (2); un fragment de tête de cheval déterré à Aulnay, sur les confins du territoire des Pictons et de celui des Santons.

Mais le monument le plus curieux de ce genre qu'ait fourni le sol poitevin est, sans contredit, la coupe de verre jaune, ornée de combats de gladiateurs, appartenant à M. Gourraud, ancien notaire à Chavagnes-en-Paillers (Vendée). (*Verreries poitevines*, n° 10). Elle a été trouvée dans une sépulture de gladiateur, au Cormier, village de cette commune. M. de la Villegille lui a consacré une notice dans le *Bulletin du comité de la langue, de l'histoire et des arts de France*, 1860. Je ne puis mieux faire que de lui emprunter le récit de la découverte :

« Dans une *Notice sur la paroisse de Chavagnes-en-Paillers* (3), nous avons mentionné différents objets d'origine romaine, tels que fragments de tuiles, poteries de toute nature

---

(1) *Bulletin de la Société de statistique du département des Deux-Sèvres*, 1858-1859, n°s 21 et 22 de la planche des verres trouvés à Verrines.
(2) *Pouillé de l'évêché de Luçon*, par M. l'abbé E. Aillery; introduction, f° v.
(3) *Bulletin de la société des Antiquaires de l'Ouest*, années 1841-1843, p. 281.

— 193 —

médailles, etc. qui avaient été rencontrés près d'un village appelé le Cormier, et qui faisaient présumer qu'une *villa* avait existé autrefois dans cet endroit. Depuis lors, dans

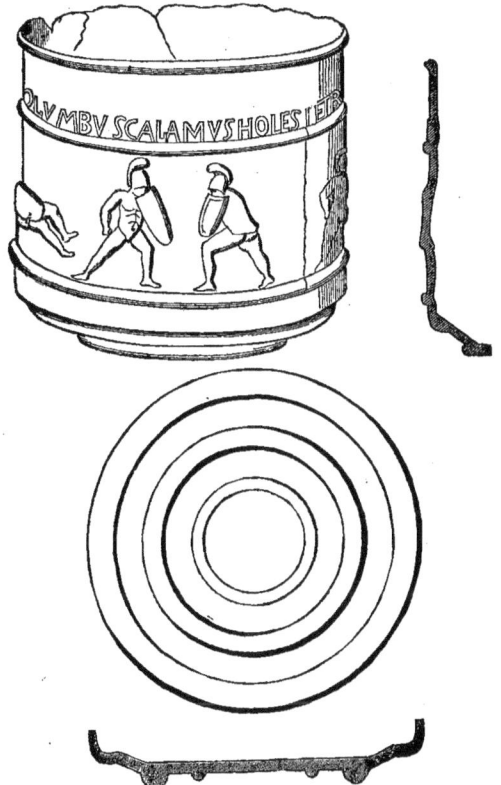

le courant de l'année 1848, l'exploitation d'un filon de cailloux a fait faire, au même lieu, une découverte beaucoup plus importante par ses résultats. Malheureusement, selon la déplorable coutume des paysans, qui, lorsqu'ils font quelque trouvaille, se figurent toujours être sur la trace d'un trésor, les terrassiers ne parlèrent d'abord à personne de leur découverte. Plusieurs mois s'étaient écoulés lorsque celle-ci vint à la connaissance de M. Gourraud, ancien notaire, habitant de Chavagnes, qui recherche avec soin ce qui se rapporte à l'archéologie de cette partie de la Vendée. M. Gourraud interrogea les ouvriers, qui lui racontèrent qu'en pratiquant une fouille dans une terre noirâtre, d'où s'exhalait une mauvaise odeur, ils avaient trouvé des assiettes, des tasses et d'autres objets. Ils citèrent en particulier deux petits lions en terre, une belle *soupière* en verre et des espèces de petits bâtons ou baguettes en verre de diverses couleurs entrelacés ensemble. « C'était

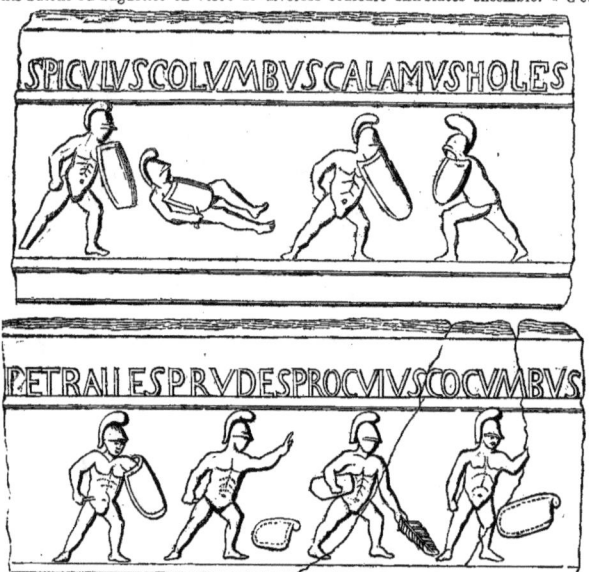

très beau, » au dire de ces hommes, et ce qui les avait le plus frappés. Mais tout cela avait été perdu ou brisé par eux, à l'exception de trois objets en verre, dont M. Gourraud fit l'acquisition, et qui figurent aujourd'hui dans sa collection.

» Deux de ces objets ne réclament pas de description spéciale. L'un est un fragment de tige ou baguette tordue en verre jaunâtre, dont la longueur est de 0^m 065, et la grosseur de 0^m 004 à 0^m 005 ; l'autre, une fiole en verre blanc, à panse carrée et à anse. »

» L'intérêt de la découverte réside tout entier dans un vase ou gobelet qui, sauf une légère félure, est dans le plus parfait état de conservation. Ce gobelet, de forme cylindrique, en verre jaune clair, semblable au fragment de baguette précédemment cité, a 0ᵐ 075 de diamètre et une hauteur de 0ᵐ 070, réduite à 0ᵐ 065 dans l'intérieur. Son épaisseur est d'environ 0ᵐ 002. Le dessous offre plusieurs cercles concentriques formés par des moulures saillantes demi-rondes. » (*V.* les vignettes des deux pages précédentes.)

« La coupe de M. Gourraud a été coulée, ajoute M. de la Villegille; les contours des figures et des moulures ne présentent pas ces arêtes vives que donne la taille. Des bavures, qui se sont produites aux points de jonction des parties du moule, indiquent de plus que celui-ci était de deux pièces... On remarque à l'intérieur de légères dépressions au revers des figures et des moulures les plus saillantes, comme si celles-ci avaient été repoussées. »

Au-dessus de chaque figure de gladiateur est son nom. Il y en a huit : SPICVLVS, COLVMBVS, CALAMVS, HOLES, TETRAITES, PRVDES, PROCVLVS, COCVMBVS. Tous sont parfaitement lisibles, à l'exception du cinquième, sur lequel il y a quelque incertitude.

Des coupes analogues ont été découvertes à Montagnole, près de Chambéry ; à Autun, à Trouville-en-Caux ; à Hartlip, dans le comté de Kent (Angleterre). Il en existe aussi des spécimens au cabinet des antiques de Vienne, en Autriche, et à Wiesbaden. La ressemblance frappante de fabrication et de style qui apparaît dans toutes ces coupes indique assez qu'elles ont toutes été fabriquées sur un modèle convenu, et ont eu une destination déterminée. Les sujets qu'elles représentent, assauts de gladiateurs, jeux du cirque, courses de chars, rappellent les hauts faits de combattants et d'automédons aimés du public, et que leur courage, leur force ou leur adresse avaient rendu célèbres. Tout démontre donc qu'elles étaient offertes, à titre de récompense, à ceux qui marchaient sur la trace de ceux-là. Elles doivent remonter au premier et au second siècle. Reste à savoir en quel pays elles ont été faites.

MARQUES DE FABRIQUE. — Elles sont en très petit nombre. Un vase du cimetière d'Écuré, déposé, si je ne me trompe, au musée de Poitiers, en porte une composée de lettres, dont je n'ai qu'un assez vague souvenir. Un autre, de celui de Verrines-sous-Celles, a, au-dessous, les lettres LE en relief. Les sépultures de Saint-Médard-des-Prés m'en ont procuré quatre. La première représente une fourmi figurée sur le fond d'un petit vase (coll. de M. H. Jousseaume) ; la seconde, un phallus de satyre placé sous un flacon carré, également de petite dimension ; la troisième, une croix dont l'extrémité de chaque branche forme un angle, qui se voit sous la base d'un flacon de cristal artificiel ; la quatrième, enfin, est sur un fragment de bouteille de même matière. En voici la reproduction. On y lit : GALGACVS GALGAC.

CHAPITRE II

MOYEN-AGE

I

PÉRIODE MÉROVINGIENNE

La fabrication du verre, comme toutes les autres industries, perdit beaucoup de son activité à partir de la seconde moitié du IVe siècle. Elle semble pourtant s'être relevée au VIe et au VIIe, car les cimetières mérovingiens du Poitou renferment une certaine quantité de vases, dont quelques-uns accusent même une assez grande habileté chez les ouvriers qui les ont faits. Le plus remarquable est la coupe gravée au n° 12 de la planche. Elle est de couleur vert foncé transparent, avec filets et dentelures jaune intense. Le nom d'EVTVCHIA, inscrit en relief sur la panse, est formé de baguettes d'émail blanc appliquées après coup (1); diamètre : 0^m 087; hauteur : 0^m 065. Le cercueil où cette coupe avait été déposée contenait aussi un flacon bleu de 0^m 06 de hauteur;—une bouteille de verre blanc très léger, avec filet rouge pâle enroulé autour du col; hauteur: 0^m 14;— un plat de verre jaune pâle, avec filet en relief de même couleur, formant dentelures autour de la base; diamètre: 0^m 21;— un plat plus petit, de même forme et matière, mais sans dentelures; diamètre : 0^m 08; — et un flacon de verre blanc uni. Ces divers objets ont été trouvés, en 1862, à Grues (Vendée), bourg voisin de l'Océan, situé dans une ancienne île, appelée jadis *Cracina*, qui fut la patrie du comte Leudaste, l'ennemi personnel de Grégoire de Tours. La sépulture qui les renfermait était celle d'une femme, enterrée avec tous ses bijoux. J'ai donné la description et la gravure de divers objets composant cette importante découverte dans *Poitou et Vendée*, article de Grues, pp. 4-10. Selon toute probabilité, ils datent en général de la seconde moitié du VIe siècle.

Les autres points de la province qui ont fourni des verres mérovingiens sont Poitiers, Lusignan, Javarzay, près de Chef-Boutonne, Brioux, Fontenay et Rezé. Ce sont, pour

---

(1) Ce nom d'Eutuchia fut assez commun en Gaule aux époques romaine et mérovingienne. C'était celui de la mère de saint Taurin. Une bague de mariage en or du Ve siècle, trouvée près d'Angers, porte, gravé sur son chaton de cornaline : BVRCO.— EVTVXIAS.

Une dame de Saint-Pompain, en Poitou, qui vivait au XIIIe siècle, avait reçu au baptême ce même nom, porté encore au XVIe siècle par une habitante de Luçon, qui avait fait mettre sur la cheminée de sa demeure cette inscription fort significative :

EVTVCHIE GOVREAV.
VOLVPTAS EVTVCHIÆ COMES. 1586.

copiée évidemment sur celle d'une cheminée de Du Cerceau.

la plupart, des coupes ou vases à boire, et des flacons de formes variées. Le n° 13 de la planche représente l'un de ces vases venant de Brioux. Le verre en est verdâtre et grossier. Quelques perles d'émail bleu, trouvées à Saint-Maixent, m'ont également semblé de cette époque ; car elles ont les plus grands rapports de ressemblance avec celles que M. l'abbé Cochet a recueillies dans les sépultures franques de la Normandie.

II

PÉRIODE CARLOVINGIENNE

Il faut croire que les verreries poitevines furent bien peu actives sous les Carlovingiens, puisqu'il y a pénurie presque absolue de leurs produits. Pour mon compte, je ne connais que les débris d'une aiguière, découverte dans un cercueil de pierre à Mervent, qu'on puisse attribuer avec certitude au IXe siècle. (Pl. des *Verreries poitevines* n° 14.) La hauteur de cette aiguière intacte était de $0^m 195$. Son verre est blanc, mince et assez transparent, mais rempli de petits bouillons. Trois filets, appliqués après coup, entourent la panse. Les rangées de perles, qui servent à la décoration de la partie supérieure, ont été fixées par le même procédé.

Mais, si les monuments font défaut, les documents écrits commencent à nous venir en aide. Un diplôme de l'an 825, donné par Louis le Débonnaire, à Aix-la-Chapelle, en faveur de l'abbaye de Saint-Mesmin, près d'Orléans, mentionne un lieu appelé le Port de la Verrerie, sur la rivière du Tenu, dans le pays d'Herbauges (*Portus Vitrariæ, in pago Herbadilico, super fluvium Tannacum* (1), port qui occupait peut-être l'emplacement actuel du bourg de Saint-Mesme (canton de Machecoul), propriété des moines de Saint-Mesmin, comme le suppose M. Mourain de Sourdeval dans un mémoire manuscrit que j'ai en ce moment sous les yeux.

J'avais songé, de mon côté, à la Voirie en Frossay, autre domaine du monastère de Saint-Mesmin, situé non loin du point de jonction du Tenu et de la Loire (2).

III

TEMPS FÉODAUX

VERRERIES MENTIONNÉES DANS LES DOCUMENTS

A mesure que nous nous rapprochons des temps modernes, les documents écrits se multiplient, et leur nombre dépasse de beaucoup celui des verres, qui leur sont contemporains, venus jusqu'à nous, du moins pour ce qui concerne les siècles antérieurs au XVe.

---

(1) D. Bouquet, t. VI, p. 556.
(2) La Voirie de Frossay était sortie des mains des religieux de Saint-Mesmin avant 1302 ; mais une enquête du 25 juin de cette année constate que la tradition disait qu'elle avait fait jadis partie de leurs domaines. (*Arch. du château de la Rousselière de Frossay.*)

Afin de mettre le plus de clarté possible dans ce travail, je crois utile de donner le texte ou l'analyse de ces documents, avant de décrire les produits des verreries qu'ils mentionnent.

1. MAILLEZAIS. — Un verrier, du nom de Robert *(Robertus, vitrearius)*, est mentionné parmi les témoins du don fait, en 1088, à l'abbaye de Maillezais, du domaine de Sauvéré, par Engilbert de Lusignan. *(Mss. de D. Fonteneau, t. xxv, f° 25. — Hist. de Maillezais,* par M. l'abbé Lacurie, p. 228.)

2. ID. — Le même ouvrier, cité dans une autre charte relative à la même abbaye. *(D. Fonteneau, t. xxv, f° 159.)*

Le texte de ces chartes semble indiquer que Robert était de Maillezais ou de ses environs.

3. — La charte suivante ne concerne point le Poitou; mais j'ai cru néanmoins devoir la transcrire ici, en raison des détails qu'elle fournit sur un peintre verrier d'une province voisine de la nôtre :

« *De Fulcone pictori.*

» *Quidam homo, nomine Fulco, pictoris arte imbutus, venit in capitulum sancti Albini, ante Girardum abbatem et totum conventum, et ibi fecit talem conventionem. Pinget totum monasterium illorum et quicquid ei preceperint, et* VITREAS FENESTRAS (1) *faciet. Et ibi frater eorum devenit, et insuper homo abbatis liber factus est; et abbas et monachi unum arpennum vince dederunt ei in feuum, et unam domum, tali pacto ut in vita sua habeat et post mortem ejus ad sanctum reddeant, nisi talem habuerit filium qui sui patris artem sciat, et inde sancto Albino serviat. Huic facto interfuerunt isti laici : Raginaldus Grandis, Warinus cellarius, Calvinus, frater Roberti, Warinus villanus, Gualterius Avis, Rainerius Gaudin.* »

Cette charte est de la fin du XI° siècle ou du commencement du XII°.—(Ext. du cartulaire du prieuré de Gouis, dépendance de Saint-Aubin-d'Angers, conservé à la section des mss. de la Bibliothèque nationale.) Elle a été publiée par P. Marchegay, dans le *Bulletin de la Société industrielle d'Angers,* année 1846, p. 218.

4. LA ROCHE. — *Willelmus Giraud et Simon lo Joui, verrarii de Rocha,* furent témoins, le jeudi après la Pentecôte (1207), de la fondation, par Hervé de Beaulieu et Maence, sa femme, d'un anniversaire à la chapelle Saint-Pierre de Mareuil. (Copie vidimée du 11 avril 1353 ; ma collection.)

La Roche où était la verrerie mentionnée ici est ou la Roche-sur-Yon ou la Roche-Corbon, voisine de Mareuil.

5. LES MOUTIERS. — « *Universis Christi fidelibus presentes litteras inspecturis, J. decanus Berchoriensis, salutem in Domino. Universitati vestre notum facimus quod*

---

(1) Il doit s'agir ici de verrières peintes, dont l'usage est fort ancien, puisqu'il en est question dans l'inscription de l'église élevée à Lyon par saint Patiens, qui nous a été conservée par Sidoine Apollinaire. (*Epist.* II, x.)

Guillelmus Gaudin, vitrerius vitrerie Monasteriorum, in presentia nostra, dedit Deo et ecclesie et conventui Beate Marie de Absia, in puram et perpetuam eleemosynam, pro salute anime sue et patris ejus parentum que suorum, partem suam de Prato Gaudini, sito in parrochia Capelle. Et ut dicta donatio firma et stabilis in posterum perseveret, nos, de petitione et mendato dicti Guillelmi Gaudin, presentes litteras concessimus sigillatas sigillo nostro et sigillo conventus Beate Marie de Absia in testimonium veritatis. Actum est hoc anno gracie M° CC° XL° IX°, *mense octobris.* (Mss. de J. Besly, dans ceux de Duchesne.)

La verrerie des Moutiers, dont il est question dans cette charte, était située dans la paroisse des Moutiers, canton d'Argenton-Château (Deux-Sèvres). Le lieu nommé la Chapelle est la Chapelle-Gaudin, paroisse voisine des Moutiers. Le nom de Gaudin, porté par le verrier en question, ferait supposer qu'il appartenait à la famille des anciens seigneurs de la Chapelle, qui avaient dénommé cette localité.

6. Mervent. — André Basge, dit Calot, verrier, demeurant à Aulnay, dans la forêt de de Mervent, fut témoin, dans une enquête faite, en 1331, pour constater les droits de Jean de Parthenay l'Archevesque sur les habitants de ce village, en sa qualité de seigneur de Vouvent et Mervent. *(Pap. de la famille Brunet.)*

Le lieu où était la fabrique se nomme encore le *Triage des Verreries*. On y voit les restes des fours et des maisons d'habitation. Un peu plus loin, sont les vestiges de la verrerie romaine, dont il a été question à la page 187.

7. Le Parc de Mouchamp. — Mention de la *Veyrrerie* du Parc de Mouchamp (Vendée) se trouve dans une charte de Guillaume l'Archevesque, seigneur de Parthenay et dudit lieu de Mouchamp, en date d'avril 1292. (Charte de ma collection de doc. hist. sur le Poitou.)

Voici maintenant des lettres de Charles VI, qui concernent la même verrerie :

« *Charles, par la grâce de Dieu, roy de France, au bailli de Touraine et des ressorts et exemptions d'Anjou, du Maine et de Poictou, ou à son lieutenant, salut. Receu avons l'humble supplication de Philippon Bertrand, maistre de la verrerie du Parc de Mouchamp, pour luy et pour les autres verriers dudict lieu, ses alloués, contenant que, combien que tous verriers soient et doient estre, à cause dudict mestier de verrier, de toute ancienneté, tenuz et reputez pour nobles personnes; car, à cause de la noblesse dudict mestier, aucun ne puet et ne doit estre receu à icelui mestier s'il n'est nez et extraict, de par son père, d'autres verriers, et que ledict suppliant et sesdicts alloués, qui sont verriers nez et extraits, de par leurs pères, d'autres verriers, à cause dudict mestier, soient et doient estre tenus et reputez pour nobles, et par ce, doient joïr et user de tous les droicts, franchises, libertez et privileges desquels usent et joyssent et ont accoustusmé de joyr et user les autres nobles du pays, et à cause de ce doient estre francs, quittes et exempts de toutes tailles et fouages, sans ce que auxdictes tailles et fouages aucun les y puisse ne doie de raison mettre ne imposer avecques les non nobles dudict païs; mesmement que les autres verriers d'icelui pays, à cause et pour raison d'icelui mestier de verrier, sont tenuz et gardez paisiblement et sans contradiction es franchises, libertez, droits et privileges dessus déclairés. Néanmoins aucuns hayneux et malveillants d'icelui suppliant et de sesdicts alloués verriers, ou autrement contre raison, se sont, depuis certain temps en ça, efforciez et s'efforcent de jour en jour de les mettre et imposer, avec les non nobles dudict pays, aux tailles et fouages ayant cours en icelui pais, qui est contre raison des droicts, privileges et franchises et libertez dessus dictz, et on grant grief, prejudice et domaige dudict suppliant et de sesdictz alloués, et plus pourroit estre, se par nous ne leur estoit sur ce pourveu de remede de justice, si come dict icelui suppliant, requerant sur ce notre provision. Pour quoy nous, ces choses considerées, vous mandons et, pour ce que vous estes, si comme l'on dit, notre plus prochain juge des parties et lieux, comectons que, s'il vous appert des choses dessus dictes, vous ledict suppliant et sesdicts alloués verriers ne seuffrez estre mis ne imposez avecques les non nobles aux tailles et fouages aïant cours ondict pays, ains les en tenez ou faictes tenir francs, quittes et exempts, en les faisant, seuffrant, laissant joïr et user paisiblement de toutes les franchises, libertez, droiz et privileges dont usent et joïssent et ont accoustumé de joïr et user les autres verriers d'icelui pays, sans les seuffrir estre molestez ne empeschez en aucune manière à ce contraire. Et, en cas d'opposition, faictes aux parties, icelles oyes, bon et brief accomplissement de justice. Car ainsi nous plaist-il estre faict, et au dict suppliant l'avons octroyé et octroyons, de grâce especiale, par ces presentes, non obstant quelconques lettres subreptices impetrées ou à impetrer à ce contraires. Mandons à tous nos justiciers, officiers et subjez que à vous et à vos comis et deputez en cette partie, obbeissent et entendent diligemment. Donné à Paris le vingt-quatrieme jour de janvier l'an de grâce mil trois cent quatre-vingt-dix-neuf, et de nostre regne le vingtieme. Ainsi signé, par le roy, à nostre relation.* DOMINIQUE. »

8. — Pierre MUSSET, *voirier* à Fontenay-le-Comte (ce n'était qu'un simple débitant des produits d'une fabrique du pays), vendit à Mme de Richemond, en juin 1435, quatre-vingts fioles et douze aiguières, et refit, moyennant dix royaux d'or, les verrières du château de Parthenay. (Comptes de la châtellenie de Fontenay pour l'année 1435. — Mss. de la Bibliothèque nationale; supplément français, n° 1143.)

Ce même Pierre Musset est mentionné dans un acte passé à Fontenay, le 12 mai 1431, qui est relatif à l'arrentement d'une maison sise au Puy-Saint-Martin. (Doc. de ma collection.) Il alla, en 1442, s'établir au Bichat, paroisse d'Archigné, non loin de Chauvigny, comme on le voit à l'article suivant.

9. BICHAT (commune d'Archigné, arrondissement de Châtellerault). — Bail à rente consenti, le 15 juillet 1442, par Floridas Lunart, écuyer, seigneur de Marsigeau, à Colin Bonjeu, Pierre Musset et Catherine Chauvigne, verriers, de la verrerie du Bichat, paroisse d'Archigné.

Autre bail du tiers de la verrerie du Bichat consenti, le 8 janvier 1464, par Perrette des Mothes, veuve de Floridas Lunart, à Colin Bonjeu, verrier, moyennant un devoir annuel dé 66 sous 8 deniers tournois. (Archives de M. le duc Descars.)

10. LA BOULEUR (commune de Vaux, canton de Couhé, Vienne). — Mention de Colin Ferré, verrier, demeurant à la verrerie de la Bouleur, dans une transaction intervenue, le 12 septembre 1445, entre divers membres de la même famille, au sujet de l'achat d'un terrain. (Archives de la famille Ferré. — Document signalé par M. Beauchet-Filleau.)

11. LA ROCHE-SUR-YON. — « *René, par la grace de Dieu, roy de Jherusalem et de Sicille, duc d'Anjou, per de France, duc de Bar, comte de Prouvence, de Forcalquier et de Pimont, à nos amés et féaulx conscilliers les gens de nostre Chambre des Comptes à Angiers, aux cappitaine, seneschal, advocat, procureur, receveur et autres noz officiers de nostre ville et chastellenie de la Roche-sur-Oyon, et à leurs lieutenans et chascun d'eulx, si comme à lui appartiendra, présens et avenir, salut et dilection. Savoir vous faisons que nos bien amez Lucas Rillet, Jehan Bertran et Pierre Maigret, demourans en nostre forest dudit lieu de la Roche-sur-Oyon, nous ont exposé que, combien que de leur temps ilz aient tousjours acoustumé prendre boys en nostre dicte forest necessaire pour leur ouvraige de verrerie, on lieu le moins dommaigeable, à leur pouvoir, pour nostre dicte forest, sans ce qu'ilz en aient esté aprehendez d'aucuns nos officiers, en paiant les droiz et devoirs des ventes acoustumées; toutesfoix, depuis aucun temps, que pour le bien de nostre dicte forest ilz ne osassent plus prendre ne coupper boys en icelle en nulle façon quelconque, pour le fait de la dicte verrerie, laquelle chose leur est à très grant préjudice et dommaige, et quasi leur totalle destruction, en tant qu'ilz ne pourroient plus besoingner ne ouvrer en icelle verrerie, nous requérant humblement leur pourveoir sur ce de remede convenable. Par quoy nous, ces choses considérées, qui ne voulons la destruction des dicts verriers, considérant la gentillesse et noblesse qui est en l'ouvrage de verrerie, et que aussi c'est le bien du pays et de la chose publique, pour ces causes et autres à ce nous mouvans, avons donné et octroié, donnons et octroions par ces présentes, de grace espécial, aux dessus dits Lucas Rillet, Jehan Bertran et Pierre Maigret, et à chascun d'eux et à leurs hers et successeurs et aiens cause d'eux, congié et licence qu'ils puissent encore tenir et exercer ladicte verrerie en nostre forest, prandre et coupper boys en icelle, ainsi qu'ils ont fait le temps passé, ou lieu le moins dommaigeable pour nostre dicte forest et ainsi qu'il leur sera monstré par les officiers d'icelle, jusques et par l'espace de trente ans, à compter du jour et datte de ces présentes, ou autrement jusques à nostre bon plaisir, en paiant les droiz et devoirs des dictes ventes, comme ilz ont acoustumé. Si vous mandons et à chascun de vous, si comme à lui appartiendra, expressement enjoignons, par ces dictes présentes, que de nostre présent don et octroys faictes souffrez et laissez les dessus dits verriers et chascun d'eulx et leurs successeurs joïr et user, durant ledit terme ou autrement, jusques à nostre bon plaisir, comme dit*

est, plainement et paisiblement, sans en ce leur donner ou souffrir estre fait, mis ou donné auscun arrest, destourbier ou empeschement du contraire, durant ledit terme de trente ans, pourveu toutes fois qu'ilz seront tenuz paier, par chascun an, le droit et devoir des dictes ventes, comme dit est. Car ainsi nous plaist-il et voulons estre fait, nonobstant les coustumes et usances de nostre dicte forest et quelxconques autres choses à ce contraires. Donné à Beaulieu lez Belleville, le ıx° jour de novembre, l'an de grace mil cccc cinquante et six.   RENÉ.

» Par le roy : Jehan du Plesseys, dit le Begue, cappitaine dudit lieu de la Roche; maistre Loys de la Croix, procureur d'Anjou; Jehan Breslay, maistre des requestes dudit seigneur, présens (1).   J. ALARDEAU. »

12. COURLAC (lieu indéterminé). — « Item le 2° jour de septembre 1463, bailla led. receveur à Jandet Bourreau x deners, pour payer ung panier à la voyrrie de Courlac, onquel il porta à madame, à Poictiers, quatre douzeines de voyres et sept acueres que Musset, maistre de lad. voyrrie, envoyet à madame, sur ce qu'il luy puet devoir pour raison des fougeres, qu'il avoit fait cueillir environ Vasles, en la terre de madame. » (Comptes de la seigneurie de Vasles; Archives de la Vienne.)

13. LA FERRIÈRE (arrond. de Parthenay). — « Achapté ung pannier pour porter à l'abbesse de Sainte-Croix, à Poictiers, six douzaines de voyrres et une douzaine de acueres, que devoyent les voyrrés de la Ferrière à mad. dame, pour avoir cueilli des fougeres en sa terre de Vasles, xıı d. » 1466. (Compte de recette et dépense de la seigneurie de Vasles, abbaye de Sainte-Croix ; Arch. de la Vienne.)

14. LA PUYE (arrond. de Châtellerault). — « Recepte de gros verre. De Philippon et Jehan Boyssière, verroiers, lesqueulx tiennent la verrerie de mond. sr (l'évêque de Poitiers), assise en la fourest de Gastine, à dix livres de rente, xxıııı xıı^{es} de gallées garnies d'aigueres, et LXIII l. de gros verre aussi de rente par chascun an. » 1468. (Compte de recette et dépense de la baronnie de Chauvigny. Evêché de Poitiers. Id.)

François Galliot, écuyer, seigneur de Vangueille, dirigeait à la verrerie de la Puye en 1562. (Seigneurie de Touffou : Marsigeau. Id.)

15. LE RORTEAU (commune de Dompierre, arrond. de Napoléon-Vendée). — « Arrentement d'un terrain, situé dans le bois du Rorteau, consenti, le 19 mai 1486, par Guyon de Rezé, seigneur de la Merlatière, à Jacques Bertrand, seigneur de la Vrignonnière, et à Jean Bertrand, son frère, pour y construire une verrerie, moyennant soixante sols tournois de cens et devoir noble, et un certain nombre de verres, aiguières et godofles, « *pour mettre l'eau à distiller à la chambre.* » (Document communiqué par M. Gourraud, ancien notaire à Chavagnes-en-Paillers.)

La verrerie du Rorteau était exploitée, en 1696, par Jeanne Racquet, veuve de

---

(1) Ce document a été publié par M. P. Marchegay dans l'*Annuaire de la Société d'émulation de la Vendée*, vol. de 1857, p. 219.

Frédéric de Roussy, écuyer. (Autre document communiqué par M. Gourraud.) Les Roussy restèrent verriers en ce lieu jusqu'à la Révolution.

Les godofles ou guédoufles, mentionnés plus haut, étaient des vases bibursiformes, destinés soit à contenir l'huile et le vinaigre, soit à filtrer les liquides, lorsque leurs deux parties communiquaient entre elles par un petit tube. (Pl. des *Verreries poitevines* n° 16.) Il en est question dans le chapitre xvɪ, liv. ɪɪ du *Pantagruel* de Rabelais.

Quoique les Poitevins eussent à leur disposition les produits de ces nombreuses fabriques, cela ne les empêchait pas d'avoir de temps en temps recours à ceux des verreries renommées des autres parties de la France. C'est ainsi que nous voyons Guillaume de Charpaignes, évêque de Poitiers, représenté par Jean Rousseau, son fondé de pouvoir; charger, le 9 février 1444 (45), Denis Lasne, verrier de Bourges, de garnir de vitres blanches les fenêtres de la grande salle de son évêché (1), et demander à Jaquin de Besinghen, demeurant à Boulogne, et à Jean Le Pelletier, de Paris, d'autres vitres pour sa chapelle particulière (2). Le bon évêque s'adressait aux meilleures manufactures du royaume. Celle de Bourges était célèbre entre toutes pour l'excellence de sa vitrerie. Voici ce qu'en dit Jonathas Petit dans l'*Antihermaphrodite* (3) : « *L'injustice que fit le procès de Jacques Cœur fut cause que nous avons perdu le beau secret du verre clair, qui résiste aux rayons du soleil, sans empescher la clarté, dont le beau temple de Saint-Estienne de Bourges et le riche logis du dict Jacques Cœur, maintenant possédé par le sieur de l'Aubespine, sont de fidèles tesmoings* » Les verres de Boulogne, où la fabrication datait de l'époque romaine, étaient célèbres, à la fin du xv° siècle, jusqu'en Italie, puisque le *Songe de Polyphile* en fait mention, à propos de la description d'un édifice où étaient accumulées toutes les merveilles naturelles, artistiques et industrielles du monde. « *Entre deux piliers y avoit une fenestre vitrée de lames de Bologne en France* (4). » Quant aux fabriques de Paris, je n'ai aucun renseignement sur elles antérieur à Louis XI ; mais il doit en exister au fond de quelques archives.

SPÉCIMENS DE VERRES

La céramique des temps compris entre le ɪx° siècle et le xvɪ° est très pauvre ; mais elle m'a du moins fourni quelques jalons, tandis que je marche ici dans le vide. On m'a parlé d'une espèce de hanap ou calice de verre blanc jaunâtre, trouvé, il y a déjà longtemps, au Simon (Vendée), dans un cercueil de pierre ; j'ai vu sortir du sol de Poitiers, de Saint-Maixent, de Niort, de Fontenay, de Mervent, de Talmond, de Roche-Servière, de la forêt de Prinçay, dans le pays de Rais, beaucoup de débris de vases qui m'ont paru remonter

---

(1) Pièce originale communiquée par M. Moore, de Londres.
(2) Pièces originales communiquées par le même.
(3) Edition de Paris, in-8°, 1606, p. 483. — Il est aussi question à la même page du verre ductile, dont le secret a été, dit-on, perdu par la faute de Tibère.
(4) *Songe de Polyphile*, traduction de Jean Martin, p. 70.

au moyen-âge. Je ne puis néanmoins produire d'échantillons ayant date certaine. Leur extrême fragilité les a fatalement voués à la destruction au bout d'un certain nombre d'années. Dès lors qu'on a cessé d'en placer dans les sépultures, le nombre de ceux qui ont résisté aux injures des âges est devenu imperceptible. Du reste, si les œuvres de nos verriers ne nous sont pas parvenues, les pièces manuscrites que je viens de reproduire démontrent surabondamment qu'il a dû en être livré au commerce une énorme quantité. Seuls, les vitraux peints de quelques églises, parmi lesquels ceux de Saint-Pierre et de Sainte-Radégonde de Poitiers tiennent le premier rang, ne font pas complètement défaut; mais, à l'inverse de ce qui se présente pour les autres ouvrages de verre, il y a pénurie complète de documents écrits ayant trait à eux. Comme le moindre indice a son utilité dans un pareil état de choses, il importe de noter qu'on a trouvé quelques fragments de verres peints du XIIIe siècle, d'une médiocre exécution, aux verreries de la forêt de Mervent, ainsi que dans les décombres jetés à quelque distance de l'ancien château de ce bourg. Peut-être viennent-ils d'un atelier où l'on a fabriqué des verrières.

LES GENTILSHOMMES VERRIERS

Nous avons vu, il y a un instant (p. 188), comment les verriers sont entrés, au moyen-âge, dans les rangs de la noblesse et s'y sont maintenus. Les chartes de Charles VI et du roi René, relatives à ceux de Mouchamp et de la Roche-sur-Yon, constatent qu'en Poitou ils jouissaient des mêmes immunités que dans les autres régions de la France. La place occupée par le nom du verrier Robert dans les chartes de la seconde moitié du XIe siècle, concernant l'abbaye de Maillezais, dit aussi quelle était, dès cette époque, la position sociale des hommes de son état. Je transcris la fin de celle de 1088 : « *Hanc cartam in presentia domni Gaufredi abbatis et fratrum priùs in capitulo concessit; posteà, super altare Sancti Petri ponens, propriâ manu firmavit, presente domno Philippo abbate, undè fuerunt testes* ROBERTUS, VITREARIUS, *Petrus de Trayant, cum Andreâ fratre suo, Bernardus, præpositus, Thomas, medicus.* » — Pierre de Trayant figurait au nombre des gentilshommes de la contrée. Pour que Robert fût mentionné avant lui, il fallait qu'il appartînt à la même classe. Dans la seconde charte, il est également le premier témoin.

Mon ami, M. Dugast-Matifeux, a publié dans les *Annales de la Société académique de Nantes*, de 1861, un fort curieux article sur les gentilshommes verriers de Mouchamp, où il a inséré de nombreux détails généalogiques et biographiques sur la descendance de l'individu qui dirigeait, en 1399, la fabrique du Parc. J'y renvoie le lecteur (1). Un compte rendu de ce travail, par M. J. Desnoyers, se trouve dans la *Revue des sociétés savantes des départements*, 1863, p. 19.

(1) V. aussi la brochure de M. Beaupré, intitulée : *Les Gentilshommes verriers, ou recherches sur l'industrie et les privilèges des verriers de l'ancienne Lorraine.* — Nancy, Hinzelin, janvier 1847, in-8° de 49 pages.

CHAPITRE III

RENAISSANCE

VERRERIES MENTIONNÉES DANS LES DOCUMENTS

La plupart des verreries dont j'ai constaté l'existence aux xive et xve siècles subsistaient encore dans la première moitié du xvie. Ce ne fut qu'à partir du règne de Henri II que leur trop grand nombre et la concurrence des manufactures du Limousin, de l'Angoumois et de la Saintonge les firent déchoir. Les archives publiques ou privées fournissent la mention d'un certain nombre de fabriques poitevines que ne citent pas les titres antérieurs. Telles sont les suivantes :

La verrerie de la Motte, dans la forêt de Chizé (Deux-Sèvres), exploitée en 1507 par un certain Geoffroy Poussart. (Papiers de l'ancienne seigneurie de Chizé.)

La verrerie neuve, fondée sous François Ier, aux alentours de Talmond, par Maurice Gazeau, sieur du Retail, Jacob Morisson et François Gaudin. (Titre de l'année 1543, relatif à la Ménardière de Talmond ; papiers de la famille Bouhier.)

La verrerie de la Court, dans la forêt de Prinçay (Loire-Inférieure), citée dans un aveu rendu au château de Prinçay, en date du 28 octobre 1545. (Archives de la préfecture de la Loire-Inférieure.)

SPÉCIMENS DE VERRES

Les produits des fabriques poitevines commencent à devenir moins rares à partir des dernières années du xve siècle. La planche qui accompagne cette étude en reproduit un certain nombre de fort curieux à plus d'un titre, et il en existe quelques autres que j'eusse pu ranger à côté de ceux-ci.

Le n° 15 est un drageoir, ayant 0^m 32 de diamètre. Le rebord du plateau et celui du pied sont bleus, ainsi que le bourrelet placé à la jonction de ces deux parties du vase, tandis que le reste est blanc. Les ornements sont exécutés en or. L'écusson royal de France, peint au milieu du plateau, a été calqué sur celui d'un écu d'or du temps de Charles VIII. Les courants de feuillage sont dans le style gothique. Cette belle pièce provient de l'ancien mobilier du château de la Motte-Saint-Heray (Deux-Sèvres).

Au n° 17 est un très joli verre à côtes, décoré du proverbe, tracé avec des lettres d'émail blanc en relief : A. BON. VIN. NE. FAVLT. POINT. ANSEIGNE, et de perles, torsades, et autres ornements également en émail blanc ou rouge. On y remarque, en outre, quelques traces de dorure. Hauteur, 0^m 186. — Ce verre est conservé, depuis plusieurs générations, dans une famille du Talmondais. Il paraît dater de la première moitié du règne de François Ier. Le musée archéologique de Poitiers en possède un à peu près semblable, d'un travail étranger au Poitou, sur lequel on lit : BIEN QVEIES C.VO. V(ous) LAVEZ APTO. Le verre en est gris verdâtre. Un troisième, sans inscription, orné de têtes de fous peintes au naturel, appartient à M. Gaillard de la Dionnerie, procureur impérial à Civray; mais il a été trouvé dans la Charente, vis-à-vis du château de Taillebourg, c'est-à-dire hors de la province.

Le n° 18 est une de ces bouteilles de verre blanc commun, destinées à être portées en voyage ou dans les travaux de la campagne, comme on en rencontre encore beaucoup dans la contrée.

Le n° 19 est, au contraire, un fort beau verre bleu et blanc, comme le drageoir décrit plus haut. Il est couvert de rinceaux et courants de feuillages dorés, et d'un semé de petites perles d'émail blanc, au milieu desquels sont posés quatre écussons aux armes de la famille poitevine des Taveau de Mortemer. Ces écussons ont été grattés pendant la Révolution. La famille Guischard d'Orfeuille l'a possédé, dit-on, pendant plusieurs siècles, et il n'est sorti qu'en ces derniers temps de ses mains, lors de la vente du mobilier du château d'Orfeuille, en 1861. Il fait partie depuis de ma collection.

La décoration de ce verre, du premier tiers du XVIe siècle, est conçue dans un sentiment italien, qui frappera le lecteur; aussi est-ce avec une certaine hésitation que je le donne à notre pays, auquel il se rattache, dans tous les cas, par les armes qu'il porte. Quant à sa forme, elle a été employée en deçà des Alpes, témoin celle du verre émaillé, portant la légende : IE. SVIS. A. VOVS. IEHAN. BOVCAV. ET. ANTOYNETTE. BOVC., de la collection F. Slade, de Londres, publié par M. Eug. Piot, dans le *Cabinet de l'amateur*, 1862, p. 289 (1), et celle d'un second verre, à peu près semblable, fabriquée pour un membre de la famille Pineau, de la Rochelle, qui porte cette maxime protestante : QVI. EN. CHRIST. CROY. EST. HEVERVX (heureux), et, au-dessous : IVES. PINEAV, sur un cartouche qu'entourent des rinceaux et des fleurs. (Ancienne coll. de M. Weisse, de la Rochelle.)

Il est fort possible, du reste, que, dès le règne de Louis XII ou celui de François Ier, quelque verrier poitevin soit allé étudier sur place les procédés de l'Italie, ou que quelque ouvrier ultramontain les ait importés dans notre pays. Plus tard, ce second fait n'est plus douteux, comme nous le verrons dans un instant, après que nous aurons passé en revue quelques verres du second tiers du XVIe siècle.

Le premier qui se présente est le verre gravé au n° 22 de la planche, tiré de la collection de M. Gabriel de Fontaine, de Fontenay. Le style de celui-là est complètement français. On voit sur ces parois trois hallebardiers du temps de François II, peints en émail de couleur, et de fines arabesques et gaufrures d'or. Au-dessus est écrit : EN. LA SEVVR. DE. TON. VISAIGE. TV MANGERAS. LE. PAIN (2). Une grande coupe, de même forme, ayant

---

(1) M. E. Piot donne, à cette occasion, plusieurs indications très intéressantes sur la fabrication des verres émaillés en France.

(2) Il convient de rapprocher cette inscription de celle placée au bas de l'une des figures de la Bible gravées sur bois d'après Holbein, où se voit Adam et Ève travaillant à la terre.

0ᵐ 165 de diamètre à l'orifice, 0ᵐ 11 à la base, 0ᵐ 215 de hauteur, coupe qui vient de la succession d'un ancien député de la Loire-Inférieure à la Législative, doit sortir de la même fabrique. Les arabesques et les gaufrures d'or sont calquées sur celles du verre précédent. Sur l'une de ses faces est une dame en costume du temps de François II, chassant au cerf, et, sur l'autre, cette même dame se voit à cheval, suivie de son écuyer, lançant le faucon près d'une fontaine. La frise supérieure porte ces deux vers du livre III des Métamorphoses d'Ovide :

HIC. DEA. SYLVARV. VENATV. FESSA. SOLEBAT.

VIRGIN(e)OS. ARTVS. LIQ(u)IDO. PERFVNDERE. RORE.

Après les verres émaillés viennent les verres ciselés, qui ne semblent avoir été en usage en Poitou que pendant la seconde moitié du XVIᵉ siècle. Du moins, les seuls échantillons que je connaisse sont tous postérieurs à la mort de Henri II. Quelques-uns de ces verres sont d'une finesse extrême, et leurs ornements exécutés avec beaucoup de goût. M. Moitre, dit Manceau, chaisier de Poitiers, qui collectionne l'émaillerie limousine, a possédé longtemps une coupe qui pouvait passer pour un modèle du genre. Les arabesques dont elle était couverte étaient d'un goût exquis. Un autre amateur de la même ville, M. Marganne, ancien notaire, a acheté, à la mort d'un de mes vieux parents, un drageoir de fiançailles qui n'est pas moins précieux. Il a 0ᵐ 14 de hauteur et 0ᵐ 16 de diamètre, et est couvert de courants de feuillages enlacés autour de trois écussons. Le premier porte trois fleurs de lis; le second, un cœur percé de deux flèches et la date 1578 gravée au-dessous; le troisième, la dédicace suivante :

. A .

. M. M .

. D. L. P .

qui doit se traduire ainsi : *A mademoiselle ou madame M..... de la P.....* — Je dois citer encore une coupe avec les armes des Girard de la Roussière gravées au fond (1), et une aiguière venant des environs d'Aizenay, ayant 0ᵐ 26 de hauteur, sur les parois de laquelle circulent de fins rinceaux et des branchages de lauriers, qui supportent un cartouche où est gravé le nom de NICOLAS TVTAVLT (nom d'une famille poitevine des environs de Saint-Maixent), et la date 1583.

J'ignore si ces vases ont été fabriqués hors de la province, de même que les coupes,

---

(1) La coutume de placer les armoiries au fond des coupes de toute matière est assez ancienne. L'inventaire des joyaux livrés aux carmes de Nantes pour accomplir le vœu du duc Jean V, en juillet 1420, contient la mention suivante : *Item, un hanap d'or en façon d'une coupe émaillée au fond aux armes de messire Bertrand* (du Guesclin). (*Preuves de D. Morice*, t. II, col. 1032.) — Guillaume Bouchet raconte en outre, dans la première de ses *Serées*, que, une veuve larmoyante tournant à l'ivrognesse, ses amis, qui ne se rendaient pas bien compte de la cause de ses larmes, remplirent la coupe jusqu'au bord, afin qu'elle fût obligée de laisser assez de vin au fond pour lui cacher les armoiries de son défunt mari, dont la vue, supposaient-ils, lui causait cette tristesse.

guédoufles, aiguières, drageoirs, salières, bouteilles, etc., en verre blanc, à reliefs parfois dorés, qu'on rencontre intacts chez diverses personnes, ou bien à l'état de fragments, dans les ruines de tous les châteaux du Poitou. Celui de Talmond en a fourni à lui seul une quantité considérable; mais surtout des pieds de verres décorés de mufles de lions. Il y en a de semblables dans toutes les collections publiques ou privées des départements de l'Ouest. Le château de Talmond m'a fourni de plus des fragments de vitres dont la bordure est couverte d'arabesques gravées, arabesques qui n'ont jamais reçu de coloration. A en juger par le style du dessin, ils doivent remonter au temps de François Ier. — On a retiré des décombres du château de Mareuil d'autres morceaux de verrières avec peintures en grisaille, représentant des oiseaux et des fleurs, qui datent du temps de Henri II. On sait que ce genre de vitrage était alors tout nouveau, puisque Philibert de Lorme l'employa, dit-il, à Anet pour la première fois (1).

Un peintre verrier du nom de Didier de Maignac, originaire de Bourganeuf, s'était établi à Fontenay vers le milieu du xvie siècle; mais il faut croire que son métier n'était pas lucratif, car il se fit potier. (V. plus haut, p. 135.)

Puisque nous sommes sur le chapitre des vitres, je ne dois pas oublier de mentionner l'emploi qu'on en faisait déjà chez nous, au xvie siècle, pour les serres chaudes. Les comptes de la succession de Michel Tiraqueau, sénéchal de Fontenay, dressés en 1566, contiennent, entre autres, cette mention : « *A Martin Duchemin, pour les vitres des loges en verre de Belesbat, 4 livres 2 sols.* — J'ai déjà dit que Michel Tiraqueau, digne émule de son père, le jurisconsulte, et de son frère, conseiller au parlement de Bordeaux, avait un cabinet très riche en objets d'art de toutes sortes (2).

VERRIERS ITALIENS ÉTABLIS EN POITOU.

Le caractère italien de certains ouvrages de verre contemporains de Louis XII et de François Ier ferait croire que, dès cette époque, des ouvriers ultramontains auraient été amenés, par quelque grand seigneur, dans la contrée; mais je n'ai rien autre chose que des conjectures à formuler à ce sujet, tandis que, parvenu au milieu du xvie siècle, un document positif constate l'établissement, au cœur du pays poitevin, d'un verrier de Venise. Ce sont les lettres par lesquelles le comte du Lude, gouverneur de la province, prend sous sa protection le sieur Fabiano Salviati, gentilhomme de Murano, sa famille et son atelier, pour les mettre, autant que possible, à l'abri des insultes des gens de guerre, pendant les troubles religieux de 1572.

---

(1) *Architecture de Philibert de Lorme*, liv. 1, ch. 19.

(2) *Le cabinet de Michel Tiraqueau*, par B. Fillon; Fontenay, Robuchon, 1848, in-8° de 40 pages. — On a une description sommaire de ce cabinet, dont les *OEuvres poétiques* d'André de Rivaudeau, fils d'un valet de chambre de Henri II, qui se nommait Robert Ribaudeau, tout court, et qui fut ami personnel de Jean Martin, dont il a fait un éloge en vers, imprimé en tête de l'édition française de l'*Architecture* de J. B Alberti, donnée à Paris, chez Jacques Kerver, en 1553.

« A touz capitaines, chiefs et conducteurs de gens de guerre au gouvernement de Poictou, leurs lieutenans, enseignes, mareschaulx des logis, fourriers et aultres qu'il appartiendra, salut. Voulant gratiffier, favoriser et bien traicter Fabian Salviate, escuyer, gentilhomme de Myrane, païs de Venize, venuz, luy et sa famille, en ce païs de Poictou pour praticquer l'art de verrerie, en faveur de la recommandation qui nous en a esté faicte par le sieur de Salles (1), à ces causes nous vous mandons et très expressément commandons que vous n'aiez à loger, ne souffriez estre logez aulcuns gens de guerre en sa mayson de l'Argentière (2); laquelle mayson nous avons exempté et exemptons, par ces présentes, de toute garnison, et le dict Salviate et les siens et serviteurs avons pris et mis, prenons et mectons sous nostre protection et saulvegarde, et, affin que n'en prétendiez cause d'ignorance, et, pour plus d'asseurance de ceste nostre bienveillance, nous luy avons permis et permectons mectre sur le pourtaul de sa dicte mayson noz armes et pannonceaulx; en tesmoing de quoy nous avons signé ces dictes présentes et faict sceller du scel de noz armes. A Sainct-Maixent, le vingtiesme jour de septembre de l'an mil cincq cens soixante et douze.

» Du Lude.
» Par mondict seigneur, Chabot. »

(Copie vidimée du temps, dans ma collection de documents.)

J'ignore quel était le genre de fabrication importé par Salviati ; mais toujours est-il qu'on rencontre encore parfois, dans nos villes et dans nos campagnes, des vases de verre agatisés de diverses couleurs, qui ont quelque chose de l'aspect de ceux de Venise. MM. Gabriel de Fontaine et Prosper Babin, médecin à Fontenay, ont, le premier, un verre à boire, et le second une bouteille à long col, qui sont surtout fort remarquables. Les procédés de cette fabrication ont persisté, dans tous les cas, longtemps après la mort de celui qui les a introduits en Poitou ; car il existe une masse considérable de coupes, ciboires, aiguières, pots à l'eau, flacons, plateaux, drageoirs, bouteilles, burettes, etc., faits d'une pâte colorée avec du muriate d'argent et du phosphate calcaire, qui leur donne de la ressemblance avec l'opale. Beaucoup sont en outre marbrés ou ponctués d'un fort beau rouge, de rose, de bleu et, plus rarement, de vert foncé et de violet. J'en ai recueilli plusieurs échantillons fabriqués au XVIIe siècle. On en a découvert beaucoup à l'état de débris à la Crétinière, commune de Moutiers-sous-Chantemerle (Deux-Sèvres), en recurant de vieilles latrines. Il y avait parmi eux une grande soucoupe rayée de bleu et de blanc, que possède M. Gabriel de Fontaine.

Une autre famille de verriers italiens, originaire du Montferrat, vint également se fixer dans les régions de l'ouest de la France, ainsi que l'établit l'acte qui va suivre.

« Au nom du Seigneur, ainsi soit-il. L'an de l'incarnation 1645, indiction ro-

---

(1) Salles, près la Motte-Saint-Heray (Deux-Sèvres).
(2) Paroisse de Prailles, sur la limite de la forêt de l'Hermitain.

maine XIV, le 4ᵉ jour du mois de février, en la ville de Faltare (?), État de Montferrat, diocèse de Noli. A tous ceux qui verront cet acte testimonial qu'il soit connu et manifeste que, moi notaire soussigné écrivant, ont comparu en personne au tribunal accoutumé de droit, devant illustre sᵍʳ Bernardin Persique, juge commis par sérénissime Charles II, duc de Mantoue et du Montferrat, nobles personnes les sᵍʳˢ Thomas-Pierre-Vincent de Cosse, Jacques-Philippe de Cosse, Barthélemi Poute, Joannin de Raguet, Baptiste Cosse, consuls en la même ville pour l'art de la verrerie, cette autorité leur ayant été concédée par Ill. et excel. sᵍʳ Guillaume, marquis de Montferrat, dès l'an 1495, le 5ᵉ jour du mois de février, et ensuite confirmée par sér. sᵍʳ Guillaume de Gonzague, duc de Mantoue et du Montferrat, l'an 1552;

» Lesquels, par requête du sᵍʳ Étienne de Sarode, ont attesté, par parole de vérité, que Vincent de Sarode était décédé, suivant le cours de nature, déjà depuis longtemps, étant né dans ladite ville de la race noble des Sarode, duquel, par légitime mariage contracté en ladite ville, était né en la même ville de Faltare Antoine-Abraham de Sarode, père légitime du susdit Étienne, présentement vivant, et que, pour plus grand témoignage de vérité de ce qui est dit de véritable touchant la noblesse de ce seigneur, Étienne-Jérôme de Cosse et Françoise Massard ont été ses parrain et marraine au sacrement de baptême ; qu'il est enfin vrai que les sus-nommés de Sarode, aussi bien que leurs descendants, sont nobles, vivants noblement, et particulièrement le sᵍʳ Étienne, et que tous eux sont regardés, tenus et crus nobles, tant dans ladite ville que dans tout ledit État et dans les lieux circonvoisins, et que ledit Étienne est partout, devant tous, publiquement estimé, tenu et cru noble, tant par les autres nobles que par ceux qui ne le sont pas, et que son nom est inséré, mis et écrit au catalogue des nobles, ce que les sus-nommés seigneurs consuls attestent non seulement avoir ouï dire, mais aussi avoir vu et en avoir eu connaissance par le témoignage du public, et qu'ils l'ont appris de tous leurs ancêtres, qui disaient l'avoir également appris de leurs pères. Ce qui est une preuve très assurée que le susdit Étienne de Sarode et les autres membres de la famille des Sarode sont nobles et de race noble, c'est qu'ils jouissent du privilége d'exercer l'art de la verrerie, auquel ceux qui ne sont pas nobles ne sont pas admis, ce qui est très vrai et doit être tenu pour certain et assuré par tous, devant tous et publiquement. De tout quoi ledit sᵍʳ Étienne de Sarode, fils d'Antoine-Abraham, a requis qu'acte lui fût donné, en présence dudit illustre juge, qui m'a ordonné à moi, notaire soussigné, de le mettre en cette forme, et d'y apposer le sceau, suivant la coutume de cette cour. Donné en ladite ville de Faltare, les jour et an que dessus. Signé : JEAN-FRANÇOIS MASSARD, » dont la signature est légalisée par différents fonctionnaires. (L'original, en langue italienne, est entre les mains de la famille.)

Les Sarode ont exercé, pendant plus de deux siècles, le métier de verrier, à la Fosse de Nantes et à Vendrennes, en Bas-Poitou. Ils avaient remplacé, à Nantes, une famille du nom de Babin, qui, elle-même, avait succédé à ce Jean Ferro, ou plutôt Ferré, gentilhomme verrier, autorisé, en 1588, à établir une fabrique de faïences blanches dans cette ville. (*V.* plus haut, p. 147). — Il a été déjà question des Sarode à la page 163, à propos des tentatives qu'ils firent, au xviiie siècle, pour établir une fabrique de porcelaine.

LES VERRERIES POITEVINES AUX XVIIe ET XVIIIe SIÈCLES

Les mêmes causes qui ont amené, au xviie siècle, la décadence des faïenceries en Poitou, ont causé celle de ses verreries. Il est donc inutile d'entrer dans de plus longs développements sur ce point. Je me contente de signaler simplement le fait. Quelques-unes se soutinrent pourtant jusqu'à la Révolution ; d'autres furent même créées sous Louis XIV et sous Louis XV, comme l'attestent les pièces qui vont suivre.

Verrerie de la Montelle, arrondissement de Montmorillon (Vienne). — Quittance de cent livres tournois, donnée le 19 octobre 1640, par Robert de Verrière, écuyer, sieur de Fandôme, maître de la verrerie de la Montelle, en la paroisse de Saint-Laurent-de-Jourde, aux religieuses de N.-D. de Poitiers, pour six paniers de verre de vitres qu'il leur avait vendus. (Arch. de la Préf. de la Vienne ; titres des filles du couvent de N.-D. de Poitiers.)

Verrerie des Robinières (dans la forêt de Mervent). — Acte par lequel frère Barthélemy Fruchard, fondé de pouvoir du couvent des Robinières, achète du sieur Vincent Robin, demeurant à Luçon, une maison, sise au village voisin de la Guillotière, et ses dépendances, pour y établir un four de verrerie. — Cet acte, passé à Luçon, est du 4 mars 1712. (Minutes de M. Callier, notaire à Luçon.)

On a déjà vu plus haut, p. 161, que les moines des Robinières se livraient à l'horlogerie, à la fabrication de la poterie et à la sculpture. Leur monastère avait été fondé, le 13 décembre 1439, par Jean l'Archevesque, seigneur de Mervent et de Vouvent, sur l'emplacement d'une antique chapelle, dédiée à saint Pierre et à saint Paul, dite de la Robinière (1).

Verrerie de l'Epine (commune de Béruges, près Poitiers). Concession de quatre arpents de terre en lande, sis sur le bord de la forêt de l'Epine, consentie en 1749 par le fermier de la commanderie de l'Epine, au sieur Daniel de Chazelle, sieur de la Forie, moyennant une rente de 36 livres, pour que le dit de Chazelle puisse y bâtir une verrerie. (Arch. de la préf. de la Vienne. Titres de la commanderie de l'Epine.)

Cette verrerie fut abandonnée quatre ans après par le sieur de la Forie, et devint un repaire de voleurs, que le commandeur du lieu fit détruire, afin de vendre les matériaux au profit des créanciers de cet industriel.

Verrerie de la Chapelle-Seguin (Deux-Sèvres). — Arrêt du conseil, rendu sur l'avis conforme de M. de Blossac, intendant de la province, autorisant le sieur Bertrand de Chazelle à établir une verrerie à la Chapelle-Seguin, en Gâtine. (*Description de la France*, par Dulaure, t. iv, p. 20.)

---

(1) Renseignement communiqué par M. Filaudeau, archiviste de la préfecture de la Vendée.

La concurrence que firent aux verriers poitevins les fabriques de la Rochelle et de Nantes (1) contribua beaucoup à leur ruine. Une manufacture avait, en effet, été établie, au milieu du xviii® siècle, à la Font, proche la première de ces villes, par le sieur Du Mesnil, qui lui avait fait décerner le titre de *Verrerie royale*. Son fils ou gendre, Jean Joachim Delahaye Du Mesnil, capitaine d'infanterie, né à Rambures, en Picardie, acheta, en 1763, la verrerie du Val-d'Aulnoy, en Normandie, puis vint ensuite fonder celle de Coëron, près de Nantes, et se mit enfin à la tête de celle de la Font de la Rochelle, où il mourut en 1797.

SPÉCIMENS DE VERRES DES XVII® ET XVIII® SIÈCLES

Indépendamment des ustensiles de toute sorte, en verres agatisés ou de couleur opale, dont j'ai parlé il y a un instant, il en existe une quantité beaucoup plus considérable encore en verre blanc. M. Hanaël Jousseaume, de Fontenay, a, par exemple, en sa possession un gobelet de grande dimension, provenant de la verrerie du Parc-de-Mouchamp, qui donne une idée assez avantageuse de sa fabrication. Je connais aussi un très grand seau à rafraîchir côtelé, ayant des mufles de lion en guise d'anses, qui sort, dit-on, d'une verrerie des environs de Parthenay. Il mesure 0^m 37 de hauteur sur 0^m 35 de diamètre, et est d'un verre blanc très net.

Il n'est pas rare non plus de trouver dans les Deux-Sèvres des burettes et flacons aux saintes huiles, ayant la forme de celui gravé au n° 24 des *Verreries poitevines*. Ils sont ordinairement bleus, jaunes ou rouges. M. Riocreux, consulté sur leur provenance, m'a répondu qu'il les supposait sortis de la manufacture orléanaise du sieur Perrot, cité dans le *Livre des adresses de Paris pour l'année* 1691, par Du Pradel. — Le n° 25 de la planche reproduit l'un des derniers échantillons de la fabrique de Vendrennes. C'est un verre blanc à côtes, avec la légende : VIVE LA NATION en lettres rouges, qui date des commencements de la Révolution. De l'une de nos fabriques vient indubitablement encore un pot à l'eau couvert de fleurettes rouges et jaunes, au milieu desquelles se lit le nom du *citoyen Bonnard*, que je crois être l'ancien conservateur de la bibliothèque départementale de la Vendée (2).

---

(1) Il avait à Nantes, au milieu du xvii® siècle, un peintre verrier du nom de Julien Rolland, qui avait quelque réputation dans les régions de l'Ouest. Ce fut lui qui fut chargé, le 15 novembre 1651, de faire la vitrerie des chapelles, que bâtit alors, derrière le chœur de la cathédrale de Nantes, l'architecte Elie Brosset, et le grand vitrail de la chapelle de l'aile neuve du même édifice. Le marché fut fait à raison de sept sous le pied carré de verre blanc, plus deux livres par chaque écusson peint sur les différents vitraux.

Julien Rolland a peint aussi, moyennant 124 livres douze sous, un petit vitrail, exécuté en 1653 pour l'une des chapelles de la cathédrale de Luçon, sur l'ordre de l'évêque Pierre de Nivelle.

(2) C'était un ancien prêtre, qui avait abandonné, pendant la Révolution, l'état ecclésiastique pour suivre, après s'être marié, la carrière administrative. Il mourut dans la retraite à Château-Guibert, bourg dont il avait été curé constitutionnel. M. Bonnard a laissé la réputation d'un fort honnête homme et avait des goûts littéraires qu'il a transmis à l'un de ses descendants. M. Emile Grimaud, le poète de Luçon, est son petit-fils.

LES VERRERIES POITEVINES AU XIXe SIÈCLE

Depuis la Révolution, l'industrie du verre ne s'est pas relevée. Un essai de fabrication de verre blanc fut tenté, sous le Consulat, au Petit-Bourg-des-Herbiers. On y faisait surtout des ustensiles populaires, ornés de coqs, de papillons et de fleurs, colorés en rouge, jaune et noir. Les fours étaient installés dans la vieille église. Au bout de peu d'années, on fut forcé de les éteindre, de même que ceux d'une faïencerie commune dressée à côté, dans le parc du Landreau. La seule manufacture qui existe maintenant en Vendée est celle de Faymoreau, où l'on fabrique seulement des bouteilles, et les échos de nos bocages ne répètent plus cet gai refrain :

> Verrier, travaille avec ardeur;
> Au pays, partout, on te renomme.
> Ton art divin réjouit le cœur
> Et met force et santé dans l'homme.
> Sans nul regret ni repentir,
> Chacun te dit dessous la treille :
> « Qui fait le verre doit l'embellir. »
> A toi l'essai (bis) de la bouteille !

De quelque côté que nous tournions nos regards, nous sommes forcés d'avouer que l'intelligence commerciale et industrielle de nos pères, partout ailleurs centuplée, s'est retirée de nous.

Je terminerai cet article par la description d'un jeton d'argent doré, qui se rapporte à l'histoire de la verrerie en Poitou. Il a été fabriqué à l'occasion du mariage d'un marchand de la Châteigneraye, issu d'une famille de verriers du haut Poitou.

✠ RENÉ ✠ CRVZERON. — Écu surmonté d'un fleuron, sur lequel se voient un chevron et trois oiseaux, posés 2, 1. Dans le champ, les lettres R. C. et S. B., initiales des noms des époux.

℞. SVZANNE ✠ BERLIN. — Autre écu également surmonté d'un fleuron, portant le chiffre du mari et de la femme. (*Coll. Fortuné Parenteau.*)

René Cruzeron était calviniste, et mourut le 17 août 1635. Ses ancêtres habitaient les environs de Parthenay, et fabriquaient encore du verre en 1568.

Je connais aussi un méreau d'étain, trouvé dans la forêt de Mervent, sur lequel on voit un saint personnage, vêtu d'une robe de moine et représenté assis, tenant de la main droite une coupe et ayant un broc à sa gauche. Un vase à deux anses occupe le revers. Il serait difficile de dire si ce méreau appartient aux verriers ou aux potiers d'étain.

Fontenay-Vendée, avril 1864.

TABLE DES MATIÈRES

Introduction.	1
Motifs de la publication.	Id.
Lettre de Joachim Lelewel.	Id.
Coup d'œil sur l'ensemble de la céramique française.	iv
Comment se produira une nouvelle renaissance artistique.	x
Réforme à introduire dans la céramique.	Id.
Importance des collections de poteries françaises.	xi
Personnes qui ont fourni des renseignements à l'auteur.	xii
L'ART DE TERRE CHEZ LES POITEVINS.	1
Chapitre I. — *Temps primitifs*.	3
Chapitre II. — *Poteries gauloises*.	10
Chapitre III. — *Période romaine*.	14
Poteries gallo-romaines.	Id.
Poteries romano-gauloises.	15
Lieux de fabrication.	25
Fours à poteries.	26
Potiers romano-gaulois.	27
Marques de potiers trouvées en Poitou.	Id.
Chapitre IV.— *Poteries des ive et ve siècles*.	38
Chapitre V. — *Poteries gallo-germaines*.	40
Chapitre VI.—*Poteries carlovingiennes*.	42
Chapitre VII. — *Temps féodaux*.	46
Poteries romanes.	Id.
Poteries fabriquées depuis Louis IX jusqu'à Louis XI.	47
Poteries transitoires entre le moyen-âge et la Renaissance.	53
Chapitre VIII. — *Débuts de la Renaissance*.	56
Chapitre IX.—*Faïences d'Oiron*.	58
Opinions émises sur les faïences d'Oiron.	Id.
Comment a été faite la découverte du lieu de leur fabrication.	60
Les Gouffiers.	61
Le château d'Oiron.	70
Artistes qui y ont travaillé.	75
Mobilier.	76
Collégiale d'Oiron.	78
Le gardien de librairie et le potier d'Hélène de Hangest.	82
Classement des faïences d'Oiron par ordre chronologique.	84
Faïences de la première période.	85
Caractère de ces faïences.	89
Faïences de la seconde période.	90
Leur aspect architectural.	93
Pavé émaillé de la chapelle d'Oiron.	95
Signification du monogramme et de l'emblème de Henri II sur les faïences de cette période.	98
Faïences de la troisième période.	102
Influence des œuvres rustiques de Palissy sur les faïenciers d'Oiron.	106
Le *Songe de Polyphile* suggère à Palissy et aux faïenciers d'Oiron l'idée d'employer les ornements rustiques.	107
Procédés employés dans la fabrication des faïences d'Oiron.	108
Analyse de leurs terres.	110
Valeur artistique et prix vénal des faïences d'Oiron.	112
Chapitre X. — *Palissy*.	114
Ses origines artistiques et industrielles.	115
Ses relations avec Antoine de Pons.	Id.
La coupe ferraraise.	116
Époque à laquelle les divers traités de Palissy ont été composés.	117
Premiers essais de poteries.	118
Prétendu emblème de Palissy.	120
Départ de Palissy pour Paris.	Id.
Il se réfugie à Sédan après la Saint-Barthélemy.	122
Rang qu'il occupe dans les arts.	Id.
Poteries de Palissy.	123
Leur ordre chronologique.	124
Il se fait aider par Barthélemy Prieur.	125
Faïences de François Briot.	Id.
Collaborateurs de Palissy.	127

Chapitre XI. — *Élèves et continuateurs de Palissy*	129	Chef-Boutonne	161
Chronologie des bordures de plats	130	Saint-Porchaire	Id.
Portrait apocryphe de Palissy	Id.	L'Ile-d'Elle	Id.
Imitateurs de Palissy en Saintonge	132	Couvent des Robinières	Id.
Fabrique de la Chapelle-des-Pots	Id.	Poteries révolutionnaires	162
Fabrique de Brizambourg	133	*Porcelaines*	163
Imitateurs de Palissy en Poitou	135	Vendrennes	Id.
Fabrique de Fontenay-le-Comte	Id.	Saint-Denis-la-Chevace	164
Apremont. — Julien Mauclerc	138	*Poteries françaises fabriquées hors de la province. — Faïences*	166
Fontaine et grotte rustiques du Veillon	140	La Rochelle	Id.
Faïences de provenance inconnue	143	Marans	Id.
Chapitre XII. — *Poteries poitevines du xviie siècle*	145	Nantes	Id.
Fabrique de Rigny	Id.	Jacques Fourmy	170
Thouars	146	Moustiers	175
Ardelais	Id.	Produits de fabriques inconnues	Id.
L'Ile-d'Elle	Id.	*Porcelaines*	176
Produits de fabriques inconnues	147	Sèvres	Id.
Poteries françaises fabriquées hors de la province	Id.	Popincourt	Id.
Fabrique de Nantes	Id.	Clignancourt	Id.
I. R. Palvadeau	148	Saint-Cloud	177
La Rochelle	149	Produits de manufactures inconnues	Id.
Saintes	150	*Poteries fabriquées à l'étranger pour des Poitevins*	179
Les Roches	Id.	Chine	Id.
Bordeaux	Id.	Espagne	Id.
Nevers	151	Chapitre XIV. — *Poteries du xixe siècle*	180
Le payé émaillé nivernais d'Oiron	Id.	Epis de la poterie de Fontenay	Id.
Grès de Saint-Verain	153	Essais de M. Meillet, de Poitiers	181
Rouen	Id.		
Produits de fabriques inconnues	154	ÉTUDE SUR L'ANCIENNETÉ DE LA FABRICATION DU VERRE EN POITOU.	183
Poteries fabriquées en Europe	Id.	Chap. I. — *Période romano-gauloise*	185
Espagne	Id.	Verreries antiques	186
Italie	155	Les verriers dans l'antiquité	187
Allemagne et Flandre	156	Epoque de la création des plus anciennes verreries pictones	189
Hollande	Id.	Produits des fabriques pictones	196
Angleterre	Id.	Chapitre II.	
Poteries orientales	Id.	*Période mérovingienne*	Id.
Porcelaines chinoises et japonaises	Id.	*Période carlovingienne*	197
Porcelaines fabriquées sur commande pour des Poitevins	157	*Temps féodaux*	Id.
Porcelaines du château de Thouars	158	Les gentilshommes verriers	204
Chapitre XIII. — *Poteries du xviiie siècle. — Faïences*	160	Chapitre III.	205
Rigné	Id.	*Renaissance*	Id.
Poitiers	Id.	*La verrerie au xviie et au xviiie siècle*	211
		La verrerie au xixe siècle	213

FAIENCES D'OIRON. ORIGINES.

DÉTAILS DE SCULPTURE D'UNE MAISON DE LA ROCHELLE

LIVRE AYANT APPARTENU A DIANE DE POITIERS

FAIENCES D'OIRON. — CHANDELIER.
Gravure extraite du *Magasin pittoresque*.

FAIENCES D'OIRON DERNIÈRE PÉRIODE

Pl. V.

BASSIN DE TERRE ÉMAILLÉE.
(COLLECTION DE M. CALIXTE DE TUSSEAU.)
Gravure extraite du *Magasin pittoresque*.

VERRERIES POITEVINES DE DIVERSES ÉPOQUES

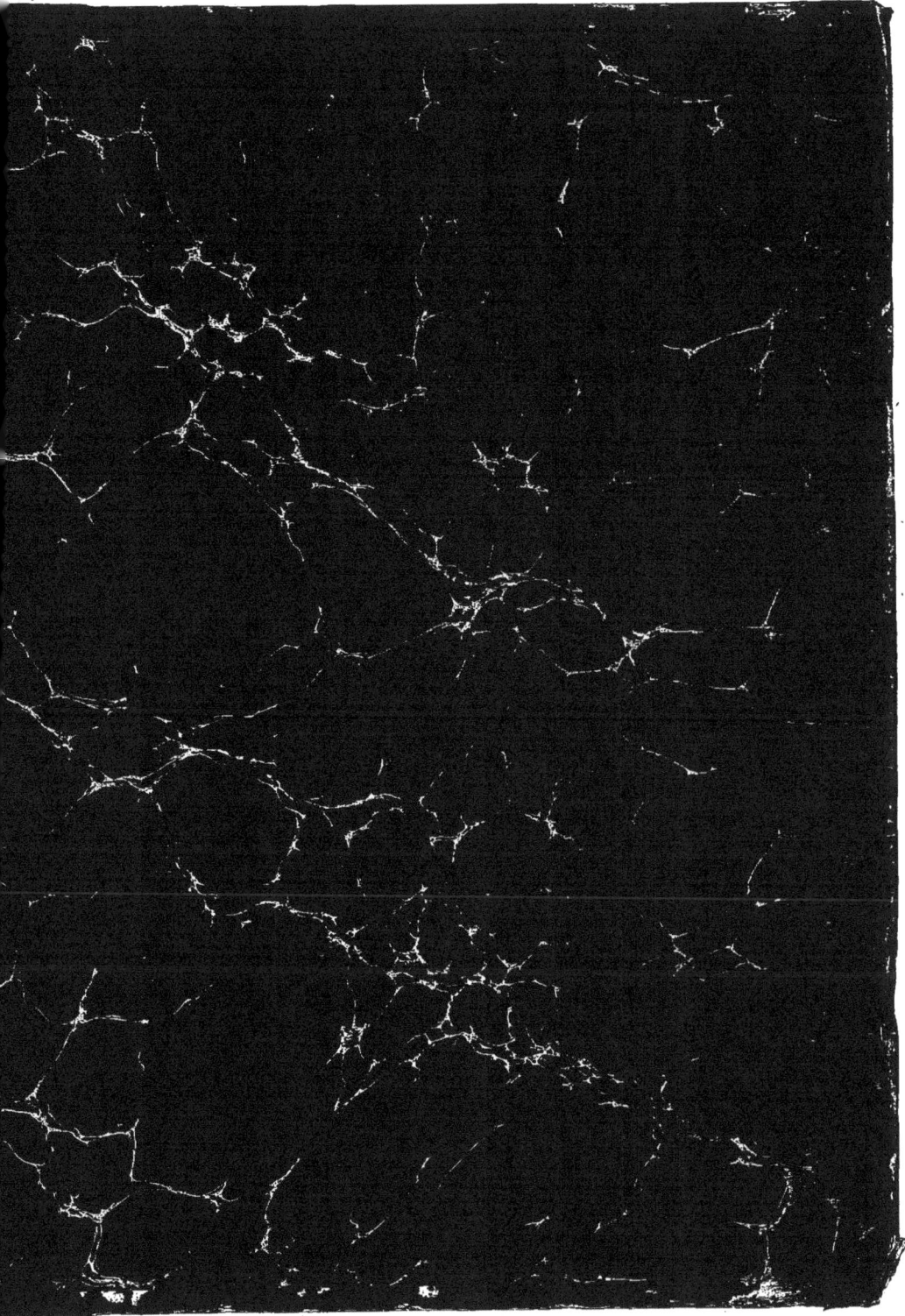

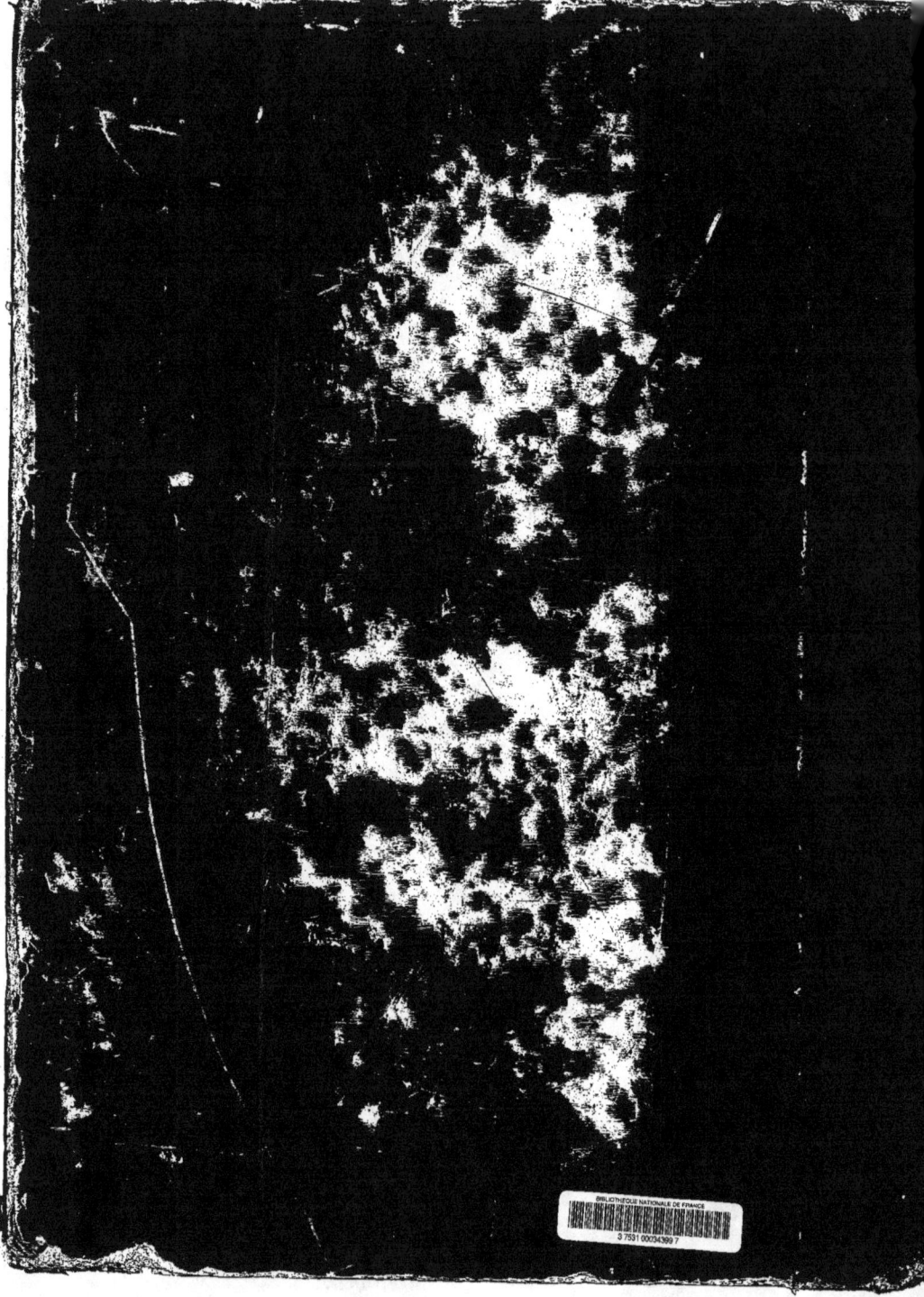

www.ingramcontent.com/pod-product-compliance
Lightning Source LLC
Chambersburg PA
CBHW050337170426
43200CB00009BA/1637